Für René zum
80. Geburtstag unsere
allerbesten Wünsche!

Die Heltens

Leonhard Helten
Mittelalterliches Maßwerk
Entstehung – Syntax – Topologie

Reimer

Gedruckt mit Unterstützung der Deutschen Forschungsgemeinschaft

Bibliografische Information Der Deutschen Bibliothek
Die Deutsche Bibliothek verzeichnet diese Publikation in der
Deutschen Nationalbibliografie; detaillierte bibliografische Daten
sind im Internet über http://dnb.ddb.de abrufbar.

Umschlaggestaltung: Nicola Willam, Berlin
unter Verwendung der Abbildung 85

© 2006 by Dietrich Reimer Verlag GmbH, Berlin
www.reimerverlag.de

Alle Rechte vorbehalten
Printed in Germany
Gedruckt auf alterungsbeständigem Papier

ISBN 3-496-01342-7 / ISBN 978-3-496-01342-6

Vorwort

Unter dem Arbeitstitel ‚Topologie des Maßwerks in Deutschland 1227–1271' wurde diese Habilitationsschrift im Frühjahr 2001 von der Philosophischen Fakultät der Martin-Luther-Universität Halle-Wittenberg angenommen. Ursprünglich war der zeitliche Rahmen deutlich weiter gesteckt, bis 1360, bis zu den neuen Maßwerkformen des Prager Domchores unter Peter Parler. Als eine frühere Zäsur Konturen gewann, eröffnete sich mir die Möglichkeit, im vorgegebenen zeitlichen Rahmen diese Untersuchung erfolgreich abzuschließen. Sonst säße ich vielleicht heute noch daran. Nicht nur dieser Fügung habe ich zu danken, auch dem Halleschen Institut für Kunstgeschichte, an dem diese Arbeit entstand. Ich danke meinem Mentor Wolfgang Schenkluhn, den beiden weiteren Gutachtern der Arbeit, Dieter Kimpel (Stuttgart) und Heinrich Dilly (Halle), ich danke meinem Freund Marc Steinmann (Köln), der mir den Kölner Dom erschließen half, der Deutschen Forschungsgemeinschaft für die großzügige Übernahme der Druckkosten und dem Dietrich Reimer Verlag für die gute Zusammenarbeit. Vor allen aber danke ich meiner Frau Eta Elisabeth, die uns in dieser Zeit zwei Töchter geschenkt und mich in einer für sie an Zumutungen reichen Zeit immer unterstützt hat. Ihr ist dieses Buch zugeeignet.

Halle a.d. Saale, im Oktober 2005   Leonhard Helten

Inhalt

I. Einleitung 9

II. Die Maßwerkfenster der Kathedrale von Reims 13
    1. Chorhaupt 17
    2. Chorhals. 27
    3. Bischofskapelle 37
    4. Die Reimser Fenster im Skizzenbuch des Villard d'Honnecourt 40
    5. Parataktische Fensterreihung. 47

III. Die ‚Fenêtre-châssis' der Pariser Kathedrale 51

IV. Die Maßwerkfenster der Liebfrauenkirche in Trier 63

V. Die Maßwerkfenster der Elisabethkirche in Marburg 83

VI. Der Umbau der Abteikirche St.-Denis um 1231. 101

VII. Maßwerk, Glasmalerei und Licht 143

VIII. Die Maßwerkfenster des Kölner Domes 161
    1. Akyrismus und Norm 168
    2. Der Chorobergaden 202
    3. Köln und Straßburg 215
    4. Die Zäsur um 1271 224

IX. Oben und unten – vorne und hinten – links und rechts. 233

Anmerkungen 241
Literaturverzeichnis 275
Abbildungsnachweis 283

I. Einleitung

Der Begriff ‚Maßwerk' in seiner heutigen Bedeutung entstammt dem 19. Jahrhundert. Das Grimmsche Wörterbuch führt 1885 hierzu aus: ‚*Maszwerk, n. in der gothischen baukunst: das gothische ornament besteht aus maszwerk, laubwerk und bildwerk. das maszwerk besteht aus rein geometrischen elementen (…) das maszwerk füllt alle öffnungen (besonders die bogenfelder der fenster) und überkleidet alle fläschen.*'[1] Das deutsche Mittelalter verwendet den Begriff ‚Maßwerk' oder ‚Messwerk' in einem allgemeineren Sinne, häufig als Synonym für ‚Geometrie' oder aber in direkter Abhängigkeit zu ihr; so eine Äußerung aus der Mitte des 14. Jahrhunderts: ‚*die kunst geometra leret uns die masz*'[2] Der Nürnberger Hans Schmuttermayr widmet um 1486 sein Fialenbüchlein allen Meistern und Gesellen, ‚die sich diser hohen vn(d) freyen kunst der Geometria geprauchen ir gemute speculierung vnd ymaginacion dem ware(n) grunt des maswercks paß [besser] zuuntterwerffen nach gedencken vnd ein zu wurtzeln'.[3] Dieses Beispiel mag verdeutlichen, daß die einseitige Interpretation des Maßwerks als Schmuckform ihre Wurzeln im 19. Jahrhundert hat.

Die Philosophische Fakultät der Universität Halle-Wittenberg hatte 1926 und 1927 das Maßwerk zum Thema einer Preisarbeit gewählt.[4] Georg Hoeltje bearbeitete 1927 das gestellte Thema und wurde dann mit einer völligen Umarbeitung dieses Themas 1929 in Halle promoviert. Seine Dissertation erschien 1930 unter dem Titel ‚*Zeitliche und begriffliche Abgrenzung der Spätgotik innerhalb der Architektur von Deutschland, Frankreich und England*' und war seinem Lehrer Paul Frankl gewidmet.[5] Er deutet hierin das Maßwerk morphologisch ‚*als Keimform der nachklassischen Formveränderungen*' und das Erscheinen des Maßwerks als ‚*den Moment in der hohen Gotik, in dem seine schönste und charakteristischste Blüte aufgeht*'.[6] Dieser morphologische Ansatz liegt auch der Dissertation von Lottlisa Behling zugrunde, die unter dem Titel ‚Das ungegenständliche Bauornament der Gotik' 1937 in Halle erschien. Er wird zum eigentlichen Thema in Lottlisa Behlings Überblickswerk ‚*Gestalt und Geschichte des Maßwerks*', das 1944 in der von Wilhelm Pinder, Wilhelm Troll und Lothar Wolf begründeten und herausgegeben Reihe ‚*Die Gestalt. Abhandlungen zu einer allgemeinen Morphologie*' aufgenommen wurde.[7] Die ‚*urbildliche Denkweise*' wird hier analog zu den morphologischen Forschungen Trolls auf dem Gebiet der Botanik auf das Maßwerk übertragen:

‚*Namentlich für die Welt der Ornamente, die ungegenständlichen Formen des Maß-werks, leuchtete sie ein, und ein Vergleich mit den Naturgebilden lag nahe. Ist doch die Kunst der andere Bereich, wo einem Gestaltung so augenfällig und unabweisbar entgegentritt wie in der Natur bei den Organismen und Kristallen. Und doch gibt es über alle Gemeinsamkeit gestaltlicher Bildung und ihres Wandels hinaus eine tiefe Scheidung zwischen beiden Formenreihen: Denn was hinter diesen Ornamenten aufsteht, hinter seinen Gebilden gleichsam „träumt", ist das geistige Weltbild einer bestimmten Zeit, eines Volkes, einer Persönlichkeit. Es sind die beredten Linienzüge einer Schrift, deren allgemeinen Sinn wir aus ihrer Form ablesen. Hier wird Form zum Ausdruck geistesgeschichtlicher Abläufe wie in jeder Kunst.*'[8]

Für Lottlisa Behling liegt die großartige Bedeutung des Maßwerks eben darin, ‚*daß man in ihm die mittelalterliche Formensprache sozusagen im Urtext zu lesen vermag*', es berge ‚*das zur sichtbaren Form gewordene Gedankengut des Zeitalters der Scholastik*'.[9] Auf dieser Grundlage unterscheidet sie drei große Entwicklungsstufen des Maßwerks: die hohe Gotik (1211–1300), die doktrinäre Gotik (1300–1400) und die Spätgotik (1400–1500), bis dann um 1500 die ‚Auflösungserscheinungen' einsetzen.

‚*Jede der drei Stufen wird allmählich aus der voraufgehenden hergeleitet, sie verkörpert ihr Wesen im Zenit ihrer Entwicklung in nahezu vollkommenen Gestalten, die in dem Kapitel der sogenannten „reinen Fälle" beschrieben wurden. Ihr Ende kündigt sich immer in ähnlichen Symptomen an. Diese Stilwende bedeutet jedesmal den Einbruch einer neuen Welt, das Eindringen neuer Formen und damit einer neuen Gesinnung.*'[10]

Dieses Behlingsche ‚Entwicklungsmodell' leitet bis heute sämtliche Untersuchungen zum mittelalterlichen Maßwerk. Selbst Günther Binding (1989) schreibt im Vorwort seines Maßwerkbuches: ‚*Was nun hier vorgelegt wird, will und kann den Überblick von Lottlisa Behling nicht ersetzen, sondern ihm eine mit über 400 Abbildungen illustrierte Darstellung der formalen Entwicklung in Frankreich, England und Deutschland an die Seite stellen.*'[11] Für das Maßwerk in Deutschland schöpfte Binding vor allem aus der unveröffentlichten Göttinger Dissertation von Gottfried Kiesow: ‚*Das Masswerk in der deutschen Baukunst bis 1370*',[12] die Binding ‚*partieweise fast wörtlich übernommen*' habe,[13] wie er im Vorwort freimütig bekennt.

Kiesow suchte in seiner Arbeit auf der Grundlage der von Lottlisa Behling aufgezeigten ‚Hauptentwicklungsphasen' für Frankreich, England und Deutschland, durch die Konzentration auf den deutschen Raum ein feinmaschigeres Netz zu knüpfen, um damit auch die Maßwerkformen besser als Datierungshilfe heranziehen zu können:

‚*Das zunehmende Verlangen der Kunstwissenschaft nach einer möglichst weitgehenden Erfassung der Denkmäler und nach einer genaueren zeitlichen Bestimmung legten es deshalb nahe, das Problem der Masswerkentwicklung noch einmal von der durch Lottlisa Behling geschaffenen Grundlage aus zu bearbeiten.'*[14]

Seinem Doktorvater Heinz Rosemann ist wohl die einseitige Ausrichtung auf Straßburg und Meister Erwin geschuldet,[15] die dann auch zur Straßburglastigkeit im Maßwerkbuch von Günther Binding führt. Es wird ein Ergebnis dieser Arbeit sein, dieses von Behling, Kiesow und Binding festgezurrte ‚Sammlungspaket' aufzuschnüren und Straßburg als frühe Köln-Rezeption in einer neuen ‚Geschichte' des Maßwerks in Deutschland festzuschreiben. Grundlage für die Neuordnung der Sammlung ist die Analyse der Maßwerke in Deutschland von 1227–1271 in ihrem jeweiligen architektonischen Kontext, nicht ihre Betrachtung als autonome Einzelformen. Da entsprechende Vorarbeiten für Frankreich noch nicht geleistet wurden, war es notwendig, einer Untersuchung des Maßwerks in Deutschland eine Analyse der für die Ausbildung des Maßwerks zentralen Bauwerke von Reims und Paris voranzustellen.

Abb. 1   Reims, Kathedrale. Radialkapelle von NO

II. Die Maßwerkfenster der Kathedrale von Reims

Die ersten Maßwerkfenster entstanden in Reims. Um 1211 entwarf der Baumeister Jean d'Orbais[16] für den Neubau der Kathedrale Chorkapellenfenster mit einem einbeschriebenen liegenden Sechspaß über zwei spitzbogigen Bahnen. (Abb. 1) Er fixierte das geometrische Zentrum des Couronnements auf die Kämpferlinie des Fensterbogens und ermöglichte so die großen Paßfiguren, nach Maßgabe der lichten Weite der Fensteröffnungen; sie folgen hierin den Gruppenfenstern von Chartres, nicht aber jenen der Kathedrale von Soissons, deren kleine Paßfiguren in die Mitte des Bogenfeldes rückten. (Abb. 2–4) Weiterhin fällt auf, daß das Couronnement in Reims mit dem Stabwerk der Bahnen verschmilzt, von der Bogenlaibung jedoch deutlich geschieden bleibt.

Günther Binding[17] erklärt das erste Auftreten von Maßwerk als einen folgerichtigen Schritt zur Auflösung des Wandkontinuums, indem ‚an die Stelle der Restmauerflächen zwischen den gruppierten Fenstern von Soissons und Chartres nun gleich profiliertes Stabwerk tritt, das die Fensterlichte unterteilt', so, als ziele diese Innovation von Reims auf eine Vergrößerung der Glasfläche, die aber ebenso über eine weitere Durchbrechung der traditionellen Fensterplatte erreichbar gewesen wäre. Auf gleiche Weise erklärte zuletzt Gottfried Kiesow das Entstehen der ersten Maßwerkfenster:

‚*Beim Obergadenfenster im Langhaus der Kathedrale von Chartres rücken in der Zeit um 1200–1210 die beiden gekuppelten Fensterbahnen und der darüberliegende Kreis schon so dicht aufeinander, daß sie nur noch durch schmale Restflächen voneinander getrennt werden. Als man diese bei den Chorkapellenfenstern der Kathedrale von Reims in der Zeit zwischen 1211 und 1221 auflöste, entstand das erste echte Maßwerk der Gotik, das fortan zum wichtigsten Gliederungs- und Schmuckmotiv nicht nur der Architektur, sondern auch von Altären, Chorgestühl, Taufbecken und anderen Ausstattungsstücken wurde.*'[18]

Ein solcher Ansatz ist irreführend: Das profilierte Stabwerk ersetzt nicht die Restmauerflächen, vielmehr ist es dem alten Plattenfenster nur vorgeblendet.[19] Die beiden Ebenen bleiben deutlich voneinander geschieden: eine zurückliegende, zweite Ordnung mit liegendem Sechspaß über zwei Lanzetten ohne jegliches Kapitell (!) und eine

Abb. 2   Soissons, Kathedrale. Obergadenfenster nach S.

ihr vorgeblendete erste Ordnung, mit Rundpaß über zwei Bahnen und Kapitellen in Kämpferhöhe, die über einen Kapitellfries den Anschluß an das Vorlagensystem der Aufrißgliederung suchen.

Eben dies hat auch Villard d'Honnecourt[20] bei seinem Aufenthalt in Reims in seinem um 1225/30 entstandenen Skizzenbuch festgehalten. (Abb. 23) Deutlich trennt er beide Ebenen und zeigt das Maßwerk stets in seiner Einbindung in das Vorlagensystem, auch dort, wo er nur ein einzelnes Fenster zeichnet.[21] Dem 19. Jahrhundert mit seiner Interpretation des Maßwerks als Schmuckform mußte dies fremd, ja störend erscheinen.[22]

Abb. 3   Chartres, Kathedrale. Langhausnordwand, Obergadenfenster des 3. u. 4. Jochs von W.

Die hier vorgestellte Lesart des Reimser Fensters findet auch eine Bestätigung in einem bautechnischen Detail: Die Rundstäbe dieses ersten Maßwerkfensters sind als ‚en-delit-Dienste' gearbeitet, wurden also gegen ihre Bettung versetzt und nicht zusammen mit der Platte hochgemauert. Wie in der königlichen Abteikirche St.-Denis, wo diese Versatztechnik ihre erste systematische Anwendung fand,[23] wird deutlich zwischen Wand und vorgelegten Trägern unterschieden. Besonders augenfällig wird dies in der ausschließlichen Verwendung der Kapitelle für die Kämpferzone der ersten Ordnung, die dahinterliegende zweite Ordnung, die ‚Platte' des alten Gruppenfensters, bleibt kapitellos. Die strikte Trennung zwischen Wand und der ihr vorgelegten Stützen bei der

Abb. 4   Soissons, Obergadenfenster; Chartres, Obergadenfenster; Reims, Chorkapellenfenster.

Gestaltung von Maßwerkfenstern bleibt bis zur Weihe der Sainte-Chapelle zu Paris, also bis zur Mitte des 13. Jahrhunderts, die Regel. Festzuhalten bleibt, daß das Reimser Maßwerk nicht die tradierten Fenstergruppierungen in Gestalt durchbrochener Platten ersetzt, vielmehr werden diesen die Rundstäbe nur vorgelegt, vergleichbar der traditionellen Scheidung von Wand und Wandvorlage, mit dem Ziel, die Fenster in das Aufrißsystem zu integrieren.

Eine solche Einbindung der Fenster in das Aufrißsystem einer Kathedrale wurde in Reims zum ersten Mal unternommen. Jean d'Orbais fand für das Chorhaupt und für den Chorhals jeweils eigene, wenngleich voneinander abhängige Lösungen. Und es mag der Heterogenität dieser beiden Lösungen geschuldet sein, daß in den zahlreichen Abhandlungen zur Reimser Kathedrale eine systematische Analyse der Maßwerkfenster gar nicht erst versucht wurde; allzu gern deutete man die augenfälligen Differenzen in der Abstimmung der Kämpfer und des Stabwerks als Ungereimtheiten, als Kinderkrankheiten einer neuen, großen Idee.

1. Chorhaupt

Das Sanktuarium der Reimser Kathedrale wurde über fünf Seiten eines regelmäßigen Zehnecks mit anschließendem Halbjoch errichtet. (Abb. 9) Hieran schließen in radialer Verlängerung die fünf trapezförmigen Joche des Umgangs an und ein Kapellenkranz mit fünf Radialkapellen, die analog zur Apsis ebenfalls über einem 5/10 mit – hier leicht eingezogenem – Halbjoch aufsteigen. Allein die Scheitelkapelle mit einem vorangestellten queroblongen Joch durchbricht den geschlossenen Kontur des Chorrundes.

Die im Grundriß angelegte Analogie in der Gestaltung von Apsis und Chorkapellen ist auch im Aufrißsystem evident[24]: Obergaden und Triforium entsprechen Fensterzone und Sockelarkaden der Kapellen, jeweils eine große Fensterarkade mit zweibahnigem Maßwerkfenster über zwei niedrigen Arkaden. (Abb. 10) Im Unterschied zum Sanktuarium aber liegen die Kapellenfenster in tiefen Nischen, da über dem Sockel die Wand zurückspringt und Raum schafft für einen den ganzen Kirchenraum umziehenden Laufgang mit niedrigen schulterbogigen Öffnungen in den Nischenwänden. Aufschlußreich ist die Analyse der Wandvorlagen in den Chorkapellen: ein einzelner Runddienst für den Rippenbogen[25] wird oberhalb des Sockels von zwei schmaleren für den Nischenbogen flankiert, an diesen stößt ein Kapitellfries, der mit dem Stabwerk des Fensters verbunden ist. Ausgerichtet ist der Kapitellfries auf die Kämpfer der beiden Fensterbahnen, nicht auf die tieferliegenden Kapitelle der Gewölbebögen.

Entscheidend für die Interpretation der Chorkapellenfenster ist die Deutung der Nischenbögen. (Abb. 11, 12) In Lage, Größe und Profil führen diese die Stäbe der darunterliegenden Blendarkatur fort, und es ist auf den ersten Blick nicht leicht zu entscheiden, ob hier ein Schildbogen oder ein Fensterbogen ‚gemeint' ist. Hamann-Mac Lean spricht von einem Schildbogen[26], bei der Behandlung der Apsisgliederung von einer ‚*Identität von Schildbogen und Fensterbogen*'[27]. Er beschreibt das Chorhaupt als eine ‚*apsisbedingte Kontrastlösung*'[28] zum System des Langhauses, die aus den notwendig schmalen Wandabschnitten und geringeren Raumtiefen in diesem Bauteil resultiert:

‚Im genauen Vergleich erweist sich die Wandgestaltung der Chorkapellen tatsächlich als konsequente und zugleich verfeinerte Variante des Aufrisses der Seitenschiffswände. Hier hat man es offenbar aus statischen wie formalen Gründen für notwendig erachtet, den Schildbogen bis zum Sockel herabzuführen. Man erhielt dadurch erstens ein symmetrisches Dienstbündel, in dem der Rippendienst von zwei etwas schwächeren Diensten eingerahmt wird; und zweitens wird die Fensternische auf die tatsächliche Wandebene bezogen; sie ist im Aufriß mit in das Pfeilersystem eingebunden und in der Kapitellzone des Pfeilers durch den Kapitellfries in den Laibungen verankert. In den Kapellen wäre das Herabziehen des Dienstes auf Kosten der Laufgangbreite gegangen und man hätte auf die Sockelarkatur verzichten müssen, weil sich, bei der Schmalheit der Felder, eine statisch überflüssige und formal unerträgliche Häufung von Diensten ergeben hätte. So aber setzt sich der Schildbo-

gen oben trotz der Unterbrechung durch das Laufganggesims optisch in den äußeren Arkadensäulchen nach unten fort.'[29]

Dieser Interpretation Hamann-Mac Leans wird man entgegenhalten müssen, daß der vermeintliche Schildbogen nur wenige Zentimeter hätte vorgezogen werden müssen, um bei identischer Breite des Laufgangs und ohne Verengung des Raumes den Dienst vom Sockel aufsteigen zu lassen, vergleichbar der Lösung in der Apsis, wo dreiteilige Dienstbündel über das Triforium hinweg bis auf die Deckplatte der Polygonpfeiler geführt werden. Trotz der offensichtlichen Erklärungsschwierigkeiten hält Hamann-Mac Lean an seiner Deutung des Nischenbogens als Schildbogen fest. Demgegenüber möchte ich nachfolgend aufzeigen, daß für das Chorhaupt ein schildbogenloses Vorlagensystem in der Nachfolge der Benediktinerabteikirche von Saint-Remi in Reims (letztes Viertel 12. Jh.) kennzeichnend ist, die Anordnung im Chorhals jedoch den Kathedralen von Chartres (1194 beg.) und Soissons (ca. 1200 beg.) folgt. (Abb. 3–8)

Die Abhängigkeit der Reimser Kathedrale von Saint-Remi im Chorgrundriß und in der Aufrißgliederung wurde in der Forschung stets hervorgehoben, offen bleibt allein, welche Rolle der Vorgängerbau der Kathedrale, der Chorneubau vor 1152 unter Erzbischof Samson, über den wir wenig genug wissen, bei der Rezeption einnahm.[30] Augenfällig treten die Gemeinsamkeiten von Kathedrale und Abteikirche in der Scheitelkapelle hervor: über einem Sockel mit zweiteiligen Blendarkaden springt auch in Saint-Remi die Wand zurück und schafft Raum für einen Laufgang; die Fenster rücken nach außen und liegen in tiefen Nischen. Wie in der Kathedrale setzen die Nischenbögen über dem Laufgang die äußeren Arkadensäulchen optisch nach oben hin fort. Die westlichen Eingangsseiten sind hier indes breiter und führen mit zwei Blendarkaden je Wandabschnitt die einfachen Fensterarkaden der Ostteile fort. Und hier tragen die genannten Rundstäbe die beiden Arkadenbögen, die Gewölbekappen aber stoßen ohne begleitenden Bogen auf die Schildwand! War in den Chorkapellen der Kathedrale mit jeweils einem den Wandabschnitt ausfüllenden Fenster eine ambivalente Interpretation der Nischenbögen möglich, so ist der Befund im direkten Vorbild eindeutig: Das Aufrißsystem der Scheitelkapelle ist schildbogenlos, der rahmende Bogen ist auf die Nischenstirn bezogen.[31] Auch sind die Fensterscheiben der Abteikirche tief in der Nische fixiert, ohne jegliche Rahmung oder Unterteilung. Auch hierin folgen die Kapellenfenster der Kathedrale ihrem Vorbild Saint-Remi, indem sie sämtliche Stäbe ohne Staffelung in eine einzige Ebene legen, ohne jene für den anschließenden Chorhals charakteristische Staffelung.

Auch in der Apsisgliederung ist die Abteikirche Vorbild für die Kathedrale: durch die Verklammerung von Obergaden und Triforium und den Verzicht auf den Schildbogen. Hier wie dort steigen dreiteilige Dienstbündel über den Deckplatten der Apsispfeiler auf, ein starker Rippendienst, flankiert von zwei schmaleren Diensten für das Stabwerk der Obergadenfenster, das auch die Triforiumszone umgreift. Die Fensterpfosten liegen wie in St.-Remi noch vor der eigentlichen Wandebene und müssen daher von kleinen vorkragenden Konsolen auf dem Sohlbankgesims des Triforiums aufgefangen werden.[32]

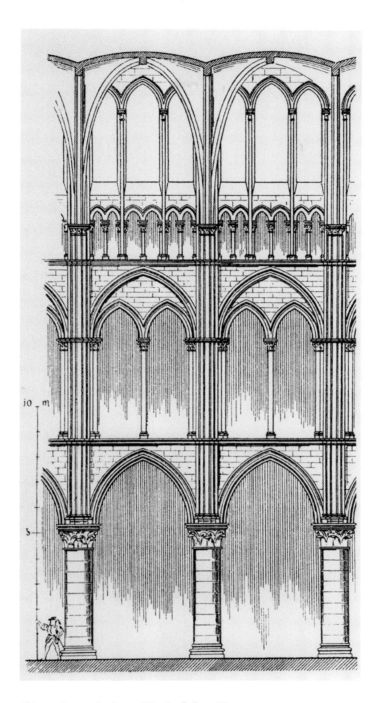

Abb. 5   Reims, St.-Remi. Wandaufriß im Chor.

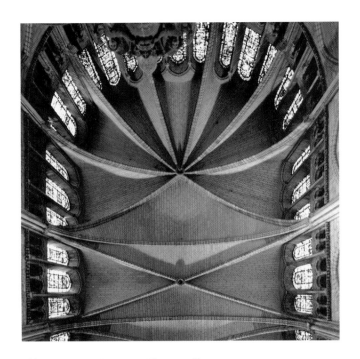

Abb. 6   Reims, St.-Remi. Chorgewölbe.

Abb. 7   Reims, St.-Remi. Radialkapellen nach SO.

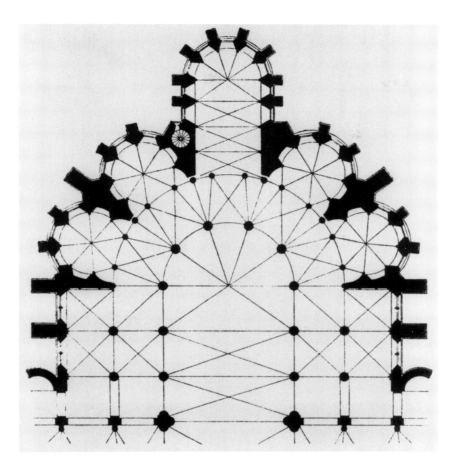

Abb. 8   Reims, St.-Remi. Chorgrundriß.

In der Wandebene dagegen – und damit hinter dem Fensterstabwerk – liegen die niedrigen Doppelarkaden des Triforiums. Am Außenbau kehrt sich dieses Verhältnis von Apsis und Chorkapellen um: Hier sind die Kapellenfenster in die Wandfläche gestellt, die Obergadenfenster liegen dagegen in tiefen Nischen.[33] Folgerichtig erhalten nun die Obergadenfenster verbindende Kapitellfriese zu den äußeren Nischenbögen, und analog zum Apsisinnern ist das Stabwerk der Kapellenfenster am Außenbau noch vor die eigentliche Wandebene gelegt, was hier jedoch durch die vorgeblendeten Rosettenarchivolten, die Villard d'Honnecourt in seiner Zeichnung der Chorkapellen nicht mit aufnahm,[34] weniger deutlich in Erscheinung tritt.

Während somit die architektonische Einbindung der neuen Fenster von Reims im Chorhaupt dem schildbogenlosen Vorlagensystem der Benediktinerabtei von Saint-

Abb. 9 Reims, Kathedrale. Chorgrundriß.

Remi in Reims verpflichtet ist, folgt ihre Binnengliederung den Gruppenfenstern von Soissons und Chartres. Von Soissons übernahm Jean d'Orbais das Motiv des einbeschriebenen liegenden Sechspasses über zwei Bahnen, veränderte aber die Proportionen: In Soissons rückt die Couronnementfigur weit nach oben in das Bogenfeld, so daß die Bogenansätze von Fenster und Bahnen auf einer gemeinsamen Kämpferlinie liegen;[35] dies war nur über eine drastische Verkleinerung der einbeschriebenen Paßfigur möglich, die nurmehr die Restfläche unter dem Bogenscheitel ziert. In Reims dagegen avanciert der einbeschriebene Sechspaß zu einer das Fenster beherrschenden Rose. Um den Durchmesser der lichten Weite des Fensters anzugleichen, rückte der Zentrumspunkt der Rose auf die Kämpferlinie des Fensters. Diese Lösung war in Chartres vorgebildet. Auch dort umzieht den Bau eine Folge von ‚Rosenfenstern', mit großen Rosen nach Maßgabe der lichten Weite und dem Zentrumspunkt auf der Kämpferlinie des Fensters.

Aufschlußreich ist ein kurzer Vergleich mit der Benediktinerabtei St.-Pierre in Orbais, dem vermutlichen Herkunftsort des ersten Baumeisters der Reimser Kathedrale. (Abb. 13) Die zur Diözese Soissons gehörende Abteikirche ist eine Gründung des Reimser Erzbischofs. Enge kirchliche Beziehungen bestanden zu St.-Remi. Zu Beginn des 13. Jahrhunderts[36] wurden in Orbais die Chorobergeschosse hochgeführt: im Chorhals nach dem Vorbild von St.-Remi mit jeweils drei gestaffelten, das Triforium einschließenden Fensterarkaden, ohne einen die Schildwand einfassenden Bogen, und im Chorhaupt nach dem Vorbild der Kathedrale zu Soissons mit einem hoch in der Schildwand liegenden Sechspaß über zwei Fensterarkaden. Die Reduktion von drei auf nur zwei Fensteröffnungen in jedem Wandabschnitt ermöglichte die Fortführung der Fenster- und Triforiumsarkaden in gleicher Breite um den gesamten Chor, trotz deutlich schmalerer Interkolumnien in der Apsis; sie schuf aber auch ein weitgehend geschlossenes Bogenfeld in der Schildwand, das mit einem liegenden Sechspaß besetzt wurde, im Ergebnis ein Gruppenfenster, das viele Gemeinsamkeiten mit den Maßwerkfenstern der Reimser Kathedrale aufweist. Doch resultieren diese Entsprechungen nicht aus einer direkten gegenseitigen Abhängigkeit beider Bauwerke, sondern vielmehr aus der Wahl derselben Vorbildbauten: St.-Remi in Reims und der Kathedrale zu Soissons. Der Vergleich mit den Gruppenfenstern von Orbais verdeutlicht darüber hinaus die Anteile der Chartreser Rosenfenster für den Aufbau und die Proportionierung der Reimser Maßwerkfenster. Diese sind eben nicht das Ergebnis einer stetig zunehmenden Durchbrechung einer Fensterplatte, sondern resultieren vielmehr aus der Übertragung des großen, das Fenster beherrschenden Rosenmotives.

Für den nachstehenden Vergleich mit der Fensterlösung im Chorhals bleibt festzuhalten, daß im Chorhaupt der Kathedrale zweibahnige Maßwerkfenster mit einbeschriebenem liegenden Sechspaß in ein schildbogenloses Aufrißsystem nach dem Vorbild der Benediktinerabteikirche von Saint-Remi integriert wurden. Sie weisen drei Ebenen auf: Der vorderen Ebene mit den Rundstäben folgt die eigentliche Wandebene mit der ‚Restplatte' und hierin zurückgesetzt der einbeschriebene liegende Sechspaß.[37] Diese Abfolge verdeutlicht einmal mehr, daß bei den ersten Maßwerkfenstern keineswegs profiliertes

Abb. 10   Reims, Kathedrale. Chor nach O.

Stabwerk die Restmauerfläche des alten Gruppenfensters ersetzt;[38] vielmehr ist es diesem und damit der Wandebene nur vorgeblendet. Das Motiv der Binnengliederung folgt der

Abb. 11 Reims, Kathedrale. S. u. SÖ Radialkapelle.

Kathedrale von Soissons, die Vergrößerung der Paßfigur folgt den ‚Rosenfenstern' der Kathedrale von Chartres.

Abb. 12 Reims, Kathedrale. Chorscheitelkapelle nach SO.

2. Chorhals

Ein andere Einbindung der Fenster in das Wandsystem kennzeichnet den Chorhals. (Abb. 14, 15) Systembedingt ist der Wechsel von drei- zu fünfteiligen Dienstbündeln am Übergang von den Polygonseiten zum Langchor. In Höhe der Obergadenfenster aber sind es sieben Stäbe, deren Durchmesser stetig von der Mitte nach außen abnimmt: den starken mittleren Gurtdienst flankieren zwei Rippendienste, zwei weitere umgreifen das Fenster und die beiden äußeren schließlich tragen in der Wandebene die Binnengliederung des Fensters mit den beiden spitzbogigen Bahnen und dem krönenden Rundpaß. Im Gegensatz zum Chorhaupt fluchten die Stäbe dieser Binnengliederung nun mit der Wandebene, die Stäbe für den umgreifenden Fensterbogen aber liegen wie in der Apsis unmittelbar davor. Die Differenzierung von übergreifendem Fensterbogen und dem zurückliegenden Stabwerk der Fensterteilung konstituiert das erste hierarchisch aufgebaute Maßwerkfenster, im Chorhaupt dagegen lagen sämtliche Fensterstäbe in einer Ebene. Etwas völlig neues ist hier geschehen. Erstmals sind in das Vorlagensystem eines mittelalterlichen Kirchenraumes auch die Fenster eingeschaltet, und dies bei der vollständigen Öffnung der Schildfläche ganz folgerichtig auf Kosten der Schildbögen. Nußbaum spricht von einer ‚Degradierung' des Schildbogens und führt hierzu aus:

‚*Im Gegensatz zu den kuppeligen Speyrer Gewölben wirken die Reimser Kappen wie im Scheitel geknickte, steife Wandungen, die keine Vereinheitlichung und sphärische Weitung des Gewölberaumes beabsichtigen. Dieses kreuzweise geschachtelte Faltwerk hochgotischer Gewölbe steht ganz im Dienst der Stab- und Glasarchitektur des Obergadens, der weit ins Gewölbe ragt und die Schildwand vollständig aufbricht. Die Gewölbefüße der Querkappen, die diese überhöhten Fensterwände einfassen, sind deshalb zu spitzen Gewölbezungen umgeformt, die über große Höhen nahezu senkrecht ansteigen. Hinweis auf die formgebende Dominanz des Fensterentwurfs ist die Degradierung des Schildbogens zum Fensterprofil. Der den Bogen vorbereitende Dienst steigt gemeinsam mit den anderen Gewölbevorlagen vom Kämpfer der Scheidarkaden empor, geht jedoch dann mit Kapitell und Bogen im Randprofil des Maßwerkfensters auf. Das Fenster bemächtigt sich gleichsam des Schildbogens, macht sich dessen Stützglied dienstbar, sobald dieses die Triforienwand verläßt. Mit Nachdruck sind solche Beobachtungen der noch heute herrschenden Lehrmeinung des neugotischen Konstruktivismus entgegenzuhalten, Ausgang und Ziel des gotischen Skelettbaus sei das Kreuzrippengewölbe, der Gliederapparat des Unterbaus hingegen nur konstruktive und ästhetische Vorbereitung des alles unter sich bergenden Baldachins.*'[39]

Wenn in Reims die Deutung des Fensterbogens dennoch ambivalent erscheint, so deshalb, weil dieser nach dem Vorbild von St.-Remi unmittelbar vor die Wand gesetzt wurde und damit genau an die Stelle des Schildbogens rückte. (Abb. 18) Im Unterschied etwa zu Amiens [1220 beg.] oder der Ste.-Chapelle [1248 Weihe], dort liegt der Fensterbogen

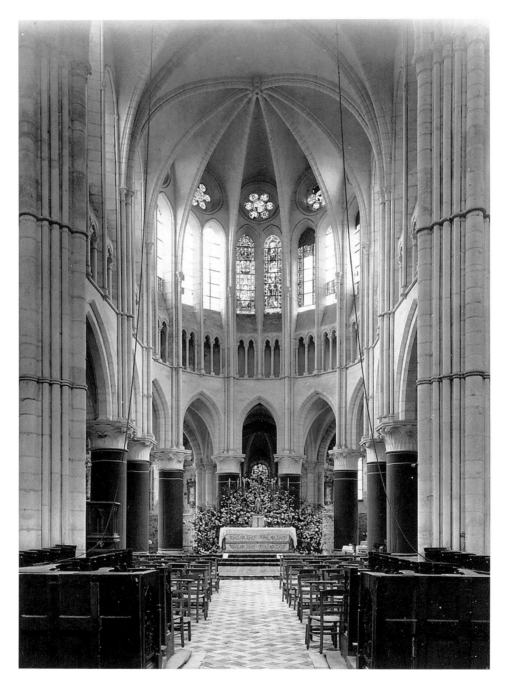

Abb. 13 Orbais, Abteikirche. Chor nach O.

Abb. 14   Reims, Kathedrale. Nördliches Chorseitenschiff nach O.

Abb. 15   Reims, Kathedrale. Südliches Chorseitenschiff nach SW.

nicht *vor*, sondern *in* der Wandebene, was eine ambivalente Deutung ausschließt.[40] Augenfällig wird damit die Schildwand durch ein umlaufendes Fensterband ersetzt, der Wegfall des Schildbogens ist für den intendierten Eindruck der Schwerelosigkeit in den genannten Beispielen konstitutiv.

Analog zur Hochschiffwand sind die Fenster in den Chorseitenschiffen gestaltet: dem umgreifenden Fensterbogen der ersten Ordnung folgen zurückgesetzt die Stäbe der zweiten Ordnung mit den beiden spitzbogigen Bahnen und dem krönenden Rundpaß. Deutlicher noch als in den Hochschiffenstern der Vorchorjoche ist in diesen Chorseitenschiffenstern die Grundidee der Reimser Maßwerkfenster ablesbar: der Aufbau des Fensterstabwerks in zwei Ebenen vor der alten Restplatte mit dem zurückgesetzten liegenden Sechspaß. Und einige Besonderheiten der Reimser Fenster lassen sich hieran entschlüsseln.

So wurde bereits in der Beschreibung der Chorkapellen- und Apsisfenster darauf hingewiesen, daß der bekrönende Rundpaß mit dem Stabwerk der Bahnen verschmilzt, von der Bogenlaibung jedoch deutlich geschieden bleibt, besonders augenfällig am Außenbau.[41] Konstruktive oder technische Gründe für diese Besonderheit sind nicht erkennbar. Auch läßt sich diese Scheidung von Rundpaß und umgreifendem Bogen schwerlich auf künstlerische Absichten zurückführen, da eine Verschmelzung von Rundpaß und Fensterbogen zu einer Vergrößerung des bekrönenden Passes geführt hätte und damit zu einer weiteren Monumentalisierung dieses Motivs im Sinne der Rosenfenster von Chartres. Sie resultiert vielmehr aus dem hierarchischen Aufbau des Fensterstabwerks! Dies zeigen die Fenster der Chorseitenschiffe sehr deutlich: die Stäbe der zweiten Ordnung sind dort in die Bogenlaibung der Fensterarkade der ersten Ordnung hineingestellt. Ein Verschmelzen mit dem Fensterbogen wäre hier gar nicht möglich und liefe dem intendierten hierarchischem Aufbau in mehreren Ebenen diametral entgegen. Ganz folgerichtig nehmen die Fenster im Chorhaupt hierauf Bezug und lassen auch bei der Ausrichtung aller Stäbe in nur einer Ebene, die dem Vorbild von St.-Remi geschuldet ist, noch den zweiteiligen Aufbau, das Einfassen der Binnenstruktur durch einen umgreifenden Fensterbogen erkennen. Die Grundidee des hierarchischen Aufbaus bleibt erkennbar, trotz Einebnung sämtlicher Stäbe im Chorhaupt. Anders gesagt: die Besonderheit der Fenstergestaltung im Chorhaupt ist nicht das Abrücken der Paßfigur vom Fensterbogen und auch nicht das Verschmelzen mit den Stäben der Fensterbahnen, sondern das Zusammenlegen der Fensterpfosten von Fensterbahn und Fensterbogen, die dem Zitat der Abteikirche von St.-Remi geschuldet ist.

Diese Interpretation hat weitreichende Folgen für die Entstehungsgeschichte des Maßwerks. Denn die erklärten ersten Maßwerkfenster, jene der Chorkapellen der Kathedrale von Reims, setzen die späteren in den Chorseitenschiffen bereits voraus! In der Planidee stehen damit die Fenster der Chorseitenschiffe am Beginn der Geschichte des Maßwerks, auch wenn in der Bauchronologie die Fenster der Radialkapellen früher entstanden sein sollten. Doch auch dies möchte ich bezweifeln. Viel naheliegender ist doch die zeitgleiche Errichtung der Chorkapellen und der Ostteile der Chorseitenschiffe, zumindest aber die zeitgleiche Hochführung der östlichen Abschlußwand der Chorseitenschiffe, deren Blendfenster bereits den Aufbau der Seitenschiffsfenster zeigen. Hierfür sprechen auch die Baudaten, denn schon nach zehnjähriger Bauzeit sind Chorumgang und Chorkapellen benutzbar[42], was zumindest die Hochführung der östlichen Abschlußwand der Chorseitenschiffe voraussetzt. Hierfür spricht auch der Vergleich mit der Bauabfolge anderer Kathedralen, so etwa dem 1248 begonnenen Kölner Dom. Die Errichtung des Kapellenkranzes beginnt dort mit der östlichen Abschlußwand der Chorseitenschiffe, d. h. mit den äußeren Radialkapellen und schreitet von außen nach innen zur Scheitelkapelle hin fort.[43] So herrscht heute auch weitgehend Einigkeit über die Bauabfolge der Reimser Kathedrale, wie sie Jean-Pierre Ravaux und ihm folgend Dieter Kimpel und Robert Suckale vertreten: ‚Demnach begann man 1211 mit dem Arkadengeschoß von Querhaus und Chor, so daß die Langchorseitenschiffe, der Umgang und die Kranzkapellen 1220/21 für den Kultus benutzbar waren.'[44]

Festzuhalten bleibt, daß in bauchronologischer Hinsicht am Beginn der Geschichte des Maßwerks zwei Fensterlösungen mit unterschiedlichem Aufbau stehen, die Fenster der Chorkapellen und die Fenster der Chorseitenschiffe der Reimser Kathedrale. (Abb. 11,12,14,15) Hinsichtlich der Planfindung jedoch setzen die Chorkapellenfenster jene der Chorseitenschiffe voraus. Eine genealogische Entwicklung von einem vermeintlich einfacheren zu einem hierarchisch differenzierterem Aufbau scheidet damit aus.

Eine zweite Besonderheit der Reimser Fenster betrifft die Ausrichtung der Kapitellbänder in der Fensternische. (Abb. 14–17) Es nimmt im Chorhaupt von den Kapitellen der Fensterbahnen seinen Ausgang und läuft im Chorhals in umgekehrter Richtung von den Kapitellen der Gewölbebögen aus auf die Fensterwand zu. In den vier Seitenschiffsjochen des Querschiffs schließlich, über denen die Querhaustürme errichtet wurden, sind die Kämpferhöhen von Fensterbogen und Gewölbebögen gleich.[45] Hier verbindet das Kapitellband Fensterpfosten und Schildbogen. In allen übrigen Jochen der Reimser Kathedrale aber setzen die Gewölbebögen deutlich unterhalb der Fensterbögen an. Die unterschiedliche Ausrichtung der Kapitellbänder in Chorhaupt und Chorhals verwundert. An gleicher Stelle wechselt auch der Aufbau der Fenster durch die Einfügung eines zweiten Bogens, sowohl zum Innenraum hin als auch am Außenbau. Der Einschaltung dieses Fensterbogens ist auch die veränderte Ausrichtung des Kapitellbandes geschuldet, genauer: die scheinbar veränderte Ausrichtung, denn in den Chorseitenschiffen sind zwei Kapitellbänder erkennbar, nicht nur eines. Ein breites Kapitellband führt vom Schildbogenkapitell auf die Fensterwand; ein schmaleres – nach Maßgabe der Kapitellhöhe der Fensterpfosten – besetzt die schmalen seitlichen Mauerstreifen und stößt auf der Kämpferlinie der Fensterbahnen unvermittelt auf die Nischenlaibung – so, als durchstoße das Kapitellband die Mauer, liefe hinter der Stütze entlang und führte weiter bis zum Fenster des angrenzenden Joches; selbst dort, wo in den schmaleren Wandabschnitten nur noch der Ansatz dieses Kapitellbandes hervorlugt. Augenscheinlich strebte man eine Verbindung von Schild- und Fensterbogen, von Dienstbündel und rückwärtiger Nischenwand gar nicht an. Und mehr noch: Weder das direkte Vorbild

Abb. 16   Reims, Kathedrale. Querschiff nach SW.

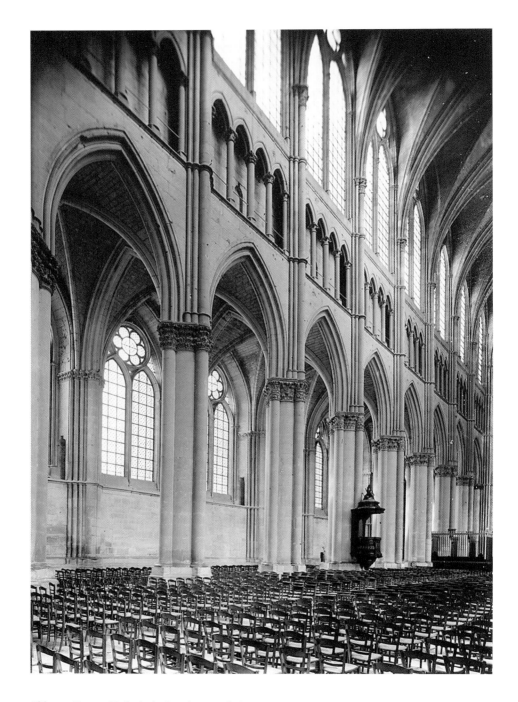

Abb. 17   Reims, Kathedrale. Langhaus nach SW.

Abb. 18   Reims, Kathedrale. Triforium im Chorpolygon nach NO.

St.-Remi besetzt die Nischenlaibung mit einem Kapitellband, noch läßt es sich mit der Konstruktionsidee eines ‚mur épais évidé' in Einklang bringen, wie ein Vergleich mit der 1215 begonnenen Kathedrale zu Auxerre[46] oder der 1220 begonnenen Pfarr- und Wallfahrtskirche Notre-Dame in Dijon[47] verdeutlicht. In Reims dagegen schließen sich Dienstkapitelle und Kapitellbänder optisch zu einem großen Pfeilerkapitell zusammen und formen aus Nischenmauern Wandpfeiler in den Proportionen der Freipfeiler, besonders augenfällig in der Längsflucht der Langhaus-Seitenschiffe. Es entsteht eine eigenständige Stützenreihe vor der Folie eines durchlaufenden Fensterbandes.[48]

Ganz anders der Aufbau in den schildbogenlosen Radialkapellen im Chorhaupt. Das Kapitellband verbindet hier den vorderen Nischenbogen mit dem zurückliegenden Maßwerkfenster, es ist ausgerichtet auf die Kämpferlinie der Fensterbahnen, nicht auf die tiefer ansetzenden Kapitelle der Rippendienste. Dem entsprach in den Chorseitenschiffen das obere, schmalere Kapitellband, das Fensterbogen mit Fensterbogen verband. Entsprechend korrespondieren in den Chorkapellen der Fensterbogen des Maßwerks mit dem vorderen Nischenbogen, besser: mit einem auf die Nischenstirn projizierten

Abb. 19　Reims, Kathedrale. Langhaus, südliches Seitenschiff, Kapitellanordnung.

zweiten Fensterbogen, nicht aber mit einem Schildbogen![49] Einfacher gesagt: die beiden Maßwerkebenen der Chorseitenschiffsfenster wurden in den schmalen Polygonseiten der Chorkapellen auseinandergezogen und durch ein Kapitellband verknüpft. Von einer unterschiedlichen Ausrichtung der Kapitellbänder in Chorhaupt und Chorhals kann also nicht wirklich die Rede sein, eher von zwei gleichartigen Kapitellbändern mit ganz unterschiedlicher tektonischer Funktion. In keinem Fall aber dient das Kapitellband – entgegen dem Anschein – der Verbindung von Gewölbevorlagen und Fenster. Sowohl Chorhaupt als auch Chorhals besitzen somit Maßwerkfenster in zwei Ebenen. Im Chorhaupt wurde lediglich der große Fensterbogen der ersten Ordnung auf die Nischenstirn projiziert, eine Lösung, die dem Zitat der schildbogenlosen Architektur von Saint-Remi geschuldet ist. Eine *‚durch die Schmalheit der Fenster bedingte Sonderlösung'*[50] ist es wohl kaum, denn dann müßten die schmalen ersten östlichen Chorseitenschiffsfenster[51] dem Vorbild der Chorkapellen folgen, doch folgt ihr Aufbau den anschließenden breiteren Maßwerkfenstern von Chorhals und Langhaus.

3. Bischofskapelle

Nur wenige Jahre nach Baubeginn der Reimser Chorkapellen wurde an der Südseite des Kathedralchores die erzbischöfliche Doppelkapelle gegen 1215/1220 begonnen.[52] (Abb. 20–22) Ihre niedrige Unterkirche ist dem hl. Jakob geweiht, die Oberkirche dem hl. Nikolaus. Der 5/10 Chorschluß mit Halbjoch wiederholt den Gewölbeschluß der Chorkapellen.[53] Und auch die Aufrißgestaltung folgt den Chorkapellen, nicht aber den Seitenschiffen der Kathedrale, wie dies Kimpel und Suckale vertreten.[54] Wie dort umziehen tiefe Nischenfenster über einer durchlaufenden Blendarkatur den Raum. Das Kapitellband in der Laibung der Fensternische liegt auf der Kämpferlinie des Fensterbogens und nicht – wie im Seitenschiff der Kathedrale – auf der Kämpferlinie der Gewölbebögen. Stärker noch als in den Chorkapellen ist hier die Analogie zu Obergaden und Triforium der Hochschiffwand evident, da die Blendarkaden in derselben Wandebene mit den Fenstern liegen und in derselben Wandzone mit den schulterbogigen Öffnungen des ‚Laufgangs'.

Im Unterschied zu den Chorkapellen sind die Fenster der erzbischöflichen Kapelle jedoch nicht unterteilt, bedingt durch die schmalen Wandabschnitte. Ihr Aufbau aber ist identisch: Es ist die konsequente Übersetzung der Chorkapellenfenster auf ein einbahniges Fenster ohne Unterteilung. Mit einem absichtsvollen ‚Verzicht' auf Maßwerk hat dies wenig zu tun. So zeigt die breite westliche Abschlußwand der Oberkapelle wieder das zweibahnige Maßwerkfenster mit einbeschriebenem liegenden Sechspaß. Hans Reinhardt hat auf die Gemeinsamkeiten dieses Fensters mit dem Aufbau der Fenster in den Seitenschiffsjochen des Querschiffs hingewiesen, in eben jenen vier Jochen, über denen die Querhaustürme errichtet wurden und die daher eine große Mauerstärke aufweisen. Er knüpft daran die Zuschreibung der Bischofskapelle an Jean le Loup, der dem ersten Baumeister der Kathedrale, Jean d'Orbais, nachfolgte.

‚… la baie occidentale seule se divise en deux lancettes surmontées d'une rose, mais contrairement aux fenêtres de la cathédrale, elle se découpe dans un mur lisse, au lieu d'occuper toute la largeur de l'espace disponible. La cathédrale elle-même ne connaît qu'une seule exception à cette règle: c'est précisément Jean de Loup qui, redoutant la charge des tours, a réduit l'ouverture des fenêtres collatérales du transept regardant vers l'occident en rajoutant de part et d'autre, à l'intérieur du cadre existant, une surface de mur supplémentaire. La chapelle archiépiscopale, d'un caractère si sobre, est généralement attribuée à Jean d'Orbais. Mais un examen plus attentif nous porte à croire qu'elle est plutôt l'oeuvre de Jean de Loup.'[55]

Zu einem vergleichbaren Ergebnis kommt Hamann Mac-Lean, der im Grundriß in der leichten Abschrägung des Vorchorjoches das Werk des ersten Baumeisters erkennt, die Kapitellornamentik indes mit den langen Frieskapitellen an den Fenstern im Untergeschoß des Querhauses vergleicht, die spätestens zu Beginn der Amtszeit von Jean de

Abb. 20 Reims, Kathedrale. Erzbischöfliche Kapelle nach O.

Abb. 21   Reims, Kathedrale. Erzbischöfliche Kapelle, Gewölbe und Westwand.

Loup entstanden sind.[56] Jean de Loup leitete die Arbeiten an der Reimser Kathedrale in den Jahren 1219–1234[57]. Wurden die Kapitelle spätestens zu Beginn seiner Amtszeit gefertigt, wird man die Fertigstellung der Bischofskapelle kurz nach 1220 annehmen dürfen, also noch vor der Krönung Ludwigs IX. am 19. November 1226, wahrscheinlich schon zur Krönung Ludwigs VIII. des Löwen drei Jahre zuvor.

So hilfreich der Vergleich mit den Fenstern im Untergeschoß des Querhauses in Hinblick auf Datierung und Händescheidungen ist, ein Konzeptionswechsel oder eine Änderung des Bauplans läßt sich daraus nicht ableiten. Das Nebeneinander von einbahnigen Fenstern ohne Unterteilung und dem westlichen Maßwerkfenster resultiert einzig aus der unterschiedlichen Breite der Wandabschnitte, und die Ausführung des Westfensters nach Maßgabe der genannten Querhausfenster aus der dort gegebenen großen Mauerstärke; gleiche Vorgaben führten hier zu identischen Lösungen. Die einbahnigen Fenster der Bischofskapelle folgen somit dem Vorbild der Chorkapellen, das zweibahnige Westfenster hingegen folgt aufgrund der großen Mauerstärke den vier Turmjochen des Querschiffs.

Abb. 22 Reims, Kathedrale. Erzbischöfliche Kapelle, Längs- und Querschnitt.

4. Die Reimser Fenster im Skizzenbuch des Villard d'Honnecourt

Die Innovation von Reims wurde von einem zeitgenössischen Architekten festgehalten und kommentiert; (Abb. 23–26) Villard d'Honnecourt gibt in seinem Studienbuch auf Blatt 10 v die Innenansicht eines Reimser Fensters wie auch dessen Einbindung in das Dienstsystem wieder.[58] Den Aufbau der Fenster aus Restplatte und vorgelegten Rundstäben macht er durch die Beigabe des Pfostenquerschnitts kenntlich. Fenster- und Gewölbekämpfer liegen auf gleicher Höhe, der große Rundpaß ist weit hinauf ins Bogenfeld gerückt und verschmilzt sowohl mit den beiden spitzbogigen Bahnen als auch mit dem umgreifenden Spitzbogen. Die kleinen Pässe des liegenden Sechspasses schließlich stoßen mit ihren inneren Radien an den einfassenden großen Rundpaß.

Die Wand deutet Villard nur mit einer feinen Linie an, die dem Fensterbogen dicht anliegt. Sie verdeutlicht, daß hier kein Blendfenster gemeint ist, sondern ein offenes Fenster, dessen Fensterbogen in die Wandfläche gelegt ist und mit ihr fluchtet. Die bei-

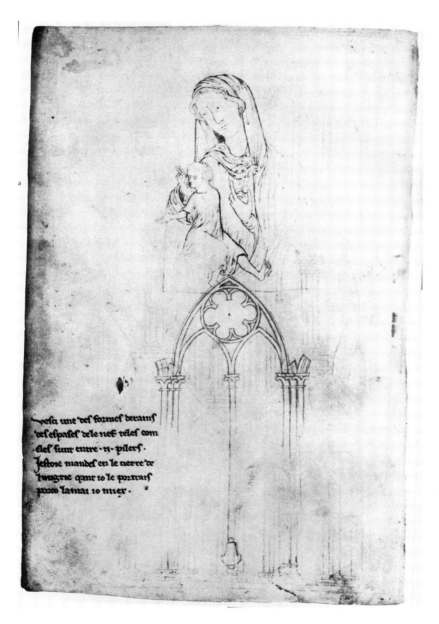

Abb. 23 Villard d'Honnecourt, Skizzenbuch. Reimser Maßwerkfenster.

den einfassenden Dienstbündel sind nur in ihrer oberen Partie ausgearbeitet und lassen jeweils drei gleichstarke Dienste für Gurt-, Rippen- und Fensterbogen erkennen, also ein fünfteiliges Dienstbündel ohne Vorlage für einen Schildbogen. Ihre Basen sind nur angedeutet und befinden sich zudem auf unterschiedlicher Höhe, was keinen rechten Sinn ergibt.

Welches Fenster hatte Villard vor Augen, als er diese Zeichnung anfertigte? Tatsächlich gibt es am gesamten Bauwerk nicht ein einziges, das diesem genau entspricht. Die größten Übereinstimmungen finden sich bei den genannten Querschiffsfenstern der Kathedrale, da hier die Fenster- und Gewölbekämpfer auf einer Höhe liegen und die Fensterbögen nicht gestelzt wurden. Dies würde den Datierungsvorschlag von Hahnloser bekräftigen, der die Zeichnung ebenso wie den Querschnitt des kantonierten Pfeilers auf Blatt 15 v um 1225/1230 entstanden denkt und einem ersten Aufenthalt Villards in Reims zuordnet. Um 1235 dann, als die Arbeiten in Reims ruhten, soll er während seines zweiten Aufenthaltes dort die systematischen Bauaufnahmen des aufgehenden Mauerwerks auf den Blättern 30 v bis 32 v festgehalten haben.[59]

Gegen die Identifizierung des Reimser Maßwerkfensters auf 10 v mit jenen in den Turmjochen des Querschiffs spricht indes das schmale Dienstbündel mit einem Gurt- und zwei Rippendiensten, das in dieser Form ausschließlich in den Radialkapellen des Chores erscheint. An keiner Stelle des Bauwerks aber verschleift die große Paßfigur des Couronnements mit der Fensterarkade, wie Villard es angibt. Hieraus folgt, daß Villard gar kein bestimmtes, in der Reimser Kathedrale zu lokalisierendes Fenster in seinem Studienbuch festhielt. Seine Dokumentation verzichtet vielmehr auf die aus der besonderen Bausituation resultierenden Modifikationen, er will ja das Fenster in seinen konstitutiven Grundzügen erfassen und für seine Sammlung und damit für spätere Arbeiten festhalten.[60] So legt er alle Kämpfer auf eine Linie, alle Stäbe in eine Ebene und verzichtet auf eine Stelzung der Bögen, wie sie für die Radialkapellen kennzeichnend ist. Eben dieser Ausrichtung Villards auf eine größere Regelmäßigkeit ist auch die formale Nähe zu den Turmjochen des Querschiffes geschuldet, mit ihren gleichhohen Kämpfern, den ‚regelmäßigsten' des gesamten Bauwerks. Villards nachträglich[61] beigefügter Kommentar zu seiner Darstellung des Reimser Maßwerkfensters auf Blatt 10 v seines Studienbuches lautet:

‚Ves ci une des formes de Rains des espases de le nef teles com eles sunt entre .ij. pilers. J'estoie mandes en le tierre de Hongrie, qant io le portrai por co l'amai io miex.'[62]

Hahnloser übersetzt Villards Kommentar wie folgt:

‚Seht hier eines der Fenster von Reims, von den Jochen des Schiffes, so wie sie zwischen zwei Pfeilern stehen. Ich war beauftragt, nach Ungarland (zu gehen), als ich es zeichnete, weil es mir am meisten gefiel'.[63]

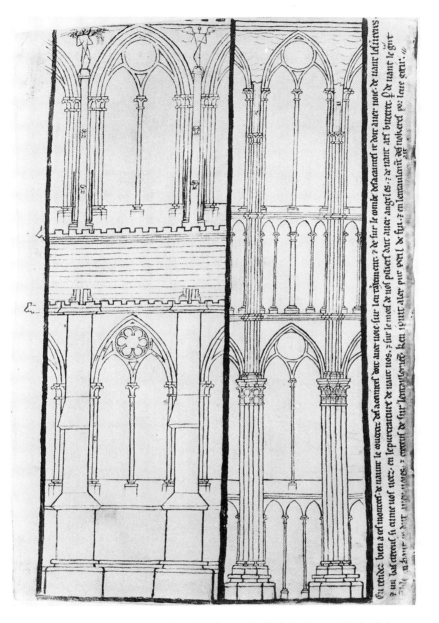

Abb. 24   Villard d'Honnecourt, Skizzenbuch. Wandaufriß der Reimser Kathedrale.

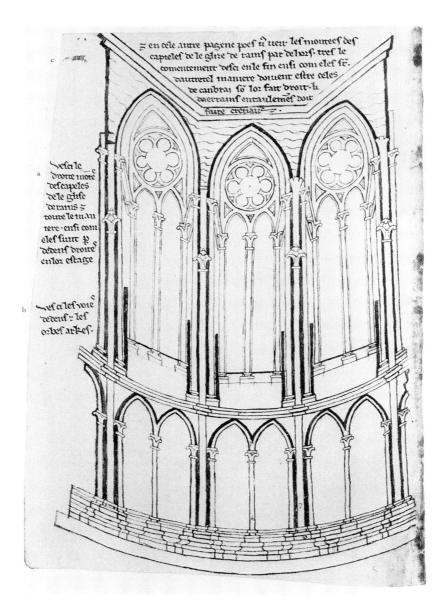

Abb. 25   Villard d'Honnecourt, Skizzenbuch. Reimser Chorkapelle, Innenansicht.

Abb. 26 Villard de Honnecourt, Skizzenbuch. Reimser Chorkapelle, Außenansicht.

Hahnloser übersetzt ‚*une des formes*' mit ‚*eines der Fenster*', im Sinne von ‚*spitzbogigen Rahmen des Fensters*', wie er in seiner Kommentierung ausführt.[64] Die Rosenfenster von Chartres und Lausanne werden von Mr. 2 hingegen mit ‚*fenestra*' bezeichnet[65] und Villard nennt die Lausanner Rose ‚*reonde veriere*', ‚*rundes Glasfenster*'.[66] Ein bezeichnender Unterschied. ‚*Veriere*' und ‚*fenestra*' stehen für das einzelne Fenster und seine Unterteilung, bzw. die unterteilte Glasfläche. ‚*Forme*' hingegen bezeichnet die Grundform, den Fensterbogen.[67] In gleicher Weise unterscheidet ein Werkvertrag von St.-Germain-des-Près aus dem Jahre 1407: so sollen ‚*les formes des verieres*' wie alle gliedernden Teile der Basilika vergoldet werden, der Grund aber, die Wand- und Scheibenflächen blankes Silber bleiben, ‚*le fond qui sera d'argent doublant*'.[68] Irreführend ist hingegen die Gleichsetzung von ‚*forme*' mit ‚*Fensterlaibung*', wie sie Günther Binding in seiner Interpretation der Textstelle im Skizzenbuch Villards vorschlägt.[69] Sie scheint dem Bemühen geschuldet, eine jede Beschreibung in einzelne architektonische Fachtermini der Kunstgeschichte aufzulösen. Doch bezeichnet Laibung eine Fläche. Nach dem oben genannten Werkvertrag von St.-Germain-des-Près müßte demnach die Laibung vergoldet werden, was der offenkundigen Absicht, die gliedernden Teile deutlich von der Fläche abzuheben, widerspricht. Im besonderen Falle könnte indes ein Laibungsbogen gemeint sein. Zu einseitig auch die Gleichsetzung von ‚*veriere*' mit ‚*unterteilendem Maß- und Stabwerk*'[70], da nun die Glasfläche unberücksichtigt bleibt. Dem aber steht Villards Bezeichnung des Lausanner Fensters als ‚*reonde veriere*' entgegen. Abschließend noch ein kritischer Blick auf eine andere Textstelle: ‚*espace de le nef*'. Damit ist kein Raum gemeint, auch keine räumliche Dimension, wie es die Übersetzung ‚Joche des Langhauses' suggeriert. Hahnloser selbst räumt ein, daß ‚espace' von Lassus und Schneegans sachlich unrichtig mit ‚*travèe*', Joch, wiedergegeben wurde. ‚Espace' bezeichne vielmehr ein Stück Wand, das durch architektonische Glieder eingefaßt und durch ein weiteres Glied aufgeteilt werde.[71] Übertragen auf den Kommentar heißt dies: Villard hält in seinem Skizzenbuch fest, wie der Fensterbogen von den Wandfeldern des Schiffes zwischen zwei Pfeilern eingespannt ist; so die wörtliche Übersetzung, und eben dies zeigt auch die Zeichnung.

Auf Blatt 30 v und 31r zeichnet Villard den Wandaufriß der Radialkapellen ‚*ensi com eles sunt*'[72], so wie sie sind. Zunächst die Innenansicht und ihr gegenübergestellt die Außenansicht der Chorkapelle. Nach Hahnloser gehören beide zu den genauesten Wiedergaben des ganzen Buches, mit ausführlicher Vorzeichnung und ‚*was Villard fast nie tat, im Mittelstock links sogar radiert*'.[73] Villard hat sie nach dem bestehenden Bauwerk, nicht nach Planvorlagen angefertigt. Hierfür sprechen die ‚perspektivische' Darstellung, mit der Villard den Übergang von kreisrundem Sockel zu polygonalem Fenstergeschoß festhalten konnte, die Wiedergabe von Bodenwellen in der Außenansicht, aber auch die Besonderheiten der Maßwerkzeichnung. Denn anders als in der ‚idealisierten' Darstellung auf Blatt 10 v rückt hier der Zentrumspunkt des bekrönenden einbeschriebenen Sechspasses auf die Kämpferlinie des Fensterbogens und liegen die Fensterkapitelle oberhalb der Kapitelle für die Gewölbedienste. Wie im ausgeführten Bauwerk verschmilzt der Rundpaß mit den Stäben der beiden spitzbogigen Bahnen, bleibt vom Fensterbogen indes deutlich getrennt. So jedenfalls zeigt es die Außenansicht auf Blatt 31r, und nur sie. In der vorangehenden Innenansicht der Radialkapelle hingegen verschleifen auch Fensterbogen und bekrönender Rundpaß miteinander; im Gegensatz zur Ausführung, wenn man annimmt, daß Villard die drei zentralen Fenster der Kapelle festgehalten hat. Denn die Eingangsseiten der Kapelle zeigen sehr wohl eben diese Verschmelzung mit dem Fensterbogen: als Blendfenster. Anders als die nach Planvorlage angefertigten Aufrißzeichnungen des Reimser Langhauses auf dem nachfolgenden Blatt 31 v resultierte die Verschleifung nicht aus der immer wieder hervorgehobenen Intention Villards, das gegebene Vorbild mit Blick auf seine Tauglichkeit für zukünftige eigene Bauaufgaben zu ‚regulieren'. Warum sollte Villard dann am Außenbau auf diese ‚Vereinfachung' verzichten? Offensichtlich wandelte Villard hier eine Vorlage nicht vorsätzlich ab, sondern wählte vielmehr von zwei gegebenen Fensterlösungen die einfachere Variante, indem er die Maßwerkzeichnung der Blendfenster auf die Scheitelfenster übertrug.

Die Zeichnungen, mehr noch die Kommentare Villards, bestätigen und unterstreichen die eingangs aufgestellte These, daß das erste Auftreten von Maßwerk in Reims keineswegs als folgerichtiger Schritt zur Auflösung des Wandkontinuums erklärt werden kann und nun profiliertes Stabwerk das alte Plattenfenster ersetzt. Vielmehr blieb das alte zweibahnige Plattenfenster erhalten; das Stabwerk ersetzt es nicht, sondern ist diesem Plattenfenster nur vorgeblendet, mit dem Ziel, die Fenster in das Aufrißsystem zu integrieren, mit den Worten Villards: sie zwischen die Pfeiler eines Wandabschnitts einzuspannen. Der Begriff ‚Fensterarkade' bringt dies treffend zum Ausdruck. Die regelmäßige Lösung zeigen die Fenster im Chorhals, die Kapellenfenster hingegen sind Modifikationen hinsichtlich der schmaleren Wandabschnitte und im Hinblick auf das schildbogenlose System – wie die Eingangsseiten der dortigen Scheitelkapelle belegen – von St.-Remi.

5. Parataktische Fensterreihung

Eine Besonderheit der Reimser Kathedrale wird gerne übersehen, gerade weil sie so selbstverständlich scheint: Das zweibahnige Fenster mit einbeschriebenem liegenden Sechspaß umzieht in parataktischer Aneinanderreihung den gesamten Bau. Keine Veränderung des Motivs, kein Wandel der Binnengliederung, kein Wechsel zu dreibahnigen Fenstern bei breiteren Wandabschnitten. Einzige Parameter: der Durchmesser der Maßwerkokuli nach Maßgabe der schmalen Polygonseiten der Radialkapellen, respektive im Obergeschoß der breiteren Apsisseiten, die Höhe der Fensterkämpfer nach Maßgabe der regelmäßigen Fensterlösungen im Chorhals, und schließlich die Scheitelhöhe des Fensterbogens, nach Maßgabe der gleichbleibenden Stichhöhe der Gewölbekappen. Im Ergebnis zwei motivisch gleiche Fensterreihen, im Obergeschoß mit größeren, im Untergeschoß mit kleineren Okuli.

Streng geometrisch ist diese Aufgabe – bei gegebener Kämpferhöhe, Okulusgröße und Scheitelhöhe – gar nicht lösbar, wenn die Wandbreiten wie in Reims deutlich differieren. So suchten die Reimser Meister mit anderen Mitteln die sukzessive Angleichung der lichten Weite der Fenster an die breiteren Wandabschnitte: indem sie die Bogenschenkel der Fenster weiter öffneten, die Fensterpfosten verdoppelten oder – wie im Querhaus – einen zweiten konzentrischen Fensterbogen einsetzten. Subtiler noch ist die Behandlung der Okuli: tatsächlich gibt es meßbare Unterschiede im Durchmesser, die jedoch optisch nicht in Erscheinung treten. Wahrnehmbar indes ist die allmähliche Vergrößerung des Abstands zwischen Okulus und Fensterbogen, doch ohne Folgen für die einheitliche Fensterfolge, da noch in den schmalsten Wandabschnitten, den Polygonseiten der Kapellen, beide deutlich voneinander geschieden bleiben.[74]

Dieses Gestaltungsprinzip ist nicht auf die Fenster beschränkt. Im Gegenteil. Alle tektonischen Glieder der Reimser Kathedrale zeigen diese Besonderheit, die Joche und Pfeiler ebenso wie die Dienste und Gewölbebögen: Um den Kontrast zwischen quadratischem Vierungsfeld und querrechteckigen Jochen in Chor und Langhaus zu mildern, werden Zwischenjoche eingeschaltet, deren Tiefe sukzessive der Vierungsseite angenähert wird. Im gleichen Verhältnis schwellen die betreffenden Pfeiler wie auch die zugehörigen Scheid- und Gurtbögen an, um danach wieder zu den alten Dimensionen zurückzukehren. Sehr anschaulich beschreiben dies Kunst und Schenkluhn:

‚Vor die Vierung schiebt sich das tiefere, von der Breite der Querhausseitenschiffe abhängige zweite Presbyteriumsjoch. Somit entwickelt sich von der Vierung aus gesehen eine sukzessive Abnahme der Pfeilerabstände über das erste und zweite Chorjoch bis zum Polygon, wobei der Abnahme der Pfeilerabstände eine Verringerung der Pfeilerdurchmesser und eine Verschmälerung der Scheidbögen und der ihnen angeglichenen Gurte entsprechen.'[75] Und zu den Triforiumsöffnungen heißt es weiter: *‚Dabei fällt auf, daß die Säulchen dieser zumeist Viererarkaden von der Mitte nach außen hin an Stärke abnehmen, wodurch die Wandvorlagensystematik mit ihren nach der Mitte zu stärker werdenden Diensten reflektiert wird: starker Dienst in der Mitte, zwei schwächere zur Seite, je ein dünner an der Wand.'*[76]

Es sind die gleichen gestalterischen Mittel, die eine optische Angleichung der Fensterbreiten schaffen und auf eine parataktische, das gesamte Bauwerk umziehende, Fensterfolge zielen. Dies mag selbstverständlich erscheinen, in der Regel aber reduzierte man die Zahl der Fensterbahnen im Polygon, da dort deutlich schmalere Wandintervalle der Chorlangseite folgen. So auch in den unmittelbaren Vorbildern von Reims, den Kathedralen von Chartres und Soissons. Zweibahnige Fenster im Langhaus und Langchor, aber einbahnige Lanzettfenster im Polygon. Die Fensterfolge zeigt an der Grenze zum Chorhaupt folglich eine deutliche Zäsur. So auch die späteren Großbauten von Amiens (1220 beg.) und Beauvais (1225 beg.). Vor diesem Hintergrund wird die Sonderstellung von Reims erst deutlich. Die beiden umlaufenden Fensterarkaden sind in dieser Form ohne Beispiel in den zeitgenössischen Großbauten. Auch hier ist es wieder die Benediktinerstiftskirche St.-Remi, die vorbildgebend gewirkt hat. Die gestaffelten dreiteiligen Obergadenfenster werden von den Langseiten des Chores um die Apsis herumgeführt, ohne Reduzierung der Bahnen. Und wie in der Kathedrale werden die Fensterarkaden zwischen die Pfeiler gespannt und mit dem Triforium verbunden, so auch in einem weiteren Rezeptionsbau von St.-Remi, Notre-Dame-en-Vaux in Châlons-sur-Marne.[77]

St.-Remi und Notre-Dame-en-Vaux behaupten eine Ausnahmestellung in der Architektur des 12. Jahrhunderts in der Ile-de-France. Und ein dritter Großbau: die Kathedrale St.-Etienne in Sens. Sie wurde vor 1140 begonnen, vielleicht 1128. Ihr ursprünglicher Obergaden blieb nicht erhalten. Nach dem Einsturz des Südturms im Jahre 1268 wurde dieser schrittweise bis ins 14. Jahrhundert erneuert.[78] Henriet rekonstruiert zwei gekuppelte Rundbogenfenster, die in parataktischer Folge den Chor umziehen.[79] Voraussetzung für diese Aufrißlösung ist die gegebene Grundrißdisposition der Kathedrale. Ihr Chorschluß über fünf Seiten eines regelmäßigen Zehnecks mit anschließendem Halbjoch nahm ihren Ausgang von den sechsteiligen Gewölbefeldern im Chorhals. Dessen östliche Hälfte bereitet die Teilung in fünf gleiche Abschnitte vor und dessen westlicher Teil leitet zu den maßgleichen sechsteiligen Gewölben der Vorchorjoche über.[80] Der 5/10 Chorschluß mit Halbjoch ermöglicht somit eine Weiterführung der Wandintervalle von den Chorlangseiten um die Apsis, bei gegebenem sechsteiligen Gewölbe. Soweit die geometrischen Voraussetzungen. Sie allein sind indes kein hinreichender Grund. Anne Prache vergleicht die Proportionen der Großbauten der zweiten Hälfte des 12. Jahrhunderts. Dabei wird deutlich, daß Sens wie St.-Remi stark von den übrigen Bauten (Noyon, Soissons Südquerhausarm, Laon) abweichen, da ihre Mittelschiffsbreite wesentlich größer ist und die Gewölbe weniger steil ansteigen.[81] Sauerländer erkennt im Inneren von Sens einen Zug von römischer Größe und zieht wie Bony Vergleiche zum Thermensaal.[82] St.-Remi steht also in diesem Punkt Sens (unter Henri Sanglier) näher als den zeitgenössischen Bauten. Wenn in den Rezeptionsbauten diese Mittelschiffsbreite nicht erreicht wird, sind Modifikationen in der Aufrißgliederung die Folge. So auch in der Wallfahrtskirche Notre-Dame-en-Vaux in Châlons-sur-Marne.[83] Ihr Chor ist nahezu eine Kopie von St.-Remi. Aber eben im kleineren Maßstab. Er schließt über einem unregelmäßigen 5/10 mit Halbjoch; unregelmäßig, da nur die westlichen Eingangsseiten das Wandintervall des Halbjoches wiederholen. Es folgen zwei deutlich schmalere Abschnitte und schließlich der Chorscheitel, der fast wieder die Breite der Eingangsseiten erreicht. Diesen unterschiedlichen Intervallen ist die Folge von alternierend drei- und zweibahnigen Gruppenfenstern geschuldet. Oder das eingangs angeführte Beispiel Orbais: dreiteilige Gruppenfenster an den Langseiten, zweiteilige in der Apsis, aber identische Breite der Fensterbahnen.

Die genannten Beispiele sollten die Schwierigkeiten einer parataktischen Fensterreihung im Gewölbebau hinreichend beleuchtet haben. Bei Fensterarkaden, d. h. in das Stützsystem eingespannten Fenstern, ist diese Reihung ganz ungewöhnlich. Umso mehr muß deren Verwendung beim Neubau der Kathedrale von Reims verwundern, da die gleichmäßige Reihung derselben Grundform bei unterschiedlich breiten Wandabschnitten den entwerfenden Architekten vor große Aufgaben stellt und weil keiner der zeitgenössischen Großbauten vor und nach Reims diese Lösung zeigt. Da die Arbeiten zum mittelalterlichen Maßwerk stets auf die Einzelform und deren Morphologie gerichtet war, geriet dieser Zusammenhang aus dem Blick. Ihre Erklärung findet die außergewöhnliche parataktische Reihung der Fenster in der Kathedrale von Reims als Zitat von St.-Remi. Durch die ungewöhnlichen Proportionen und Dimensionen waren dort die Wandintervalle nahezu gleich und daher die gleichmäßige Reihung der Fenster problemlos, ja zwingend. In der Reimser Kathedrale mit ihren ungleichen Wandabschnitten aber war es eine Herausforderung. Es galt das zweibahnige Gruppenfenster von Soissons in den Proportionen der Rosenfenster von Chartres mit dem Stabwerk der Fensterarkaden und der parataktischen Fensterreihung von St.-Remi zu verbinden. Die Lösung führte zum ersten Maßwerkfenster in der mittelalterlichen Architektur. Bei seiner Entstehung ist das Maßwerk fest in das Aufrißsystem eingespannt. So auch in den nachfolgenden Bauten zu Amiens (1220), Beauvais (1225), St.-Denis (1231) und der Sainte-Chapelle zu Paris: hier führt die Übertragung auf vierbahnige Fenster zur Ausbildung homolog hierarchischer Maßwerke. Ganz anders gestaltet sich die Aufgabe bei den sogenannten ‚Einsetzfenstern', die ohne Verbindung zum Dienstsystem in die Wandfläche gesetzt, bzw. aus dieser herausgeschnitten werden. Die erste Verwendung von Maßwerkfenstern als Einsetzfenster erfolgt in Paris im Rahmen der Umbauten der Kathedrale um 1225.

III. Die ‚Fenêtre-châssis' der Pariser Kathedrale

Um 1225 beginnen weitreichende Umbauten an der Pariser Kathedrale.[84] (Abb. 27–32) In die Strebepfeilerintervalle werden Einsatzkapellen eingepaßt, die Emporen werden umgestaltet und die Obergadenfenster vergrößert. Schriftliche Quellen fehlen. Viollet-le-Duc datiert den Beginn des Umbaus um 1220,[85] also mit Fertigstellung von Chorumgang und Radialkapellen in Reims. Den Namen des leitenden Architekten kennen wir nicht. Er muß den Neubau von Reims gekannt haben. Von dort übernimmt er die Neuerung der Maßwerkfenster für die Umgestaltung des Chorobergadens der Pariser Kathedrale. Er greift diese Neuerung aber in einem anderen Sinne auf: Nicht die Integration der Fenster in das Aufrißsystem der Hochschiffwand ist sein Anliegen, sondern die statische Sicherung ihrer Binnenstruktur.

Er verlängerte die gegebenen Fenster nach unten und verdoppelte damit die Fläche der farbigen Glasscheiben, er gab dem Innenraum der Kathedrale mehr Licht. Die alte Fenstereinfassung mit ihren flankierenden Laibungssäulchen und vorgeblendeten Fensterbögen mit Klötzchenfries blieb erhalten, die Laibung wurde in das bestehende Mauerwerk hineingeschnitten oder ergänzt. Nach dem Vorbild der Chorkapellen- und Apsisfenster der Kathedrale von Reims paßte er hierin ein zweibahniges Maßwerkfenster mit einem großen, die ganze Fensterbreite einnehmenden Rundpaß. Die Stäbe von Fensterbahnen, Rundpaß und Fensterbogen verschmilzen miteinander.[86] Anders als Jean d'Orbais in Reims brauchte er keine Rücksicht auf die Einbindung in das Aufrißsystem zu nehmen, seine Fenster sind autonom. Keine hierarchische Staffelung zwecks Anbindung an das Wandvorlagensystem, keine Mühen um die unterschiedlichen Kämpferhöhen, vor alllem aber Unabhängigkeit von den gegebenen Wandintervallen. *‚Der Architekt entwickelte hier das, was seit Viollet-le-Duc gemeinhin als fenêtre-châssis, „Einsetzfenster", bezeichnet wird: die paarweise angeordneten, von Oculi bekrönten Öffnungen sind unabhängig vom umgebenden Mauerwerk.'*[87]

Der gegebene Grundriß kam dem leitenden Architekten entgegen: die fünfschiffige Disposition des Langhauses wird über das einschiffige Querschiff hinweg im Chorhals weitergeführt, im Chorhaupt ermöglicht ein 5/10 mit Halbjoch im Anschluß an die sechsteiligen Gewölbe der Vorchorjoche die Fortführung nahezu gleicher Wandintervalle[88]. In den Apsisseiten nimmt das Fenster die gesamte Breite der Wand ein, in den

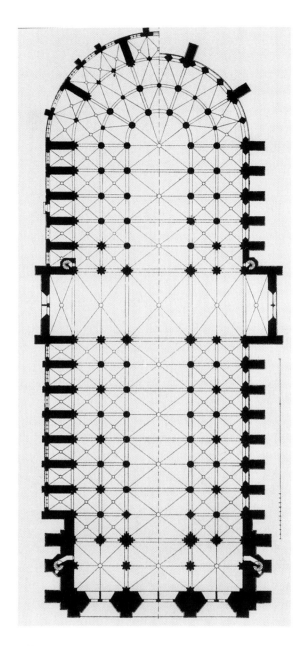

Abb. 27   Paris, Kathedrale. Grundriß, linke Hälfte mit den ab 1225 errichteten Einsatzkapellen.

Abb. 28 Paris, Kathedrale. Wandaufriß mit Rekonstruktion des vierteiligen Wandaufbaus nach Viollet-le-Duc.

etwas breiteren Abschnitten der Langchorseiten und des Langhauses bleibt ein schmaler Wandstreifen bestehen. Eine Verbreiterung der gegebenen Obergadenfenster war somit in der Apsis gar nicht mehr möglich; und im Langchor nicht erwünscht, sie hätte zu unterschiedlichen Kämpfer- und Scheitelhöhen geführt oder durch die Weitung der Bogenschenkel zu Rundbögen, bei Zerstörung der Fenstereinfassung. Schließlich sei noch auf die Differenzen mit der Kurvatur der Gewölbekappen im Inneren der Kathedrale und auf die statischen Schwierigkeiten bei weiterer Ausschälung der Mauer verwiesen. Eine Vergrößerung der Fensterfläche konnte nur über eine vertikale Verlängerung der bestehenden Fenster erzielt werden, unter Aufgabe des alten vierteiligen Wandaufbaus.

In der um 1160 von Bischof Maurice de Sully initiierten Kathedrale öffneten sich über niedriger ‚Säulen'-Arkade und Empore Rosetten, die durch den Umbau um 1225 beseitigt wurden. Im 19. Jahrhundert rekonstruierte Viollet-le-Duc diese Rundöffnungen in den der Vierung benachbarten Jochen. Nach Erlande-Brandenburg enthält die Rekonstruktion jedoch Irrtümer hinsichtlich der Gestalt und der genauen Lage der Rosetten.[89] Durch die Verlängerung der Obergadenfenster entfiel diese Zone, dies wiederum zog den Umbau des Emporendaches nach sich, dessen steil aufsteigende Seiten durch eine Flachdeckung ersetzt wurde. Mit der Flachdeckung aber stellte sich das Problem der Ableitung des Regenwassers: Über ein System von Dachrinnen wird das Regenwasser unterhalb des Daches aufgefangen und gesammelt, über Regenrinnen weitergeführt und durch Wasserspeier abgeleitet.[90]

Umstritten war lange Zeit die Frage, ob der Bau des 12. Jahrhunderts bereits offene Strebebögen besaß wie die Kathedrale von Sens, St.-Remi in Reims oder die 1163 von Papst Alexander III. geweihte Benediktinerabtei St-Germain-de-Prés in Paris. Stephen Murray machte 1998 noch einmal deutlich, daß die Pariser Kathedrale schon vor dem Umbau um 1225 offenes Strebewerk besessen haben muß, ähnlich den heutigen weitreichenden Strebebögen, deren flacherer Anstieg – im Vergleich zur Kathedrale in Bourges – er in engem Zusammenhang mit dem Strebewerk der Reimser Kathedrale sieht:

‚We thus reach an image of the twelfth-century structural envelope of Notre-Dame that is much more similar to the present edifice than had been realized by most recent students of the cathedral. The changes that accompanied the transition from the Notre-Dame choir to the nave were intirely in line with what we know about contemporary practice elsewhere. The steeply pitched flyers of the choir, springing form a relatively low buttress-support, resemble those of Bourges Cathedral, a monument begun while the Notre-Dame nave was under construction and under its direct influence. [...] In the Notre-Dame upper nave, however, several decades later than the choir, we find the tendency to project the exterior buttress-supports to a greater height and to pitch the flyers less steeply – more closely resembling the solution in Reims Cathedral.'[91]

Doch begegnete man den statischen Schwierigkeiten, die aus der Verlängerung der Hochschiffenster resultierten, nicht allein mit dem Strebewerk. Der Architekt umspannte den Chor oberhalb des Klötzchenfrieses mit einem eisernen Ringanker, den er an der Querhauswand fixierte. Solche Eisenarmierungen sollten in den nachfolgenden Bauten zu Amiens und in der Sainte-Chapelle später in großem Umfang eingesetzt werden. Nachzutragen bleibt die Gestaltung der Emporenfenster. Die heutigen Emporenfenster entstanden um 1300: Eine auf den 18. April 1849 datierte Zeichnung zeigt schmale spitzbogige Segmentbogenfenster, deren Bogenfeld durch den Bogenlauf des Entlastungsbogens determiniert ist.[92] Nach Erlande-Brandenburg belegen die Verputzspuren am Außenbau, daß die Zeichnung tatsächlich die Öffnungen des 12. Jahrhunderts abbildet.[93] Ein größerer Kontrast zu dem mit besonderer Sorgfalt gestalteten Emporeninnern und den kunstvollen Fenstereinfassungen des Hochschiffs am Aufenbau läßt sich kaum denken.[94] Schwer vorstellbar, daß ein solches Fenster ‚auf Sicht' am Außenbau in Erscheinung getreten wäre, bezeichnenderweise fehlt eine genaue Lokalisierung. Eine Rekonstruktion der Emporenfenster des 12. Jahrhunderts erlauben sie nicht. Auch darf bezweifelt werden, daß diese Emporenfenster bereits im Zuge der weitreichenden Umbaumaßnahmen um 1225 – analog zu jenen des Obergadens – Maßwerke erhielten. Änderungen erfolgen nur an jenen Bauteilen, die unmittelbar von den Umbaumaßnahmen betroffen waren. Das waren der Chorobergaden und die Einsatzkapellen des Langhauses. Vor den heutigen Emporenfenstern, die um 1300 eingesetzt wurden, blieben die Emporenfenster ohne Maßwerk.

Stets wurden bei der Analyse des Wandaufrisses von Notre-Dame in Paris die ‚wandhaften' Momente hervorgehoben. So rücken die Einzeldienste auseinander und bleiben in der Flucht der jeweilgen Rippe, die Wand scheint hinter diesen Vorlagen durchzulaufen:

‚*Der zweite Meister behält das Grundkonzept des Ersten bei: den Kontrast zwischen den Stützen und der Hochschiffwand, die Betonung der dünnwandigen Mauer, des sog. mur mince; auch bei ihm bleibt viel mehr glatte Wand stehen als nötig; auch bei ihm wirken die Rosetten wie ausgestanzt.*'[95]

Ungewöhnlich ist die Verbindung von sechsteiligen Gewölben mit einer steten Folge von Dreierdienstbündeln, die Bogenansätze hätten alternierend drei- und fünfteilige Dienstbündel erfordert, analog zur Lösung in der konkurrierenden Kathedrale in Laon oder der Wallfahrtskirche St.-Maturin in Larchant, die dem Pariser Domkapitel gehörte und von Dieter Kimpel und Robert Suckale dem Zweiten Meister der Pariser Kathedrale zugeschrieben wird.[96] Neben der konsequenten Abstimmung von Vorlagen und Gewölbebögen verdeutlicht das Beispiel St.-Maturin überdies die Gestaltungsmöglichkeiten des Zweiten Meisters der Pariser Kathedrale, wenn dieser durch eine subtile Abstufung des Wandreliefs die Mauerstärke an den Fensteröffnungen auf weniger als 10 cm reduziert.[97] Anders die Vorgaben in Paris: dünne Dreierdienstbündel nach Maßgabe eines Traveesystems vor einer glatten durchlaufenden Wand und darüber die ‚altertümlichen' sechsteiligen Gewölbe. Wenn der Zweite Meister der Pariser Kathedrale – anders

Abb. 29 Paris, Kathedrale. Chor von O.

56

Abb. 30   Paris, Kathedrale. Chor von N.

Abb. 31 Paris, Kathedrale. Chorobergadenfenster im Langchor.

als Jean d'Orbais in Reims – auf einen hierarchisch differenzierenden Aufbau der Maßwerkfenster im Obergaden verzichtet, so ist dies den architektonischen Vorgaben des dünnen ‚mur lisse' der Pariser Kathedrale geschuldet. Das Maßwerk rückt nun in die Wand und liegt nicht vor dieser, wie in Reims.

Bezeichnenderweise folgt die Maßwerkfigur denn auch der Grundfigur, der ersten Ordnung, der Reimser Chorkapellenfenster: ein großer Rundpaß in Kämpferhöhe über zwei spitzbogigen Bahnen. Mit einer Modifikation: nun verschmelzen *alle* Stäbe miteinander, also auch der Okulus mit dem Fensterbogen.

Diese aus Rundstäben aufgebaute Fensterteilung dient der Stabilität der dahinterliegenden Platte, die die Scheiben einfaßt. War bei der Kathedrale in Chartres noch der extensive Einsatz von Eisenarmierungen geboten, um die breiten Fensterbahnen zu stabilisieren, übernehmen nun die Maßwerkstäbe einen großen Teil dieser statischen Aufgabe, indem sie die dahinterliegende, die farbigen Glasbahnen einfassende Platte, stützen. Das Motiv allein hätte ohne Mühe auch mit dem traditionellen Plattenmaßwerk realisiert werden können, wie die Obergadenfenster der Kathedrale zu Auxerre verdeutlichen.

Die Ausbildung des autonomen ‚Einsetzfensters' in Paris ermöglichte auf einfachste Weise, eine paratakische Folge identischer Fenster um den gesamten Bau herumzuführen, ein ‚Standardfenster' nach Maßgabe der engen Polygonabschnitte, das die unterschiedliche Breite der Wandabschnitte, besonders beim Anschluß der Apsis an den Langchor, einfach ignoriert. Schon in Reims gelang es, das Bauwerk mit einer einzigen Maßwerkfigur zu umziehen, dem einbeschriebenen liegenden Sechspaß über zwei Lanzettbahnen. Aber die Fenster nahmen dort die ganze Breite der unterschiedlichen Wandabschnitte ein, was zu unterschiedlich breiten Fenstern und damit zu Veränderungen in der Binnenproportion des Maßwerks führte, bei konstanten Okulusgrößen und Kämpferhöhen. In Paris wie in Reims also eine Fensterform für den ganzen Bau: hier das Standardfenster, dort der Zuschnitt einer identischen Maßwerkfigur auf die jeweilige Breite. Beide Lösungen werden durch den gegebenen 5/10 Chorschluß mit Halbjoch zumindest begünstigt, da hier gegenüber dem kleinteiligerem 7/12 Chorschluß etwa der Kathedrale von Chartres die Breitendifferenz am Übergang von der Apsis zum Langchor ungleich geringer ist. Die Pariser Lösung des autonomen ‚Einsetzfensters', die ja der Beibehaltung der Fensterbreiten des frühgotischen Baus geschuldet ist, findet sich in zahlreichen Rezeptionsbauten der Pariser Kathedrale, sowohl in Kirchen ohne Maßwerk, wie jene in Vaux-sous-Laon, Lesges, Mézy, Auvers-sur-Oise, Rozay-en-Brie, Mons-en-Laonnois, Guignicourt oder Larchant, als auch mit Maßwerk, wie Donnemarie-en-Montois, St.-Jacques in Reims, St.-Maur-des-Fossés in Agnetz, Nogent, Rampillon oder Nangis,[98] in Deutschland in der Elisabethkirche in Marburg.

Doch nicht nur die Fensterbreiten der Pariser Kathedrale waren dem frühgotischen Bau geschuldet, auch die runde Führung der Apsiswand, in die hinein wie in der Kathedrale von Sens oder der Benediktinerabtei St.-Remi in Reims ein 5/10 mit Halbjoch eingespannt wurde; anders dagegen der polygonale Chorschluß der Reimser Kathedrale. In Paris läßt der runde Kontur der Apsiswand die Maßwerkfenster leicht einknicken,

Abb. 32   Paris, Kathedrale. Obergadenfenster im Chorrund.

d. h. die Verglasung in jeder der beiden Fensterbahnen ist gerade geführt, doch stoßen diese in stumpfem Winkel auf den unterteilenden Pfosten, der leicht nach außen gerückt, die Kurvatur durch eine zweiseitige Brechung auszugleichen sucht. Diese Schwierigkeiten lassen erkennen, daß die Vergrößerung der Fenster und der Einsatz der ersten Maßwerkfenster die polygonale Brechung der Apsiswände geradezu erzwingt. Natürlich gab es auch im 11. und 12. Jahrhundert neben den halbkreisförmigen Apsiden zahlreiche polygonale Abschlüsse. Sie waren zuvor möglich, aber nicht notwendig, sie waren unabhängig von der jeweiligen Wandgliederung. Auch für die Einwölbung war es völlig gleichgültig, ob die Apsiswand rund oder polygonal gebrochen war, wie die oben genannten Beispiele von Sens und Reims verdeutlichen. Nun aber ist die polygonale Brechung eine notwendige technisch-konstruktive Voraussetzung für die Einsetzung der neuen Fenster.

Bezeichnenderweise bleibt die polygonale Brechung zunächst auf die Fensterzone beschränkt, die Sockelzone hingegen wird radial hochgeführt: also polygonale Fensterzone über radial verlaufender Sockelwand. Die bedeutendsten Beispiele sind die Kathedralen von Chartres, Soissons und Reims. Erst in einem zweiten Schritt wird die polygonale Brechung der Fensterzone auch auf die Sockelzone übertragen, so in Amiens (1220 beg.) und Beauvais (1225 beg.). Nur die große Sockelplatte bleibt rund. In Paris hätte man den gesamten Binnenchor niederlegen und in polygonaler Form wieder hochführen müssen. Das genau dies möglich war, sogar unter Beibehaltung der Umgangsgewölbe, zeigt der kurz darauf einsetzende Umbau der Abteikirche von St.-Denis (beg. 1231) den ich weiter unten, im Rahmen der Analyse der homolog hierarchischen Maßwerkfenster, näher behandeln werde.

In St.-Denis war die Pariser Lösung schon deshalb nicht möglich, weil dort den tiefen Vorchorjochen die kleinteiligen Wandabschnitte des 7/12 Chorschlusses gegenüberstehen. Eine Übertragung der schmalen Apsisfenster auf den Vorchor hätte zu stark geschlossenen Wandflächen geführt, in der sich die Fenster verlieren. Diese Probleme gab es in Paris nicht, deshalb hätte eine Niederlegung des Binnenchores einen völlig unverhältnismäßigen Aufwand bedeutet. Man nahm dort die Nachteile der radialen Apsiswand in Kauf und suchte sie durch die Knickung der Binnengliederung zu kompensieren.

Im Rückblick stehen Reims und Paris für zwei ganz unterschiedliche Ausformungen des Maßwerks: dort die architektonische Einbindung der Fenster in die dicke Mauer, des ‚mur épais' der Kathedrale, hier die Übertragung des Maßwerkfensters auf die dünne Pariser Obergadenwand, des ‚mur mince', in Gestalt von ‚Einsetzfenstern' zur Sicherung ihrer Binnenstruktur. Eine grundlegende Unterscheidung, die die Widersprüche einseitiger Analysen früher Maßwerkbildungen unter dem Aspekt der ‚Auflösung der Wand' aufhebt, eine Vorstellung, die auch Robert Branner vertrat:

‚At Reims, bar tracery is in fact something of paradox, for it dissipates the solidity of the wall in a monument where density is paramount. Its first great successes were at Amiens and Paris, where mass was not a primery concern.'[99]

61

Und was aus einer abstrakten Formgenealogie verwundert, nämlich warum zuerst die kompliziertere Form mit einbeschriebenem Sechspaß (Reims) und hierarchisch gestaffeltem Aufbau und erst danach der einfache große Rundpaß ohne Differenzierung der Ebenen (Paris) auftritt, erscheint bei der Einbeziehung der Einbindung, respektive fehlenden Einbindung, in das Aufrißsystem plausibel. Mit diesen beiden so unterschiedlichen Ausformungen des Maßwerks beginnt seine Geschichte in Deutschland: nach Reimser Vorbild in der um 1227 begonnenen Liebfrauenkirche in Trier und mit den Pariser Einsetzfenstern in der im Jahre 1235 begonnenen Elisabethkirche in Marburg.

IV. Die Maßwerkfenster der Liebfrauenkirche in Trier

Die ersten Maßwerkfenster in Deutschland entstehen um 1227 in der Liebfrauenkirche in Trier (Abb. 33–42) und um 1235 in der Elisabethkirche in Marburg (Abb. 43–48): einbeschriebene Sechspässe bzw. Rundpässe über zwei Lanzettbahnen in der Nachfolge der Kathedralen von Reims (Trier) und Paris (Marburg). Beide Bauten sind unabhängig von vermeintlichen Vorstufen in Deutschland, etwa dem Plattenmaßwerk der Obergadenfenster von St. Gereon in Köln (1219–27), aus deren Zwickelflächen über den zwei, respektive drei Lanzetten, stehende Dreipässe herausgeschnitten wurden. Im Ergebnis ein Gruppenfenster, das die Lösung der Kathedrale zu Soissons (um 1200 beg.) voraussetzt, in der Ausführung aber unabhängig von ihr zu denken ist.[100] Oder die 1222 geweihte Klosterneuburger Pfalzkapelle Leopolds VI., seit dem 18. Jahrhundert unter dem Namen ‚Capella Speciosa' bekannt,[101] mit ihren zweibahnigen Gruppenfenstern. Die Aufrißgliederung mit Blendarkaden und Laufgang folgt der Chorscheitelkapelle von St.-Remi in Reims, in der Verbindung mit Gruppenfenstern steht sie wohl der etwa zeitgleichen Kathedrale von Auxerre am nächsten.[102] Ulrike Seeger erkennt in den Klosterneuburger Gruppenfenstern typologisch Emporenfenster und unterstreicht die Abhängigkeit von der Pariser Kathedrale – zwei übergriffene Arkaden auf mittlerem Säulchen statt ausgeschnittenem Pfostenprofil.[103] Günther Brucher vergleicht die Klosterneuburger Gruppenfenster mit jenen im Chorhaupt der um 1195 begonnenen Kathedrale von Bourges.[104] Wird man das Gruppenfenster von St. Gereon als einfache Applikation einer neuen Bauzier auf eine unveränderte Bautradition ansehen müssen, wie etwa die Chorstrebepfeiler der Georgskirche in Limburg an der Lahn (um 1190–1225/35), so könnte man sich umgekehrt die Klosterneuburger Kapelle in dieser Zeit auch in Frankreich entstanden denken. In Österreich bleibt sie lange Zeit ein Solitär. Erst fünfzig Jahre später sollten die nächstjüngeren gotischen Kapellen des Landes hochgeführt werden.[105]

Um 1227 beginnen die Arbeiten an der Liebfrauenkirche in Trier, der Südkirche der alten Doppelkirchenanlage des Trierer Domes.[106] Ihr unmittelbarer Vorgängerbau stammte aus dem 10. Jahrhundert. Th. K. Kempf rekonstruiert ihn als einschiffigen Saalbau mit östlichem Querhaus und rechteckig geschlossenem Chor.[107] Gleichzeitig mit der Errichtung von Liebfrauen setzen östlich des Chores die Arbeiten für eine neue Klausur des Domkapitels ein.

Abb. 33   Trier, Liebfrauenkirche. Chorobergaden von O.

Zum Grundriß: Er wird meist als kreuzförmiger Zentralbau mit Diagonalkapellen beschrieben, hieraus resultiert die Fülle der vorgeschlagenen Vorbildbauten. Bereits 1831 hatte Franz Mertens[108] auf die Gemeinsamkeiten mit dem Grundriß der um 1200 errichteten Prämonstratenserkirche Saint-Yved in Braine aufmerksam gemacht und allseitige Zustimmung gefunden. Wolfgang Götz faßte 1968 den Forschungsstand zu Liebfrauen wie folgt zusammen:

‚Die formale Geschlossenheit des Grundrisses ist nicht denkbar als mechanische Addition von Kapellen an einem kreuzförmigen Zentralbau. Die Reife des Planes mit dem so sprechenden Motiv der Diagonalkapellen kommt vor Trier in gleicher Qualität nur in Braine vor, wo das Motiv erstmals auftritt und sofort als künftiges Charakteristikum champagnesker Architektur in den Nachbarlandschaften tradiert wird. Da die für Liebfrauen/Trier als frühesten gotischen Zentralbau Deutschlands bezeichnenden Stileigenschaften aus dem Raume Soissons – Laon – Reims – stammen, besteht kaum ein Anlaß für die Grundrißbildung an ein anderes Vorbild als Braine zu denken.‘[109]

Abb. 34   Trier, Liebfrauenkirche und Kreuzgang von O.

Nicola Borger-Keweloh hingegen erkennt in ihrer 1978 abgeschlossenen und 1986 publizierten Dissertation in den Übereinstimmungen nur ein allgemeines Motiv[110] und widerspricht ebenso einer direkten Ableitung von Braine wie Bruno Klein (1984)[111], der irrigerweise in der im nordwestlichen Treppenturm der Liebfrauenkirche erhaltenen Grundrißzeichnung das unmittelbare Vorbild für den Grundriß der Liebfrauenkirche zu erkennen glaubt und sich hierbei auf die Interpretation Hans Eichlers (1950)[112] stützt, der diese Zeichnung noch als frühe Planidee deutete. Wolfgang Schenkluhn und Peter van Stipelen leiten die Ostteile von Liebfrauen, Grundriß und Außenansicht, direkt von Braine ab, argumentieren aber historisch:

‚*Der Hauptchor von Liebfrauen ist auf den Kreuzgang und die Kapitelbauten gerichtet, mit dem Kreuzgang sogar durch ein Portal verbunden, ein Novum in der Formulierung gotischer Ostchöre. Auf dieser Seite gewinnt das Reformprogramm des Trierer Erzbischofs architektonische Gestalt. Seine Absicht nämlich, die Stiftsangehörigen in klaustrale Gemeinschaft zusammenzuführen, hat ihn auf die Architektur der regulierten Chorherren zurückgreifen lassen. Dies ist insofern nicht ungewöhnlich, als nach der Gründung der augustinischen Orden im 12. Jahrhundert einige deutsche Domkapitel praemonstratensisch verfaßt waren. Daß der Chor von Braine große Wirkung hatte, ist bekannt, daß er auch als Praemonstratenserchor verstanden wurde, macht seine Übernahme in der Stiftskirche von Xanten (1263ff), der Heimatstadt des hl. Norbert, des Gründers der Praemonstratenser, deutlich. Auf der Ostseite der Trierer Liebfrauenkirche drückt sich gewissermaßen ihre Hauptfunktion aus: Domstiftskirche zu sein.*'[113]

Diese konkrete historische Ableitung verwirft Norbert Nußbaum (1985) apodiktisch mit dem Hinweis, daß ‚*eine komplexe Sinnverwebung heterogener ikonographischer Motive, wie sie Dietrich unterstellt wird, schlechterdings nicht lesbar gewesen (wäre) und deshalb ihren Zweck verfehlt (hätte)*'.[114] Auch fragt er kritisch nach dem tatsächlichen Einfluß des Erzbischofs Dietrich auf das Bauprogramm, da die Liebfrauenkirche schließlich nicht seine Hauskirche, sondern die Stiftskirche des Domkapitels gewesen sei.[115]

Nußbaums eigene Herleitung des Trierer Grundrisses bleibt indes vage: keine unmittelbare Rezeption, sondern eine allgemeine Bestimmung als ‚Chorpartie des Braine-Typs'; man habe in Trier aufgrund des gegebenen Marienpatrioziniums die Zentralbauform gewählt und im Trierer Suffraganbistum Metz mit der Doppelkirchenanlage von Kathedrale und Rundbau der romanischen Liebfrauenkirche ein Vorbild für die Verbindung von Domkirche und Marienzentralbau.[116] Und ‚*da man für die aufwendigeren Steinmetzarbeiten der ersten Bauphasen in Trier den hervorragenden Jurakalkstein aus der Metzer Gegend heranschaffte, bevor man sich wohl aus Kostengründen mit billigerem, graugrünen Sandstein begnügte, ist die Koinzidenz auffällig genug, um in Metz eine Quelle für die Trierer Zentralgestalt zu vermuten*'.[117] Mit diesem Urteil schließt Nußbaum seine Ausführungen, die an die Stelle einer konkreten Herleitung des Trierer Grundrisses eine ‚Quelle' für die allgemeine Zentralbaugestalt setzten. Fragwürdig

Abb. 35   Trier, Liebfrauenkirche von W.

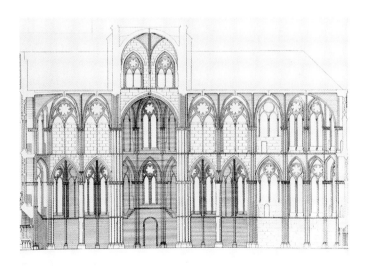

Abb. 36   Trier, Liebfrauenkirche. Längsschnitt.

Abb. 37 Trier, Liebfrauenkirche. Chor und Nordkonche nach NO.

auch seine Relativierung des Braine-Vorbildes mit dem Argument, daß die sogenannten Diagonalkapellen dort rund, in Trier aber polygonal seien. Denn dieser Wechsel ist vornehmlich dem Einsatz der neuen Maßwerkfenster geschuldet, die das 30 Jahre ältere Braine noch nicht kannte.[118]

Die Frage nach der Herleitung der Grundrißdisposition ist von einigem Gewicht, denn deren genaue Analyse zeigt, daß der Neubau von Liebfrauen Teil einer umfassenden Neugestaltung der Trierer Doppelkirchenanlage ist, also von Dom *und* Liebfrauen,[119] mit weitreichenden Folgen für das Aufrißsystem. Den Ausgangspunkt aller Umbauten bildete der quadratische Vierstützenbau des Trierer Domes mit seinem Seitenverhältnis von 1:2:1. Von diesem quadratischen Vierstützenbau und nicht von einem kreuzförmigen Zentralbau – wie meist angeführt – nahm die Planfindung ihren Ausgang. Sehr deutlich haben dies bereits Wolfgang Schenkluhn und Peter van Stipelen in ihrer Grundrißanalyse von Liebfrauen herausgestellt:

‚Kern der Anlage ist das Vierungsquadrat, um das sich oblonge Joche an den Seiten und quadratische Joche an den Ecken anschließen. Dieses Zentrum nimmt die Grundrißdisposition des spätantiken Doms auf, die im Osten des heutigen Baus noch sichtbar ist und auch schon seine Erweiterung nach Westen bestimmt hat. An die quadratischen Joche sind Vierachtelkapellen und an die oblongen Joche Fünfachtelpolygone nach Norden, Süden und Westen angefügt, so daß eine polygonal gebrochene Außenmauer gleichsam kreisförmig den quadratisch disponierten Kern umläuft.'[120]

Zink wandte gegen die Vorbildhaftigkeit des spätantiken Quadratbaus ein, daß dieser zu Beginn des 13. Jahrhunderts nach den Umbauten Poppos und der späteren Einwölbung längst verändert worden sei.[121] Zweifellos war die Raumwirkung eine ganz andere, die Grundrißdisposition aber blieb konstant. Und die Relevanz konkreter Raumvorstellungen für den Entwurfsprozeß ist vor der Neuzeit mehr als zweifelhaft. Müller und Quien lehnen sie rundweg ab, was Norbert Nußbaum entschieden zu weit geht.[122] Auf diese Frage werde ich bei der Herleitung der Aufrißsysteme von Trier und Marburg näher eingehen.

Zum ersten Bauabschnitt um 1227 gehören das Chorpolygon über fünf Seiten eines regelmäßigen Zehnecks mit Halbjoch, das anschließende Vorchorjoch und die beiden Chorwinkeltürme.[123] Zwei durchlaufende Fugen vom Fundament bis zum Kranzgesims des Obergeschosses setzen diesen Bauabschnitt deutlich vom übrigen Bauwerk ab. Er ist im Aufgehenden gekennzeichnet durch zwei umlaufende Fenstergeschosse über einem hohen Sockel. In den tiefen Fensternischen sitzen nach außen gerückt, die gesamte Wandbreite einnehmend, die zweibahnigen Maßwerkfenster, ein jedes mit einbeschriebenem stehenden Sechspaß.[124] Große schulterbogige Öffnungen durchbrechen das Gewände und schaffen einen Laufgang, der den gesamten Chor umzieht, im Untergeschoß sogar das gesamte Bauwerk. Aufschlußreich ist auch hier die tektonische Einbindung der neuen Fenster in den Wandaufriß: dreiteilige Dienstbündel im Chorpolygon tragen

Rippe und Nischenbogen, aber keinen Schildbogen! Denn die beiden seitlichen Dienste führen nicht bis ins Gewölbe hinauf, sondern umgreifen die spitzbogigen Nischen der unteren Fensterreihe. Der Rippendienst wird dann bis zum oberen Laufganggesims allein weitergeführt, darüber begleiten ihn die beiden Stäbe für die Fensternischen im Obergeschoß. Die Trierer Wandgliederung wiederholt damit den Aufbau der Chorkapellen der Reimser Kathedrale, die ihrerseits in der Nachfolge des schildbogenlosen Vorlagensystems der Benediktinerabteikirche von Saint-Remi in Reims steht.

Wie das Reimser Maßwerk bilden in Trier die Rundstäbe der ersten Ordnung zwei Lanzetten mit bekrönendem Rundpaß, dahinter die Pfosten der Restplatte mit zurückgesetzter Sechspaßfigur. Anders als in Reims wurde der Sechspaß mit den Pässen auf die Vertikalachse ausgerichtet, aus dem liegenden wurde ein stehender Sechspaß. Wie schon in der Kathedrale St. Étienne in Toul, die mit einem Baubeginn um 1221 zeitlich eine Mittelstellung zwischen Reims und Trier einnimmt und besonders in den Kleinformen deutliche Übereinstimmungen mit der Trierer Liebfrauenkirche aufweist.[125] Auch daß die Rundstäbe von Rundpaß und Lanzetten nicht mehr wie in Reims miteinander verschmelzen, sondern aneinanderstoßen, verbindet Trier mit Toul, sowie das Hinaufrücken der Paßfigur über die Kämpferlinie des Bogenfeldes; in den Reimser Chorkapellen hingegen lag der einbeschriebene Sechspaß mit seinem Zentrumspunkt auf der Kämpferlinie, wie eine Fensterrose, und füllte die gesamte Fensterbreite.

Auffällig sind die geknickten Bögen der Polygonseiten, über die oft gemutmaßt worden ist: *‚Während die Maßwerke einen gebräuchlichen Bogenverlauf aufweisen, haben die Gewände stark verknickte Bögen, insbesondere an den schmalen Wandjochen von Chorschluß und Kapellen. Möglicherweise wollte der Architekt auf diese Weise vermeiden, daß die Gewändebögen die Fenster überschneiden.'*[126] Diese Einschätzung Borger-Kewelohs verkennt das technische Problem tiefer Fensternischen über trapezförmigem Grundriß. Die trapezoide Nischenform ihrerseits resultiert aus der parallelen Seitenführung der die Nischen trennenden Mauer. Eine Alternative wäre die keilförmige Zurichtung des Mauerstücks, was aber zu kleineren Fensteröffnungen und schmalen seitlichen Restmauerstreifen am Außenbau führt. Da man aber in Reims wie in Trier das Fenster in das Aufrißsystem einzuspannen suchte und nicht wie in den älteren Bauwerken das Fenster aus einem gegebenen Mauerabschnitt herausschnitt, führte dies notwendig zu nach außen sich weitenden Nischen. Und damit zu unterschiedlich großen Radien, die durch die Bogenlaibung miteinander verbunden werden mußten.[127] Der Trierer Architekt ‚löste' dieses Problem, indem er den großen Radius der Außenseite beibehielt, was bei der sich verkleinernden lichten Weite zum Ansteigen der Kämpferlinie und schließlich zum unvermittelten Anstoßen der abgeschnittenen Bogenschenkel an die vertikale Begrenzung der inneren Polygonseiten führte. Ungleich subtiler und eleganter ist die Reimser Lösung, die durch die kaum in Erscheinung tretende keilförmige Zurichtung des trennenden Mauerstücks, die Überhöhung des Spitzbogens und eine unmerkliche Drehung der Bogenlaibung einen tangentialen Anschluß von Bogenlauf und Fensterlaibung findet. Eine ‚bildhauerische' Lösung eines architektonischen Problems.

Aufschlußreich sind die unterschiedlichen Lösungswege von Reims und Trier auch hinsichtlich eines anderen, bis zur Mitte des 13. Jahrhunderts ganz zentralen Problems: der Einsetzung von Maßwerkfenstern in unterschiedlich weite Wandabschnitte; ein Problem, daß sich meist am Übergang vom Chorhals zum Chorpolygon stellt. Eine Verbreiterung der Fenster führt zu größeren Bogenradien; da die Gewölbekappen dem Fensterbogen aber eine feste Grenze setzen, rückt die Kämpferlinie des Bogens mit zunehmender Fensterbreite immer weiter nach unten. Kurz: unterschiedliche Fensterbreiten führen zu wechselnden Kämpferhöhen. Überdies erfordert das vergrößerte Bogenfeld auch eine vergrößerte Paßfigur, wenn man die internen Proportionen erhalten will. Also neben den wechselnden Kämpferhöhen auch wechselnde Paßgrößen. Eben diese ‚Lösung' zeigt der Obergaden der Trierer Liebfrauenkirche: In den breiten Wandabschnitten der ersten beiden Joche östlich der Vierung sitzen die Fensterkapitelle unmittelbar auf den Kapitellen der Gewölbebögen; in den folgenden schmaleren Wandabschnitten von östlichem Vorchorjoch und Chorpolygon über fünf Seiten eines regelmäßigen Zehnecks mit vorgeschaltetem Halbjoch aber setzen die Kapitelle deutlich höher an. Michler spricht von einem ‚aklassischen Kämpferhöhensprung zwischen Lang- und Polygonseiten'.[128] Mit der Größe des Bogenfeldes verändert sich auch die Paßgröße: Den einbeschriebenen stehenden Sechspässen der Polygonseiten stehen in den breiteren Wandabschnitten deutlich größere einbeschriebene Achtpässe gegenüber. Der Trierer Architekt hält also unbeirrt an der einmal festgelegten Binnenproportion des Maßwerkfensters fest und nimmt dafür wechselnde Paßgrößen und unterschiedliche Kämpferhöhen in Kauf. Ganz anders der Obergaden der Reimser Kathedrale: Hier bleiben die Kämpferhöhen – nach Maßgabe der breiten Langseiten – und der Durchmesser des einbeschriebenen Sechspasses – nach Maßgabe der schmalen Polygonseiten – konstant. Hieraus resultiert die Veränderung der Binnenproportion des Maßwerkfensters bei unterschiedlich breiten Wandabschnitten: In den schmalen Polygonseiten nimmt der Rundpaß wie eine Fensterrose die gesamte Wandfläche ein und dominiert das Fenster, in den breiteren Wandabschnitten hingegen rückt der Rundpaß immer weiter hinauf in das sich weitende Bogenfeld und verliert von seiner Dominanz. Durch die für Reims kennzeichnende sukzessive Vergrößerung der Wandabschnitte, treten die Unterschiede kaum in Erscheinung. Auf diesen Ausgleich zielt auch die geringe maßliche Veränderung im Durchmesser der Couronnementfigur; sie ist meßbar, aber nicht visualisiert:

‚Zur Beschreibung des Reimser Maßwerks ist anzumerken, daß der Durchmesser der Okuli zwischen den beiden Wandeinheiten tatsächlich um ein Geringes differiert, jedoch nur um so wenig, daß optisch das Größenmaß einheitlich erscheint. Die tatsächliche Maßdifferenz gehört zu einer Reihe von optisch kaum auffaßbaren Differenzierungen, die dazu dienen, die Gegensätze zwischen den verschiedenen Wandeinheiten zu überspielen.'[129]

Abb. 38 Trier, Liebfrauenkirche von NW.

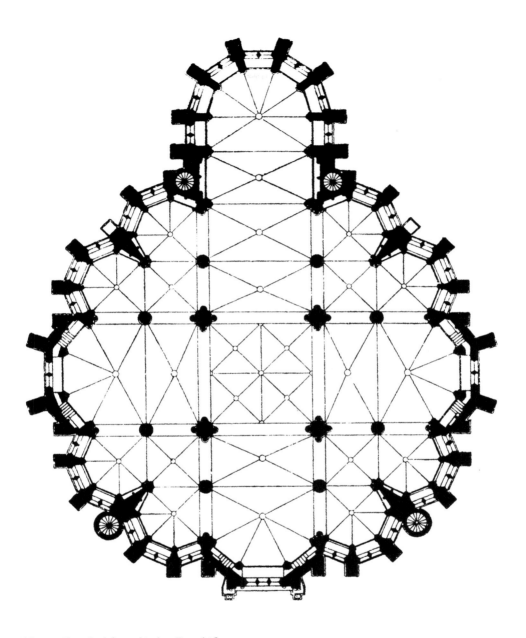

Abb. 39 Trier, Liebfrauenkirche. Grundriß.

Gleiches gilt in Reims auch für den Durchmesser der Arkadenpfeiler und die Breite der Scheidbögen, die sukzessive von dem breiten Vierungsjoch bis hin zu den schmalen Abschnitten im Chorpolygon verringert werden.[130] Eine zweite Möglichkeit, konstante Kämpferhöhen zu erzielen, bei unterschiedlichen Wandbreiten, ist die ‚fenêtre-châssis', das Einsetzfenster der Pariser Kathedrale, und in deren Nachfolge das der Elisabethkirche in Marburg: eine konstante Fenstergröße nach Maßgabe der Polygonseiten, was in den breiteren Wandabschnitten zu den seitlichen Restmauerstreifen führt.[131]

Ein Sonderfall ist das Untergeschoß der Trierer Liebfrauenkirche: Da hier alle Wandabschnitte nahezu die gleiche Breite haben, stellte sich das Problem des ‚Kämpfersprungs' erst gar nicht; alle Fensterkapitelle liegen auf gleicher Höhe, und über die Kopplung mit den Kapitellen der Scheidbogen bestimmt eine einzige Kämpferhöhe das gesamte Untergeschoß, als könnte man mit einem einzigen horizontalen Schnitt in Kämpferhöhe das Bauwerk sauber in zwei Teile zerlegen. Dieser Eindruck drängt sich auf, da die Wanddienste nicht bis zum Gewölbeansatz durchlaufen, sondern bereits in Kämpferhöhe des Untergeschosses ein Kapitell erhalten.[132] Der einheitlichen Kämpferhöhe sind im Untergeschoß von Liebfrauen zwei Unregelmäßigkeiten geschuldet: Beim schmalsten Wandabschnitt, dem Halbjoch des Chorpolygons, liegt der Bogenscheitel tiefer als in den Polygon- und Langseiten; und die Blendfenster im östlichen Vorchorjoch zeigen noch einen schmalen seitlichen Wandstreifen.

Die beschriebene Kämpferangleichung akzentuiert noch einmal das Aufrißschema: zwei durchlaufende Fensterreihen über hohem Sockel. So einfach dieser Aufriß erscheint, er läßt sich nur schwer von der französischen Architektur ableiten und fällt gänzlich aus der Reihe jener Bauten heraus, die Rainer Schiffler in die Nachfolge der Kathedrale St. Étienne in Toul stellt:

‚Besondere Charakteristika setzen voraus, daß die Baumeister einer Gruppe von Kirchen – Trier, Liebfrauen; Toul, St. Gengoult; Metz, St. Vincent; Epinal, St. Maurice (Chor); St. Dié, Kathedrale (Ostteile) – Kenntnis von der Kathedrale besaßen. [...] verbindendes Element dieser Kirchen ist der reduzierte Aufriß. Dies trifft sowohl für das Chorpolygon zu, das mit Ausnahme von Liebfrauen immer eingeschossig ist, als auch für die Zweigeschossigkeit des Mittelschiffes in der Form, daß unter Ausschaltung des Triforiums oder eines hohen Wandstücks Obergaden und Arkadenzone direkt aufeinander bezogen sind.'[133]

Nun ist die Mittlerrolle von Toul bei der Reims-Rezeption in Trier unbestritten, nicht nur die Drehung des einbeschriebenen Sechspasses zum stehenden Sechspaß ist hier vorgegeben, auch die ‚abgeknickten Bogen' des Chorpolygons, die zwischen den Diensten die Raumgrenzen markierenden Sporne und die vergleichbaren Bogenprofile machen deutlich, daß zumindest die mit dem Bau der Touler Anlage erworbenen technischen Fertigkeiten in der Trierer Liebfrauenkirche verarbeitet wurden.[134] (Abb. 40) Umso auffälliger ist der Umstand, daß Trier als einziger Bau der genannten Gruppe einen zweige-

Abb. 40   Toul, St.-Étienne, Chor nach O.

schossigen Chor aufweist, der weder von Toul noch von Reims abgeleitet werden kann. In Ermangelung eines direkten Vorbildes sieht Alain Villes den Chor von Liebfrauen aus einer Verdopplung der Touler Nischenbildung entstanden,[135] Schenkluhn und Van Stipelen deuten ihn als Verdopplung der Reimser Chorkapellen.[136] Ein sehr anschaulicher Vergleich, aber als Herleitung problematisch, wie ein Vergleich mit einem anderen erhaltenen Bauwerk der Reims-Nachfolge, der Benediktinerabtei Notre-Dame in Mouzon, verdeutlicht. Sie wurde nach einem Großbrand im Jahre 1212, der Stadt und Abtei fast vollständig zerstörte, unter der Leitung des Reimser Erzbischofs, in dessen Diözese Mouzon lag, neu errichtet.[137] Die Dimensionen dieses gewaltigen Neubaus wurden mit guten Gründen auf die Pläne zur Errichtung eines Suffraganbistums in Mouzon zurückgeführt, die seit 1198 durch schriftliche Quellen belegt sind.[138] Der im Jahre 1231 vollendete Chor folgt im Aufriß der Kathedrale von Laon, im Grundriß aber der Reimser Kathedrale, wie der Binnenchorschluß über fünf Seiten eines regelmäßigen Zehnecks mit anschließendem Halbjoch und seine Wiederholung in der hervorgehobenen Chorscheitelkapelle unterstreichen. Nur diese Kapelle am Chorscheitel ist zweigeschossig und vermittelt daher anschaulich ein konkretes Bild dieser Idee der Verdopplung der Reimser Chorkapelle.

Abb. 41 Trier, Dom und Liebfrauenkirche von W.

Zwar erheben sich auch hier zwei Fensterreihen über einem hohen Sockel, doch werden sie von einem breiten Mauerstreifen voneinander getrennt, in Höhe der dahinterliegenden Gewölbe. Entsprechend markiert das umlaufende Kaffgesims am Außenbau, nach oben gerückt, den Ansatz des oberen Geschosses und teilt nicht in zwei gleiche Wandabschnitte. Deutlich bleiben in Mouzon die beiden Fenstergeschosse als jeweils eigenständige Geschosse voneinander geschieden und bilden nicht wie in Trier und später in Marburg ein einheitliches Aufrißsystem. Wurde dieser einheitliche Wandaufbau angestrebt, und dies verdeutlicht eben die um 1221 begonnene Kathedrale St. Étienne in Toul, so führte man ein einziges Fenstergeschoß in langen Bahnen bis hinauf zum Kranzgesims.

Ganz anders Liebfrauen. Hier bleiben die beiden Fensterreihen über einem hohen Sockel integrale Bestandteile eines einheitlichen Aufrißsystems und folgen damit nicht den in der Ile-de-France entwickelten Wandgliederungen; sie nehmen vielmehr Bezug auf eine jahrhundertelange lokale Tradition der römischen Großbauten Triers, die im Aufgehenden eben diese doppelte Fensterreihe über einem hohen Sockel aufweisen: die Kaiserthermen oder das Palatium, die sogenannte Basilika, aber auch der Trierer Dom vor seiner barocken Umgestaltung. (Abb. 42) Durch die Übernahme dieser Aufrißgliederung wurden Dom und Liebfrauen wieder als Teile einer Doppelkirchenanlage, eines architektonischen Ensembles, erkennbar. Dies erklärt die Verbindung von hochmodernen Architekturformen der Touler Kathedrale mit einem oft als romanisierend beschriebenem Wandaufriß. Es erklärt auch, warum nur die Liebfrauenkirche, aber keine der anderen von Toul abhängigen Kirchen diesen Aufriß zeigt.

Noch deutlicher äußert sich der Wille, Dom und Liebfrauen zu einer erkennbaren architektonischen Einheit zu fügen, in den Fensterformen des um die Mitte des 13. Jahrhunderts errichteten Vierungsturmes. An diesem jüngsten Bauteil treten an die Stelle gotischer Maßwerkfenster gekuppelte Rundbogenfenster, wie sie in eben dieser Höhe auch die Westtürme des Domes zeigen.[139] Schon im Fernblick wird damit die Zusammengehörigkeit der beiden Bauwerke sichtbar, die faktisch durch das Paradies und über ein Portal im Chorscheitel von Liebfrauen miteinander verbunden waren. Diese schufen die baulichen Voraussetzungen für die liturgische Einheit von Dom und Liebfrauen, wie sie im *Liber Ordinarius* festgehalten ist. Denn Dom und Liebfrauen waren immer durch Prozessionen und Pilgerverkehr miteinander verbunden und Liebfrauen war Ort der Totenofficien für die Mitglieder des Domkapitels, deren Anniversarien und eine ihrer Begräbnisstätten. Die betreffenden Angaben im *Liber Ordinarius* hat Adalbert Kurzeja für die Kunstwissenschaft zugänglich gemacht;[140] mit dem Verweis auf diese Arbeit führe ich nur stellvertretend die Weihnachtsliturgie an, die Franz Ronig 1998 in den Veröffentlichungen des Abt-Herwegen-Instituts der Abtei Maria Laach noch einmal herausgestellt hat:

‚*Bei der Ersten Vesper wird eigens vermerkt, daß man im Dom bleibt und nicht in die Liebfrauenkirche zieht. Bemerkenswert für den Gebrauch der liturgischen Kopfbedeckung ist die Anweisung, daß zum „Magnifikat" der Ersten Vesper der Probst ein Birett aufgesetzt bekommt. In der Matutin müssen die Chorherren, welche die zwei letzten Lesungen der dritten Nokturn singen, Chormäntel anlegen. Schon während der neunten Lektion formiert sich der Chor, um nach der Matutin nach Liebfrauen zu ziehen, wobei der Prozession zwei Scholaren mit brennenden Kerzen vorausgehen. Dort feiert der Erzbischof in Anlehnung an den römischen Brauch die Mitternachtsmesse „Dominus dixit". Noch immer in der Liebfrauenkirche, legt nach der Messe ein Kapitular die Kasel an und singt aus dem Evangelium nach Matthäus den Stammbaum Jesu, ein höchst feierlicher wie auch – gemessen an Rom – eigenwilliger außerrömischer Brauch. Erst danach folgt das „Te Deum" mit anschließender Laudes. Nach dem Gruß an die Gottesmutter kehrt das Kapitel, der „chorus", in derselben Prozessionsordnung singend in den Dom zurück und feiert dort die zweite Weihnachtsmesse „Lux fulgebit". Man fühlt sich an die liturgische Ordnung der römischen Stationskirchen erinnert, denn der Papst feierte die Mitternachtsmesse in S. Maria Maggiore.*

[…] Was wir in der Weihnachtsvesper beobachtet haben, findet fast an jedem Sonntag statt. Man zieht nach der Zweiten Vesper in die Liebfrauenkirche, um dort Mariens zu gedenken und sie zu ehren. Dieser Brauch wirft ein bezeichnendes Licht auf eine

der Funktionen der Liebfrauenkirche im Zusammenhang der Domliturgie. Sie hat eine ähnliche Funktion wie man es in englischen Kathedralen beobachten und am Namen der meist vorhandenen kleineren Nebenkirche mit dem Titel Mariä festmachen kann: der Name „Lady Chapel" sagt schon etwas aus über ihre liturgische Funktion.'[141]

Auch Ronig führt noch zahlreiche weitere Beispiele an, die veranschaulichen, daß Dom und Liebfrauen als eine Einheit verstanden werden muß. Aufgabe des Architekten war es, dieser Einheit in seinem Entwurf Rechnung zu tragen: im Grundriß durch die Übernahme der Disposition des quadratischen Vierstützenbaus des Trierer Domes mit seinem Seitenverhältnis von 1:2:1, im Aufriß durch die Weiterführung der beiden Fensterreihen über hohem Sockel und nicht zuletzt durch die Übernahme des Fußmaßes des Domes, dem römisch-capitolinischen Fuß (29.617 cm), anstelle des zu dieser Zeit gebräuchlichen Trierer Land- und Werkfuß (29.375 cm), nach dem auch die Marburger Elisabethkirche errichtet wurde.[142] Im Ergebnis ist der Aufriß der Liebfrauenkirche in Trier die Verbindung der hochmodernen Reimser Wandgliederung mit dem spätantiken Aufriß des Domes. Und vermittelt wurde die Reimser Wandgliederung über die Kathedrale in Toul, die ihrerseits in den Ostteilen die neuen Reimser Formen mit einem alten Grundrißschema – kurzer Chor, Chorwinkeltürme und ausladendes Querhaus – , dem des Vorgängerbaus, verband.[143]

Der zweite Bauabschnitt der Liebfrauenkirche, der mit der Fertigstellung der Kirche spätestens Ende der fünfziger Jahre abgeschlossen wird,[144] zeigt keine erkennbaren Änderungen im Gesamtplan, wohl aber in den Einzelformen wie Basisprofil, Kapitellplastik und Gesimsen, und – entgegen der Einschätzung Borger-Kewelohs – auch im System:

‚Nach den Chorfugen ist der Bau, nur von den notwendigen Winterpausen unterbrochen, völlig einheitlich errichtet worden. Geändert wurden nur Details. Während des Bauverlaufs dürften neue Steinmetzen hinzugekommen sein, die vor allem modernere Blattwerkformen für die Bauornamentik einbrachten. Bei der Gleichheit des Systems ist der von Bunjes veranschlagte häufige totale Wechsel der ‚Meister' abzulehnen. Die Unterschiede der Bauteile von vor und nach 1242/43 sind im System so gering, daß mit Sicherheit kein grundsätzlicher Planwechsel vorliegt. Das gibt die Berechtigung, den gesamten Bau einer einheitlichen, alle Elemente umfassenden Stilanalyse zu unterziehen.'[145]

Gegen die Einschätzung Borger-Kewelohs spricht vor allem der Aufbau der Maßwerkfenster, insbesondere der Blendfenster: So zeigen die jüngeren Blendfenster des zweiten Bauabschnitts nurmehr zwei Ebenen, nicht mehr drei; deren dritte Ebene mit den Pässen ist nun *in* die Wand gelegt, im Ostteil wurde sie *auf* die Wand gelegt. Daher zeigen die jüngeren Blendfenster den einfachen Rundpaß über zwei Lanzetten, die älteren im Chor aber auch den einbeschrieben Sechspaß. Gegenüber dem ‚Einfrieren' der Fensterform – bis einschließlich auf die Ebene der Glasscheiben – im Osten, ist somit

Abb. 42   Trier, Dom. Querschiff und Langhaus von NO.

in den Westteilen eine planvollere Differenzierung der Maßwerkverblendung und der Relieftiefen der Wandfelder erkennbar. Einen solchen systematischen Wechsel wird man schwerlich anders als mit einem Meisterwechsel erklären können. Hinzu kommt die Hervorhebung der Stirnseiten in den Konchen: Nur diese erhalten ein Kapitellband in Höhe des Kämpfers, die anderen Polygonseiten zeigen nur ein einfaches schmales Gesims. Im Chor hingegen waren noch alle Polygonabschnitte gleichbehandelt. Auch hier also eine stärkere Differenzierung der Westteile.

Aber auch die Einzelformen des Maßwerks weichen signifikant voneinander ab: Die Kapellenfenster zeigen wieder den liegenden Sechspaß der Reimser Kathedrale, nicht mehr den moderneren stehenden Sechspaß der Toulnachfolge, man hat den Sechspaß sozusagen wieder ‚zurückgedreht'. In den größeren Obergadenfenstern sind es liegende einbeschriebene Achtpässe, also eine Erhöhung der Paßzahl als Antwort auf die Vergrößerung des einfassenden Rundpasses. Die Zwickelflächen dieser Obergadenfenster sind geschlossen, was zu einer deutlichen Hervorhebung des Hauptmotivs, des einbeschriebenen Achtpasses über zwei Lanzetten, führt. Für eine nachträgliche Verblendung gibt es keinerlei Anhaltspunkte, es ist die ursprüngliche Fenstergestaltung. Auch hieran wird deutlich, daß bei der Einführung des Maßwerks nicht die Maximierung durchbrochener Wandfläche im Vordergrund stand. Maßwerk ist zuallererst ein architektonisches Thema, kein theologisches.

Für die breiten Stirnseiten der Süd- und Westkonche setzte man dreibahnige Maßwerkfenster ein, mit niedrigerer Mittellanzette, um Platz für die große Paßfigur zu schaffen. Diese Figur dominiert – freilich in ganz anderer Ausführung – den gesamten Kreuzgang, die Pauluskapelle und die Sakristei. Sie findet sich bereits an der nach 1230 errichteten Kathedrale von Châlons-sur-Marne, ebenfalls ein Bauwerk in der Reims-Nachfolge, ohne eine direkte Abhängigkeit Triers von Châlons-sur-Marne unterstellen zu wollen. Ausschlaggebend bleibt die Verbindung der spätantiken Wandgliederung des Domes mit den architektonischen Formen der Kathedrale von Reims, vermittelt über die um 1221 begonnene Kathedrale St. Étienne in Toul. Diese Synthese macht historisch Sinn. Zum Erzbistum Trier, das westlich an das Reimser grenzte, gehörten die Bistümer Metz, Toul und Verdun, an deren Bauten sich die Mutterkirche messen lassen mußte. Nicht anders war im 12. Jahrhundert verfahren worden bei der Errichtung des Ostchores des Trierer Domes: Auch hier zielte der Neubau auf die Verbindung der spätrömischen Bauteile mit dem zu dieser Zeit ehrgeizigsten Neubau in der Erzdiözese: dem Neubau der Kathedrale von Verdun. Umgekehrt dokumentierte das Festhalten an den spätrömischen Bauteilen den Anspruch Triers, über das höhere Alter dieses Erzbistums eine Vorrangstellung gegenüber den mächtigen Metropoliten von Köln und Mainz einfordern zu können.

Und umgekehrt wirkten die Neuerungen in Trier auch wieder zurück auf die Architektur der zugehörigen Bistümer, so auf die späteren Bauteile der Kathedrale von Toul:

‚Liebfrauen wiederum war für die zweite Bauphase von Toul, das Querhaus und das erste Langhausjoch, anregend. Im Querhaus sind die niedrigen Trierer Kapitellzonen aufgegriffen. Die westlichen Vierungspfeiler sind, anders als die östlichen, als kantonierte Pfeiler bis zum Gewölbeanfänger hochgeführt.'[146]

Die regionalen Rezeptionen der Trierer Liebfrauenkirche bleiben auf die Übernahme von Einzelformen beschränkt. So in den um 1290 vollendeten Ostteilen der Stiftskirche St. Arnual bei Saarbrücken, die noch 1372 als zweiter Sitz des Bistums Metz galt.[147] Der 5/10 Chorschluß mit Halbjoch und die dreibahnigen Querschiffenster verweisen auf Trier, die zweibahnigen Chorfenster schließen heute in zwei Lanzetten, ursprünglich waren diese mit einem großen Rundpaß bekrönt. Oder das Benediktinerkloster in Tholey, zwischen 1260 und 1310 über zum Teil ausgeführten Fundamenten einer Neubauplanung um 1236 errichtet.[148] Ihre Gewölbeschlußsteine und Blattkapitelle weisen auf Liebfrauen, aber auch auf die Marienkapelle des Benediktinerklosters St. Matthias in Trier. Die Maßwerke sind fast alle erneuert, auffällig die kleinen Fenster der Nordseite, deren Breite von Osten nach Westen abnimmt. In St. Arnual und Tholey bleiben die Trier-Zitate von untergeordneter Bedeutung, mit den kleinen Einsetzfenstern wird nicht einmal der Versuch gemacht, das Trierer Fenstersystem nachzubilden. Dies gilt auch für das 19. Jahrhundert; seinem Entwurf für die Mauritiuskirche in Köln legte der Architekt Vincenz Statz den Grundrißplan von Liebfrauen zugrunde.[149] Sein erster

Plan sah die Erhaltung der östlichen Teile des 1141 geweihten romanischen Vorgängerbaus vor, an den sich westlich der Trierer Zentralbau anschloß. Leider wurde dieser Plan zugunsten eines völligen Neubaus verworfen, der 1859 begonnen wurde und nicht nur in der Gestaltung der polygonalen Kreuzarmabschlüsse deutlich hinter dem ersten Entwurf zurückbleibt. In beiden Fällen wird das Trierer Fenster durch ein Einsetzfenster mit gänzlich anderer Binnenzeichnung ersetzt. Wenn somit rückblickend die architektonische Nachfolge von Liebfrauen verschwindend gering ist, so bleibt die 1235 begonnene Elisabethkirche in Marburg doch ihr erster und gleichzeitig bedeutendster Rezeptionsbau, wie nicht nur die metrischen Untersuchungen Albert Tuczeks, sondern auch die Herleitung ihrer Aufrißgliederung aufzeigen kann, welche die Trierer Formen, nicht aber das Trierer Wandsystem übernimmt.

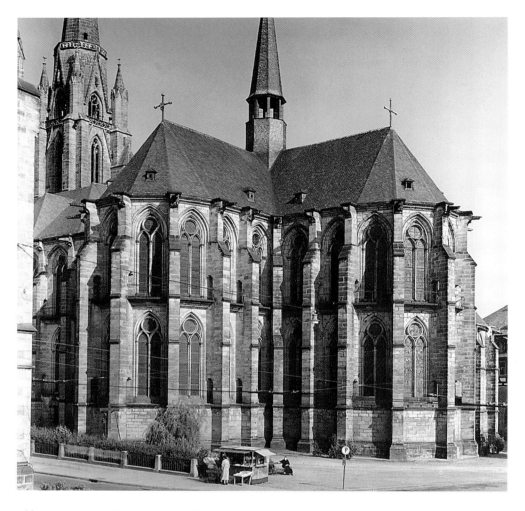

Abb. 43 Marburg, Elisabethkirche. Trikonchos von SO.

V. Die Maßwerkfenster der Elisabethkirche in Marburg

Die im Jahre 1235 begonnene Elisabethkirche in Marburg zeigt einen dreizonigen Aufriß mit zwei gleichhohen Fensterrängen über hohem Sockel. (Abb. 43–48) Es sind Einsetzfenster nach dem Vorbild der Pariser Kathedrale, von dort herzuleiten ist auch der Rundpaß über zwei Lanzetten. Die Achsfenster des Dreikonchenchores sind durch stehende einbeschriebene Sechspässe hervorgehoben, das obere Fenster der Südkonche (um 1243) durch einen liegenden Sechspaß. Sämtliche Rundpässe rücken weit hinauf ins Bogenfeld und tangieren mit ihrem Fußpunkt die Kämpferlinie. In den Ostteilen bleibt der Rundpaß von der Bogenlaibung deutlich geschieden, berührt aber die beiden Lanzetten; erst in den nach 1265–1283 errichteten Westteilen des Langhauses verschmelzen Bogenlaibung, Rundpaß und Lanzetten miteinander. Das Profil zeigt einen Rundstab auf breitem Pfosten, dessen Seiten abgeschrägt und im Couronnement mit flachen Kehlen ausgearbeitet ist.

Auf das Vorbild der Liebfrauenkirche in Trier verweist der dreizonige Wandaufriß, die Binnenproportion des Fenstermaßwerks und das ‚Einfrieren' der Fenster in den Blendfenstern (1. Bauabschnitt Trier), auf Paris die Einsetzfenster, deren Binnenzeichnung und die Ausbildung des ‚mur lisse' im Inneren mit den durchlaufenden Dienstbündeln. Günther Binding wird man widersprechen müssen, wenn er feststellt, daß in Marburg *‚die Proportionen des Reimser Chorkapellenmaßwerks bei(behalten)'* wurden,[150] denn dort nehmen die Paßfiguren die gesamte Fensterbreite ein, und ihre Zentrumspunkte rücken auf die Kämpferlinie. Das Reimser Fenstersystem mit konstanten Kämpferhöhen und Paßgrößen zeigt nur in den breiteren Wandabschnitten eine mit Marburg vergleichbare Proportion, etwa im um 1240 hochgeführten Obergaden des Langhauses. Bei Lottlisa Behling ist dieser Fehler sogar in einer vergleichenden Strichzeichnung festgehalten, die in teleologischer Reihung Vorformen und Maßwerkbildungen widergibt: über St.-Germer-de-Fly (Lochfigur über Doppelbogen), Chartres (Rose der Obergadenfenster mit vielfachen Lochfiguren) und den Chorfenstern der Kathedrale von Bourges (Sechspaßlochfigur) schließlich zum *‚echten Maßwerkfenster der Chorkapellen zu Reims (1211–1227)'* und zum *‚Fenster der Elisabethkirche zu Marburg, beg. 1235'*.[151] Die Überzeugungskraft der Strichzeichnung beruht zu einem nicht geringen Teil auf der fehlerhaften Wiedergabe des Reimser und des Marburger Fensters, die hier nahezu iden-

Abb. 44 Marburg, Elisabethkirche. Chor nach O.

tisch dargestellt sind, unterschieden allein durch den Wegfall des Reimser Sechspasses im Marburger Fenster, als eine Art finaler Wandauflösung:

‚Es ist ein Vorgang, der als Verselbständigung der Randform eine wesentliche Rolle in der gesamten Ornamentgeschichte spielt, sowohl bei dem altnordischen Ornament der Bronzezeit, wie bei dem Rokokoornament (als freie Endigung!), und für die Gotik bereits in St. Germer im Keim angelegt wurde: Denkt man sich den Rand der Lochfigur dort noch weiter eingekerbt, so löst sich die Figur endlich als schmaler Ring ganz aus der Wandfläche. In Reims ist dies erreicht. Das Rund mit dem eingesetzten Sechspaß ist nicht mehr Lochfigur in einem bretthaften Grunde, wie z. B. noch in dem Chor der Kathedrale von Bourges, sondern ein ringförmiger Körper in einem raumerfüllten Grunde. Denn auch die Wandzwickel zwischen Rahmen und Unterteilungsbogen schwinden. So kommt jenes ausgewogene Kräftespiel tragender und getragener Glieder zustande, des schwebenden Maßwerkrundes auf den Scheiteln zweier Spitzbogen, das an das Spiel einer Kugel auf Wasserstrahlen erinnern könnte.'[152]

Genau dies gibt ihre Strichzeichnung der Chorkapellenfenster der Reimser Kathedrale wieder: Die Paßfigur ist hier nach oben gerückt und liegt den Lanzetten auf, also berührt diese nur. Tatsächlich aber liegt der große Rundpaß der Reimser Chorkapellenfenster tiefer, mit seinem Zentrumspunkt auf der Kämpferlinie, und nimmt dort nahezu die gesamte Fensterbreite ein: Er dominiert dort das Fenster. Mit den Worten Lottlisa Behlings müßte man sagen: Er erdrückt die beiden Lanzetten. Dann jedenfalls, wenn der Rundpaß den Lanzetten auch wirklich aufläge, wie in der Zeichnung suggeriert; tatsächlich aber ist er mit den Stäben der beiden Lanzetten verschmolzen. Auch die Vorstellung der sukzessiven Auflösung der Wandfläche als Triebfeder für die Entstehung des Maßwerks, mit einem Nukleus in der Art der Lochfigur von St.-Germer-de-Fly am Beginn, wie sie dem morphologischen Ansatz Behlings eigen ist, verkennt das Nebeneinander von den die gesamte Wandbreite einnehmenden Fenstern und eben den Einsetzfenstern mit ihren breiten seitlichen Mauerstreifen. Die ersten Maßwerkfenster in Reims dienten der architektonischen Einbindung der Fenster in das Aufrißsystem; sie als folgerichtigen Schritt hin zu einer größeren Wandauflösung zu deuten, überzeugt nicht. Wie Branner schon anmerkte: *‚At Reims, bar tracery is in fact something of paradox, for it dissipates the solidity of the wall in a monument where density is paramount.'*[153]

Ein zweites Problem bei der Herleitung der Marburger Formen resultierte aus der zeitlichen Stellung zur Liebfrauenkirche in Trier. Durch die Spätdatierung von Liebfrauen mit einem Baubeginn um 1242 galten die Marburger Fenster als die frühesten Maßwerkbildungen in Deutschland. Ihre Formen mußten daher ohne das Trierer Vorbild erklärt werden. Lottlisa Behling führt aus:

‚Als man in Deutschland gotisch zu bauen beginnt, sind die französischen Kathedralsysteme weitgehend entwickelt. Der Deutsche verhält sich den neuen Formen gegenüber

aber durchaus nicht nur nehmend. Der Grundriß der Elisabethkirche von Marburg, Baubeginn 1235, geht noch auf die alte romanische Dreikonchenanlage rheinischer Bauten zurück. Auch die neue Form, das Maßwerk, zeigt alles andere, als bewegliche, flüssige, französische Eleganz. Es ist schwer und einfach, schon durch die tiefe Kastenform, welche die mächtigen Gesimse und die unaufgelösten Strebepfeiler in zwei Zonen übereinander schaffen. Das Rund über den Spitzbogen trägt nur an der Stirnseite einen Sechspaß, es verschmilzt auch nicht, jedenfalls im Chor noch nicht, mit den Bogen wie in Reims, sondern schwebt geschlossen über ihnen. Der einfache Steinschnitt ist in manchen Bauten dieser Zeit, z. B. im Chor der von Marburg abgeleiteten Tochterkirche von Haina, 1240–1250, bäuerlich derb.'[154]

Die Gestalt der Marburger Maßwerkfenster wird hier also ganz allgemein auf eine Verbindung von französischer Kathedralgotik mit einer älteren Bautradition zurückgeführt, für die der Verweis auf die romanischen Dreikonchenbauten des Rheinlands steht. Gottfried Kiesow verliert in seiner Arbeit über ‚*Das Masswerk in der deutschen Baukunst bis 1350*' über die Voraussetzungen und Vorbilder der Marburger Fenster kein Wort:

‚*Zu den frühesten Beispielen für echte Masswerkformen in Deutschland gehören die Chorfenster der Elisabethkirche in Marburg. Jedes Fenster gliedert sich in zwei Bahnen, die mit Spitzbögen abschließen. Darüber befindet sich ein Kreis. Diese einfachste Grundform des Maßwerks tritt in Marburg an den drei Absiden und am Langhaus auf. Die Mittelfenster der drei Absiden werden hervorgehoben, indem bei ihnen der Kreis mit einem Paß ausgeschmückt wird.*'[155]

Es folgt eine detaillierte Beschreibung der einzelnen Fensterelemente und eine summarische Bauchronologie. Erst in der unmittelbar anschließenden Behandlung der Trierer Liebfrauenkirche wird vergleichend argumentiert, werden Bezüge zu den vermeintlich älteren Marburger Formen angeführt:

‚*Neben den Marburger Chorfenstern gibt es die ersten echten Maßwerkformen in der Liebfrauenkirche zu Trier. Der Baubeginn erfolgte auch hier am Ostchor. Eine Betonung der Mittelachse des Chores durch eine besondere Formgebung der Fenster ist in Trier nicht zu bemerken. Alle Chorfenster sind einander gleich. Sie sind mit den Ostfenstern der Elisabethkirche zu Marburg verwandt: Über zwei Bahnen befindet sich ein Kreis, der mit einem vertikal ausgerichteten Sechspaß gefüllt ist. In Trier ist der Kreis aber im Verhältnis zur Breite des Fensters etwas größer geworden, er erstreckt sich auch weiter nach unten. Dadurch werden die Teilungsbögen und mit ihnen die Kapitelle tiefer gerückt, so daß das Fenster stärker als in Marburg gestelzt werden muß. [...] Das Datum der Grundsteinlegung zur Liebfrauenkirche in Trier ist nicht bekannt. Aus einer Urkunde des Kölner Erzbischofs Konrad von Hochstaden vom 3. Juni 1243 geht aber hervor, daß die Kirche zu diesem Zeitpunkt schon im Bau war.*'[156]

Abb. 45   Marburg, Elisabethkirche. Südkonche von O.

Waren die Fenster der Elisabethkirche rein deskriptiv behandelt worden, untersucht Kiesow die Fenster der Liebfrauenkirche stets im Vergleich mit der Marburger ‚Grundform', streicht die Veränderungen heraus und benennt Gemeinsames. Konkrete Ableitungen fehlen bzw. beschränken sich auf eine Feststellung: ‚*Das Maßwerk der deutschen Baukunst ist im ersten Abschnitt seiner Entwicklungsgeschichte direkt von Frankreich abhängig, es ist ohne eine Kenntnis französischer Vorbilder nicht denkbar.*'[157] Tatsächlich fehlten bis in die 80er Jahre die entsprechenden Untersuchungen zu den künstlerischen Voraussetzungen der Marburger Elisabethkirche, und damit auch die notwendigen Vorarbeiten für die Untersuchung ihrer Maßwerkfenster. Michler merkte 1984 an: ‚*Eine umfassende Untersuchung über die stilistischen Voraussetzungen der Marburger Elisabethkirche bleibt nach wie vor ein dringendes Desiderat: es gehört zu den Curiosa einer unsystematischen Wissenschaft, daß alle Verästelungen der künstlerischen Nachfolge der Elisabethkirche durchforscht worden sind (Hamann-Wilhelm-Kästner), ohne daß*

Abb. 46   Marburg, Elisabethkirche. Ansicht von O.

über ihre Voraussetzungen Klarheit bestand.'158 Doch schon der Katalog anläßlich der 700jährigen Wiederkehr der Weihe der Elisabethkirche unter dem programmatischen Titel *'Die Elisabethkirche – Architektur in der Geschichte'* stellte überzeugend die Abhängigkeit Marburgs von der Trierer Liebfrauenkirche heraus.[159] Und damit auch die Vorzeitigkeit der Trierer Maßwerkfenster. Sie wurde von Norbert Nußbaum übernommen, der 1985 in *'Deutsche Kirchenbaukunst der Gotik. Entwicklung und Bauformen'* Trier vor Marburg behandelt und die Vorbildhaftigkeit Triers für Marburg unterstreicht,[160] so auch dargelegt in der Marburger Dissertation von Matthias Müller.[161]

Die Vorzeitigkeit Triers erklärt ein Reihe von Ungereimtheiten, wie sie auch in Günter Bindings Arbeit über das Maßwerk in Frankreich, England und Deutschland zum Ausdruck kommen: *'Die fortschrittliche Entwicklung des Marburger Fenstermaßwerks findet sich nicht in der um 1235 als Zentralbau begonnenen Liebfrauenkirche in Trier …'*[162] Und in seinem 2000 erschienenen Werk *Was ist Gotik* setzt Binding den Baubeginn der Trierer Liebfrauenkirche kommentarlos mal *'um 1235'*, mal *'nach 1235'*[163], also Trier wieder in die Nachfolge von Marburg. Daß aber die Abhängigkeit Marburgs von Trier nicht umgekehrt gedacht werden kann, belegt die Herleitung des Aufrißsystems, die in Marburg stets verbunden war mit der Frage der Vorbilder für den Hallenquerschnitt des Langhauses.

Schon Georg Dehio hatte diesen Zusammenhang von Hallenquerschnitt und Aufrißgliederung in der Marburger Elisabethkirche deutlich ausgesprochen:

‚*An die Hallenkirchen Westfalens erinnert in der Tat nur das Allgemeinste; die Proportionen sind vollkommen andere, der Raum im Sinne des Querschnitts stark aufgehöht, im Sinne des Längsschnitts die Pfeiler dichter zusammengerückt und dadurch die an sich schon beträchtlich schmäleren Seitenschiffe unübersichtlich gemacht. Aber alle diese Abmessungen sind auch nicht aus einer einheitlich primären Raumvorstellung hervorgegangen, sondern sie folgen zwingend aus den Gegebenheiten des Chorsystems. Dies gilt besonders auch von den Fenstern. Ihre zweireihige Anordnung ist dort von hervorragend schöner Wirkung, in der Übertragung auf das Langhaus steht es zu dem eingeschossigen Aufbau der Schiffe in Disproportion.*'[164]

Die Rückführung des Hallenquerschnitts auf ein besonderes Aufrißsystem, das des Chores, wird hier postuliert und die Ablehnung einer einheitlich primären Raumvorstellung als Ausgangspunkt für den Hallenquerschnitt des Marburger Langhauses, besser: für ihre drei gleichhohen Schiffe. Erst die nachfolgende inhaltliche Auflading der Hallenkirche als Einheitsraum durch Kurt Gerstenbergs[165] Ideologie der deutschen Hallenkirche verstellte nachhaltig den Blick für diese Zusammenhänge. Rainer Haussherr[166] wies 1965 darauf hin, daß tatsächlich nur eine ganz geringe Anzahl von Hallenkirchen den Kriterien eines Einheitsraumes genügen, und Hans-Joachim Kunst[167] verwies 1971 in seinem Aufsatz ‚*Zur Ideologie der deutschen Hallenkirchen als Einheitsraum*' darauf, daß eine Vielzahl von Hallenkirchen im Aufriß wie in der Gewölbebildung basilikalen Grundstrukturen unterliegt. Der Relativierung des Hallenbegriffs folgte 1989 seine vollständige Dekonstruktion durch Wolfgang Schenkluhn: Um die Mitte des 19. Jahrhunderts ‚*wurde die Hallenkirche als Hallenkirche entdeckt und definiert, oder besser: von der Kunstgeschichte erfunden*'[168]. Arnt Cobbers[169] merkte hierzu kritisch an, daß mit der Kritik an der ideologischen Aufgeladenheit des Hallenbegriffs hier gleich die Möglichkeit der – an sich wertneutralen – bautypologischen Klassifizierung mit über Bord geworfen worden sei. Doch wird man einwenden müssen, daß die Suggestionskraft des Begriffs Hallenkirche noch stets einer solchen ‚wertneutralen' Verwendung entgegensteht, und Cobbers eigene Formulierungen ‚*Westfalen war die deutsche Hallen-Landschaft*'[170], nur wenige Seiten weiter, nähren diese Zweifel.

Nimmt man alle vom subjektiven Raumerleben ausgehenden Betrachtungen beiseite, bleibt die Frage, warum sind die drei Schiffe des Marburger Langhauses gleich hoch? Nach Dehio ergibt sich die gleiche Höhe der Schiffe zwingend aus der Verbindung der gegebenen Aufrißgliederung des Chores mit einem mehrschiffigen Langhaus. Die Pfeilerstellung resultiert aus dem Verhältnis der Schiffsbreiten von 1:2:1, wie es nicht nur Trier, Reims und Paris aufweisen. ‚Eng' wird diese Pfeilerstellung in Marburg erst, wenn man unterstellt, die drei Schiffe wurden auf die gleiche Höhe geführt, um einen möglichst in alle Richtungen flutenden Raum zu schaffen. Und gegen mittelschiffsbreite Seitenschiffe, also ein Seitenverhältnis von 1:1:1, spricht die fehlende Anschlußmöglichkeit an den gegebenen Trikonchos, die Langhausseiten wären schräg auf die ersten Polygonseiten geführt worden. Wichtig bleibt festzuhalten, daß am Ausgangspunkt der Planfindung die ungewöhnliche Aufrißlösung steht, die im vorangegangenen Kapitel auf die spätantiken Großbauten Triers zurückgeführt werden konnte, insbesondere auf den spätantiken Vierstützenbau des Domes mit seinem Seitenverhältnis von 1:2:1 ohne Staffelung des durch Schwibbogen gegliederten Bauwerks. Schon als Erzbischof Poppo von Babenberg ab 1037 den Dom nach Westen hin verlängerte, behielt er das spätantike Aufrißschema bei wie auch das Seitenverhältnis von 1:2:1, woraus der Wechsel von breiten und schmalen Wandabschnitten im Langhaus folgte, auch hier also über die Fortführung des gegebenen Wandaufrisses eine Lösung mit gleichhohen Schiffen, respektive eine ‚dreischiffige Pfeilerhalle'.

Die Rückführung des Hallenquerschnitts auf eine Aufrißgliederung – wie im Marburger Langhaus – hat Bedeutung über das einzelne Beispiel hinaus. Nun ist diese spätantike Aufrißgliederung sicherlich ein Sonderfall. Aber das gleiche Problem stellt sich grundsätzlich auch bei der Rezeption eingeschossiger einschiffiger Bauten in einer mehrschiffigen Anlage. Ein eindeutiges Beispiel hierfür ist der Hallenumgangschor in Verden an der Aller, dessen Umgangswand wie ein Binnenchor gestaltet ist, indem im Langchor Gurt- und Schildbogendienst das Kaffgesims überschneiden, im Chorhaupt jedoch der Schildbogendienst vom Kaffgesims überschnitten wird. Diese Systematik kennzeichnet den Übergang von den Vorchorjochen zur Apsis eines Hochchores und ist dort durch die Reduzierung der Gewölbeglieder folgerichtig. Der Verdener Chorumgangswand widerspricht indessen diese Überschneidung, da im Umgang kreuzrippengewölbte Joche den gesamten Chor umziehen und somit keine Reduzierung der Gewölbeglieder erfolgt. Diese Lösung wird nur als Übertragung eines einschiffigen Hochchores auf eine dreischiffige Anlage verständlich. In Verden sind dies die Kathedralen von Reims und Köln.'[171] Eine weitere Übertragung eines einschiffigen Bauwerks auf eine dreischiffige Anlage steht am Beginn spätgotischer Architektur: die Rezeption des Aachener Münsterchores im Nürnberger Hallenumgangschor von St. Sebald. Ich habe hierüber in meiner Marburger Dissertation ausführlich gehandelt. Arnt Cobbers stützt in seiner Darstellung ‚Zur Entwicklung des Hallenumgangschores' diese Ansichten.[172] Nimmt man die konstruktionsgeschichtlichen Untersuchungen von Müller und Quiens hinzu, die nachweisen konnten, daß für die Konstruktion spätgotischer Bauten der Raumvorstellung höchstens sekundäre Bedeutung zukommt, die Planfindung über die Prinzipalbogenkonstruktion und damit im zweidimensionalen Medium bleibt, so wird deutlich, daß der Herleitung eines Hallenquerschnitts vom Aufriß nichts entgegensteht und der Entwurfsprozeß bis zum Ende des Mittelalters stets im zweidimensionalen Medium verbleibt. Hierfür spricht in besonderem Maße auch das Auftreten der ersten Entwurfsmodelle in der Architektur mit der Erfindung der Zentralperspektive, genauer: mit der Entdeckung des perspektivischen Sehens in der Frührenaissance. Architektonische Modelle im Mittelalter hatten bestenfalls, wie etwa bei Stiftermodellen, symbolischen

Abb. 47   Marburg, Elisabethkirche. Nordkonche nach O.

Bezug zu real gemeinten Bauwerken; für den Entwurf ist keines nachweisbar.[173] Norbert Nußbaum erkennt in der Arbeit von Müller und Quien einen Anschlag auf die Vorstellungskraft des Architekten: *‚Zugespitzt lautet die Botschaft des Buches, der zweidimensional entwerfende Architekt habe die Wirkung seines Entwurfs in der dritten Dimension nur in reduzierter Form vorhersehen können, deshalb habe die erzielte Raumqualität sekundären Charakter im Verhältnis zur „formgenerierenden", letztlich ornamentalen Gestaltidee. Diesem Determinismus wird man sich nicht anschließen können, ohne die Imaginationsfähigkeit des Architekten grundsätzlich in Frage zu stellen.'*[174] Nußbaum übersieht in seiner Kritik, daß diese Raumvorstellung eben schon neuzeitlich geprägt ist, gegenüber dem ‚concept of place' (Algra) im Mittelalter. Jan A. Aertsen hat hierauf in seiner Einleitung zur 30. Kölner Medievistentagung zum Thema ‚Raum und Raumvorstellungen im Mittelalter' hingewiesen: *‚Während die neuzeitliche Philosophie viel vom „Raum", jedoch kaum vom „Ort" redet, handeln die antike und die scholastische Philosophie [...] vielmehr vom „Ort" (topos, locus) als vom „Raum". Mehrere Forscher haben hervorgehoben, daß die Ausführungen des Aristoteles im IV. Buch der Physik, die für die mittelalterlichen Diskussionen maßgeblich waren, nicht eine Raumlehre, sondern eine Topologie bieten.'*[175] Die Einwände gegen bestimmte Raumvorstellungen als Planungsgrundlage sind für das Mittelalter also berechtigt, die Abhängigkeit des Hallenquerschnitts von der Aufrißgliederung fügt sich hier nahtlos ein, bleibt aber einer eigenen Untersuchung vorbehalten.

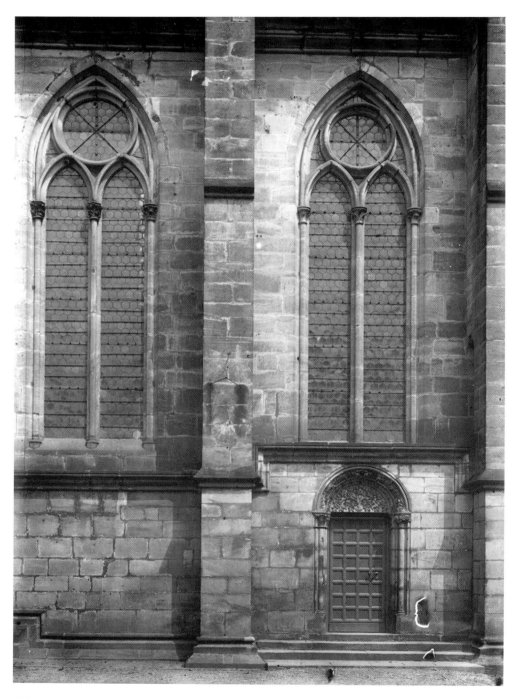
Abb. 48 Marburg, Elisabethkirche. Langhaus von S.

Über die Marburger Aufrißgliederung hat auch Matthias Müller in seiner Marburger Dissertation über den Westbau der Marburger Elisabethkirche gehandelt. Auch er erkennt im Marburger Langhaus die spätantike Wandgliederung, leitet sie aber von einem anderen spätantiken Großbau Triers ab, von der sogenannten Basilika, dem Palatium.[176]

‚Wollen wir dieses markante Aufrißbild nicht nur als einfache Übertragung des Konchenaufrisses auf das Langhaus interpretieren, müssen wir nach Vorbildern suchen, bei denen ein ähnlicher Aufriß zudem mit einem Hallenraum verbunden wurde. Mit hoher Wahrscheinlichkeit war ein Trierer Bau maßgeblich, der einst kaiserlichen Zwecken diente: die römische Basilika. Ihre zweigeschossigen, durchfensterten und von Lisenen mit Überfangbögen sowie Laufgängen gegliederten Außenwände lassen diesen Saalbau geradezu prädestiniert erscheinen für einen Vergleich mit der Marburger Langhaushalle, aber auch mit dem Aufrißsystem der Konchenanlage.'[177]

Vermutlich hat Müller das naheliegende Vorbild des Trierer Domes einfach übersehen, denn selbst bei der Trierer Liebfrauenkirche leitet er den Ostchor vom Palatium ab. *‚Vergleichen wir den doppelzonigen Ostchoraufriß der Trierer Liebfrauenkirche mit der gleichfalls zweizonigen Apsis bzw. Exedra der antiken Kaiseraula, so dürfte auch in diesem Fall ein Bezug des mittelalterlichen auf den antiken Bau vorhanden sein.'*[178] Vielleicht hat auch die Suggestionskraft der für das Palatium rekonstruierten beiden äußeren hölzernen Laufgänge den Blick konditioniert. Doch überschneiden diese die Stützen, anders als die von Nußbaum so treffend als *‚zwischen die Strebepfeiler gespannten Brückenstege'*[179] bezeichneten Laufgänge in Marburg. Vor allem aber die fehlende Ausbildung des hohen Sockels unterscheidet die Palastaula von Liebfrauen- und Elisabethkirche: diese zeigt eine zurückliegende Fensterebene und eine beide Fenster übergreifende Arkatur. In Trier und Marburg erheben sich die beiden Fenstergeschosse über einem hohen mit Kaffgesims abgeschlossenen Sockel, der als Laufgang dient; in Trier zeigt der Aufbau den Reimser ‚mur épais', in Marburg hingegen die dünne Pariser Mauer, des ‚mur mince'. Die zumeist verwendete Beschreibung, daß die Trierer Laufgänge in Marburg nach außen verlegt worden seien,[180] verkennt, daß der Laufgang seinen Platz gar nicht verlassen hat. Wäre dem so, dann lägen die Marburger Fenster in tiefen Nischen, vergleichbar der Obergadenlösung der Reimser Kathedrale, sie sind aber in die dünne mit der Sockelinnenwand fluchtenden Pariser Wand ‚eingesetzt'.

Der Verweis auf den hohen Sockel ist noch in zweifacher Hinsicht aufschlußreich. Denn jene Bauwerke, die in die Tradition der Trierer Palastaula gestellt wurden, zeigen plakativ eben jene durchlaufenden sockellosen Blenden, wie etwa der in der zweiten Hälfte des 10. Jahrhunderts errichtete Saalbau von St. Pantaleon in Köln: *‚Die Außenblenden sind zweifach gestuft und steigen bis zur Traufe auf. Die sechs Blenden einschließlich der der Vorchorwand umschließen je ein rundbogiges Fenster, das etwa in Höhe ihrer Kämpferplatten sitzt, die die zwischen ihnen ausgebildeten Lisenen jeweils* *abdecken. [...] Mit ihrer Außengliederung steht die Saalkirche in spätantiker und karolingischer Bautradition, die in der aula palatina Konstantins des Großen in Trier für jene und in der aula regia Karls des Großen in Aachen für diese in ihrer Vorbildhaftigkeit für St. Pantaleon faßbar ist.*'[181] Auch die bildliche Tradition der Trierer Palastaula zeigt zwei Fensterreihen ohne Sockel, aber auch ohne übergreifende Blendarkatur, hierfür steht das frühe Trierer Palastsiegel (Stadtarchiv Trier, Depositum Kesselstatt, Nr. 8516), das lediglich an einer Urkunde des Jahres 1261 überliefert ist: *„Das Siegelbild zeigt das Zentrum der Palastgerichtsbarkeit, die spätestens ausgangs des 12. Jahrhunderts als erzbischöfliche Residenz genutzte ehemalige spätantike Palastaula. Dargestellt ist eine der seitlichen Außenfassaden des Bauwerks, begrenzt von zwei Treppentürmen. Ein Zinnenkranz, hinter dem sich ein Wehrgang befunden haben muß, ist durch vier Zinnen angedeutet. Auch die zweireihigen mächtigen Bogenstellungen sind reduziert zur Ausführung gelangt: statt neun Bögen auf jeder Fensterebene sind auf dem Siegelbild nur jeweils sechs dargestellt. Von besonderem Interesse ist nun die Tatsache, daß die Fensterbögen zur Zeit der Herstellung des Siegels, die vermutlich in der ersten Hälfte des 13. Jahrhunderts anzusetzen ist, noch unvermauert waren.*'[182] (Abb. 49) Da im Unterschied zum Bauwerk auf dem Siegel zwei eigenständige Fensterreihen ohne übergreifende Blendarkatur gezeigt sind, bleibt der Aussagewert des Siegels in diesem Punkt aber fraglich. Die großen Öffnungen stünden der fortifikatorischen Funktion ja diametral entgegen. Deutlich allein der Umbau zur Burg. Nach den Wirren des 5. Jahrhunderts war das Palatium ausgebrannt, die hölzernen Laufgänge waren verfault oder eingestürzt. Eine Neueindeckung des Raumes allein überstieg schon die technischen Möglichkeiten dieser Zeit. *„Das Bauwerk selbst mit seinen gewaltigen Mauern eignete sich nun vorzüglich als feste Burg. Man vermauerte die Fenster, gestaltete das Innere mit einem freien Hof zwischen Einbauten, die sich an die hohen Wände anlehnten.*'[183] Mit dem Umbau aber war auch die Signifikanz des Vorbildes für die Elisabethkirche kaum mehr gegeben, und ein eindeutiger Verweis auf eben dieses Bauwerk, wie etwa die Nachbildung eines Zinnenkranzes über den beiden Fensterreihen, ist in Marburg nicht erkennbar. Daß hinter der Langhausgestaltung der Marburger Elisabethkirche die Aufrißgliederung der spätantiken Großbauten Triers steht, ist unbestreitbar, aber nicht speziell die der Basilika, sondern wie oben dargelegt, jene von Dom und Liebfrauen. Die Auseinandersetzung mit dem spätantiken Erbe war nur in Trier gegeben, nicht in Marburg; Marburg setzt die Trierer Lösung bereits voraus und muß deshalb zeitlich nach Trier angesetzt werden, bzw. die Liebfrauenkirche vor der um 1235 begonnenen Elisabethkirche, und damit auch die neuen Trierer Maßwerkfenster vor jenen in Marburg.

Abweichend von Trier aber werden die Marburger Fenster als Einsetzfenster nach dem Vorbild der Pariser Kathedrale gebildet. Die Bedeutung von Paris – insbesondere für die Aufrißgestaltung der Elisabethkirche – wurde auch stets hervorgehoben, entweder mit dem Hinweis auf von Paris abhängigen Bauten – *„der Aufriß der Elisabethkirche in Marburg verdankt Larchant vielleicht mehr als den Kathedralen*'[184] – oder in entwicklungsgeschichtlich argumentierenden Kategorien bei Michler:

Abb. 49 Das frühe Trierer Palastsiegel, Stadtarchiv Trier, Depositum Kesselstatt, Nr. 8516.

‚Das reimsische Maßwerk, als zeichenhafte Trinitätsformel noch ganz der gefügehaften hierarchischen Denkweise der „Spätromanik" entsprungen und dabei zugleich als Formfindung eine bahnbrechende zukunftsweisende Neuerung, es wird in verdoppelter Aneinanderreihung zum Leitthema der Wandgliederung. Auch der Kantonierte Pfeiler ist eine solche formelhafte Figur, die in kolossaler, an Amiens erinnernder Höhenstreckung zum Leitthema der Raumgliederung wird. Diese an die Kathedrale, an Reims und Amiens erinnnernden Zitate werden aber eingebunden in ein System, das sich auf eine Anspruchsebene „unterhalb" der Kathedrale bezieht. Dabei stand das gesamte stilistische Repertoire dieses breiten Bezugsfeldes einem neuen Streben nach Klarheit zu Gebote. Dies insbesondere weist uns auf Einfluß aus Paris, als eine Keimzelle des neuen Stils hin. Im Einflußbereich der Pariser Bauhütte konnte der Marburger Meister schon zumindest tendenziell den sich anbahnenden Stilumbruch aufgenommen haben, auch wenn wegen der Kürze des zeitlichen Abstandes nicht sicher ist, wieviel er etwa vom Neubau von St.-Denis schon im Entstehen gesehen haben mag. In jedem Fall halten wir die Pariser Komponente für die entscheidende im Bezugsfeld des Marburger Meisters, wesentlicher als Kenntnisse, die ihm sicher auch aus den Bereichen um Reims, Laon oder Soissons zur Verfügung standen; denn entscheidend ist die Sicherheit, mit der er es vermocht hat, aus den unterschiedlichsten Anregungen eine homogene Neuschöpfung hervorzubringen, die als genuiner Protagonist der Hochgotik – im Sinne des „Court Style" Pariser Prägung – gelten darf.'[185]

Das fehlende Trierer Vorbild kompensiert bei Michler ein ganzes Bündel zum Teil ganz heterogener Einflüsse, fortschrittlicher und retardierender Momente; aber da er die Elisabethkirche als den ‚frühesten rein gotischen Kirchenraum in Deutschland'[186] betrachtet, bleibt ihm auch kaum eine Alternative. Speziell bei seiner Behandlung der Maßwerkfenster spürt man ein Aufatmen, wenn in den westlichen Abschnitten des Marburger Langhauses der zentrale Rundpaß analog zu Paris mit den Lanzetten und dem Fensterbogen verschmilzt: ‚Auch sind in Marburg die Profilstäbe der einzelnen Maßwerkglieder – der Lanzettspitzen und des Okulus – noch nicht miteinander verschmolzen wie beim Pariser Maßwerk, sondern noch individuell voneinander gesondert wie in Reims. Wir möchten deshalb das Marburger Fenstersystem als eine Integration des Maßwerk-„Zitats" aus der klassischen Kathedrale in einen hochgotischen Wandzusammenhang auffassen. – Daß dies eine stilistisch widersprüchliche Lösung ist, wurde noch während der Erbauung der Elisabethkirche erkannt: im Westteil des Langhauses wird die Umproportionierung und Verschmelzung des Maßwerks nachgeholt.'[187] Auf Michlers Arbeit stützt sich dann das oben angeführte Urteil Günther Bindings, daß sich die fortschrittliche Entwicklung des Marburger Fenstermaßwerks nicht in der Liebfrauenkirche in Trier finde.[188] Auch Bindings Verweis auf die Einsetzfenster geht auf Michler zurück: ‚Aus der französischen Frühgotik hat Marburg die die Fenster umgebenden Wandflächen übernommen, dazu einheitliche Fenstergröße auch bei verschieden breiten Wandfeldern, wie in der Pariser Kathedrale, deren Fenster um 1225 mit Maßwerk versehen wurden, oder in Saint-Yved in Braine (Ende 12. Jh.).'[189] Michler hatte in seiner Studie zur Marburger Schloßkapelle das Fenstersystem der Elisabethkirche auf den Braine-Typus zurückgeführt, einen Typus, der dann durch den Umbau der Pariser Kathedrale aktualisiert worden sei.[190] St.-Yved steht hier stellvertretend für viele frühgotische Bauten, denn als konkretes Vorbild für Marburg scheidet es aus. Es steht für die ‚noch' nicht vollständig durchbrochene Wand. Aber gerade das Beispiel Paris zeigt, daß die einseitige Fixierung auf den Grad der Wanddurchbrechung zu kurz greift. So wäre nach Michler die Verbreiterung der Fenster in den Langseiten der Pariser Kathedrale ‚ohne weiteres möglich gewesen', man habe aber bewußt auf eine Flächenwirkung des Obergadens als stilistische Komponente hingearbeitet.[191] Dies aber bedeutet, daß am Beginn der Geschichte des Maßwerks zwei Fenstersysteme einander gleichwertig gegenüberstehen, die Reimser Lösung mit Fenstergrößen nach Maßgabe der jeweiligen Wandbreiten und die Pariser Lösung mit einheitlichen Fenstergrößen auch bei unterschiedlich weiten Wandfeldern: und damit Fenster mit seitlichen Mauerstreifen und nicht mit noch nicht durchbrochener Restmauerfläche. Und die Gesamtzahl der Bauwerke mit seitlichen Mauerstreifen übertrifft auch in den nachfolgenden Jahrzehnten die der anderen um ein Vielfaches.

Die Rezeption der Marburger Elisabethkirche wurde lange überschätzt, aufgrund der ihr zugewiesenen Rolle als ‚Mutterbau der Gotik in Deutschland' und aufgrund ihres Hallenquerschnitts. Hamann und Wilhelm-Kästner hatten 1924 die vermeintlich von Marburg abhängigen Bauten zusammengestellt und in drei Gruppen unterteilt: der Filiation der Dreikonchenanlage, der vermeintlich geplanten Basilika und dem ausgeführten Hallenlanghaus. Eine kritische Bilanz wurde 1983 gezogen: für die Bischofskirchen besaß die Elisabethkirche keine Bedeutung, einzig der sogenannte Hasenkamp am nördlichen Querhaus des Paderborner Domes zeigt den Fünfzehntel mit Halbjoch der Marburger Konchen, im Aufriß aber Kölner Formen.[192] Kunst vermutet, daß analog zur Funktion der Marburger Südkonche im Hasenkamp eine landesherrliche Grablege errichtet werden sollte.[193] Zuletzt hat Matthias Donath in seiner Dissertation über den Meissner Dom den nicht eben neuen Gedanken vertreten, ‚daß der Meissner Hallenplan unter Einfluß des Marburger bzw. Hainaer Hallenlanghauses entwickelt wurde. Alle drei Langhausanlagen zeigen in der Struktur und Raumwirkung viele Gemeinsamkeiten.'[194] Tatsächlich greift diese beschworene Ähnlichkeit über die Raumwirkung ins Leere. Grund- und Aufrißformen sind ebenso verschieden wie die Gewölbe- und Einzelformen. Sehr deutlich stellt Ernst Schubert diese Unterschiede heraus: ‚Woher die Anregung, zum Hallensystem überzugehen, nach Meißen kam, bleibt ungewiß. Man hat bisher gewöhnlich die Elisabethkirche zu Marburg als Anregerin genannt. Diese ist aber in allen Einzelheiten anders. Eher könnten schon die Schulbauten der Elisabethkirche in Thüringen und am Nordharz, in Arnstadt, Mühlhausen, Erfurt und Nienburg, anregend gewirkt haben, da immerhin ihr Äußeres charakteristische Ähnlichkeiten mit dem Meißner Dom aufweist. Bei der starken Mitarbeit zisterziensisch geschulter Bauleute in Meißen ist aber vor allem auch an die zisterziensische Hallentradition zu denken.

Zeitlich und örtlich dem Meißner Dom eng benachbart, entstand die Klosterkirche zu Marienstern als Vertreterin dieser Tradition. Freilich zeigen ihre Einzelheiten wiederum keine Verwandtschaft mit Meißen. Der Architekt des Meißner Hallenlanghauses bewahrte sich, so muß man wohl schließen, eben seine Selbständigkeit.'[195] Warum also vergleicht man überhaupt diese Bauten miteinander, die so gar nichts miteinander zu tun haben? Weil zwischen 1287 und 1291 die basilikale Planung des Meißner Langhauses aufgegeben wird und die Seitenschiffe nun bis auf die Höhe des Mittelschiffs hochgeführt werden und dieser Wechsel auf eine veränderte Raumvorstellung bzw. das Streben nach einer anderen Raumwirkung zurückgeführt wird. In Meißen führt dies zu dem absurden Ergebnis, daß der Architekt von den unterstellten Vorbildbauten nur die ‚Hallenidee', aber keine Architekturformen übernimmt; und obwohl ihm diese so wichtig war, daß er den alten Plan verwirft, hält er an allen die axiale Ausrichtung des Langhauses konstituierenden Elementen fest. Viel naheliegender ist auch hier die Rückführung auf die Aufrißgliederung: Die Fortsetzung des eingeschossigen Choraufrisses ersetzte die beiden geplanten niedrigen Fensterreihen durch eine Reihe hoher vierbahniger wandbreiter Fenster; ein jedes durch Querdach und Zwerchhausgiebel hervorgehoben,[196] nach dem Vorbild der Seitenschiffgestaltung der Metropolitankirche in Magdeburg, bzw. diese übertreffend. Es sind diese Fenster, die dem Meißner Dom trotz der eher bescheidenen Dimensionen Monumentalität verleihen. Sie waren der Grund für den Planwechsel, und sie wurden ermöglicht über eine Erhöhung der Seitenschiffwand. Daß hieraus ein anderer ‚Raum' entstand, war hierbei für die Planfindung irrelevant, denn alle die Schiffsgrenzen hervorhebenden Elemente des ersten basilikalen Planes werden beibehalten. Nicht der Hallenquerschnitt ermöglichte die großen Fenster, sondern für die Einsetzung der großen Fenster mußte die Seitenschiffswand höhergeführt werden. Mit der Marburger Elisabethkirche hat dies nichts zu tun. Was für die Rezeption der Elisabethkirchen in den Bischofskirchen gilt, konnte auch für die Kollegiatsstiftskirchen (Kunst), die Ordensarchitektur (Schenkluhn) und Pfarrkirchen (Auer) nachgewiesen werden; fällt der Hallenquerschnitt als hinreichendes Kriterium weg, so bleiben von der unterstellten großen architektonischen Nachfolge nur einige wenige Rezeptionsbauten.[197]

Im Zusammenhang mit den Marburger und Trierer Fenstern sind noch zu nennen die zweibahnigen Fenster mit Rundpaß im um 1250 errichteten Chor der Probsteikirche St. Maria und Johannes Ev. in Hirzenach.[198] Wie in den frühen Bauteilen der St.-Leonhardskirche in Zoutleeuw sind die Fensterpfosten hier mit Schaftringen gefertigt. Dies spricht ebenso gegen eine direkte Herleitung von Trier und Marburg wie die Verschmelzung von Paß und Lanzetten bei deutlicher Trennung vom Fensterbogen, was auf die Reimser Lösung zurückführt. Den Reimser Fenstern auch näher stehen die Maßwerkfenster der um 1240/50 begonnenen Burgkapelle Iben bei Bad Kreuznach, ein Quaderbau mit schmalem Vorjoch und 5/8-Schluß, der auch mit dem Naumburger Meister in Verbindung gebracht wurde,[199] wegen der formalen Nähe zum um 1250 begonnenen Naumburger Westchor.[200] Mit Naumburg gemein ist auch die Verschmelzung von Fensterbogen, Paß und Lanzetten. In Iben bleibt der Rundpaß leer, in Naumburg ist es ein stehender Sechspaß im Chorscheitel, daneben liegende Sechspässe. Diese zweibahnigen Maßwerkfenster gehen ebenso auf die Reimser Kathedrale zurück wie die Aufrißgliederung mit Laufgang über hohem Sockel und in tiefen Nischen liegenden Fenstern. Breite Mauerstreifen flankieren die Fensterbahnen, und der Fensterbogen liegt – anders als in Reims und auch anders als die Pariser Einsetzfenster – weit unter dem Schildbogen der tief herabgezogenen Gewölbe, als sei das Fenster ganz bewußt in eine romanische Wand gesetzt.[201]

Zur Zeit der Errichtung des Naumburger Westchores wurden in Straßburg (Langhaus um 1235–1275) und Köln (Chor 1248–1322) zwei Kathedralen hochgeführt, deren gewaltige Dimensionen anderen Maßstäben folgen und für deren breite Wandabschnitte die bisher behandelten zweibahnigen Fenster gar nicht ausgereicht hätten, da die einzelnen Glasbahnen ohne Folgen für die Stabilität nicht beliebig verbreitert werden können. Vierbahnige Maßwerkfenster umziehen in beiden Bauten die Langseiten. Aufbau und Binnenzeichnung dieser Fenster greifen auf Lösungen zurück, die um 1230 in der Ile-de-France in St.-Denis, Paris, Troyes und Amiens entwickelt wurden, in Köln gehen sie sogar darüber hinaus. War in der Reimser Kathedrale noch ein einziger Fenstertyp für alle Wandabschnitte verbindlich, wie auch in der Pariser Kathedrale, im ersten Bauabschnitt der Trierer Liebfrauenkirche und in der Elisabethkirchekirche in Marburg, allesamt Bauten mit 5/10 und Halbjoch, so wechseln nun vierbahnige Fenster an den Langseiten mit zweibahnigen an den schmaleren Polygonseiten. Sicher nicht zufällig wurde dieses Problem an Bauten mit 7/12 Chorschluß angegangen, da hier die Maßdifferenz zwischen Langchor- und Polygonseiten ungleich größer ist als beim 5/10 mit Halbjoch. In ganz neuer Weise stellte sich nun die Aufgabe, die Maßwerkfenster überzeugend in das Aufrißsystem zu integrieren, bzw. in das Vorlagensystem einzugliedern. Im um 1231 begonnenen Umbau der Klosterkirche St.-Denis führte dies zur Ausbildung homolog-hierarchischer Strukturen.

Abb. 50   St.-Denis, Abteikirche. Grundriß.

VI. Der Umbau der Abteikirche St.-Denis um 1231

Unter dem Abbatiat von Eudes Clément beginnt im Jahre 1231 der Umbau der Abteikirche von St.-Denis.[202] (Abb. 50–56) Nach Sugers Tod im Jahre 1151 waren die Bauarbeiten an der neuen Klosterkirche eingestellt worden, zwischen Chor und Westbau stand noch das karolingische Langhaus. Der Chorobergaden des Suger-Chores wurde abgetragen, die Apsispfeiler für den neuen Chor *en sous-oeuvre* durch stärkere ersetzt. Erhalten blieben der Chorumgang mit Kapellenkranz und der alte Westbau. 1241 waren Chor, Querschiff und die unteren Teile des Langhauses fertiggestellt und der Bau in Nutzung. Schon ein Jahr zuvor war eine erste der Sugerschen Chorumgangskapellen wiedergeweiht worden.[203] 1245 fehlen noch die Gewölbe des Mönchschores, das sind die drei östlichen Langchorjoche. Nachdem die liturgische Nutzung gewährleistet ist, verlangsamt sich das Bautempo deutlich. 1259 erfolgt die Umbettung der Äbte, 1263/64 die Neuordnung der Königsgräber: im Zentrum Philippe Augustus, sein Sohn Ludwig VIII. und sein Enkel Ludwig IX., dann zur einen Seite die Reihe der Königsgräber der Merowinger und Karolinger, zur anderen die der Kapetinger. Rund fünfzig Jahre nach Baubeginn erfolgt im Jahre 1282 die feierliche Schlußweihe der Abteikirche.[204]

Ihre Funktion als königliche Grablege spiegelt sich bereits im Grundriß der neuen Abteikirche: an das dreischiffige Langhaus schließt ein fünfschiffiges Querschiff, ein Novum in der französischen Kathedralarchitektur; durch die Erweiterung auf fünf Schiffe hebt sich nun im Grundriß ein quadratischer Memorialbau ab. Schon Crosby hatte die Besonderheit des Grundrißplans in den doppelten Querhausseitenschiffen erkannt und Branner sie im Sinne einer königlichen Nekropole interpretiert:

‚The crossing seems to become the centre of an enormous, nine-squared grid, set like a martyrium in the middle of the basilica. This may indicate the rejection of Royaumont as the royal necropolis and the beginning of the end of Cistercian dominance over royal tase.'[205]

Dieser quadratische Memorialbau bildet den Ausgangspunkt der Planfindung, wie auch die Entscheidung, die unter Abt Suger errichteten Bauteile zu bewahren und in den neuen Bau zu integrieren. So verbindet Westbau und Querschiff ein dreischiffiges Langhaus nach Maßgabe der Außenflucht der beiden Türme. Weit schwieriger war die

Abb. 51   St.-Denis, Abteikirche. Ansicht von NO.

Einbindung des Suger-Chores: Zwei trapezförmige Vorchorjoche gleichen die Breitendifferenz vom schmalen Suger-Chor zur breiteren Vierung aus, im Aufriß sind es zwei Höhensprünge in Triforiumshöhe, die das niedrige Arkadengeschoß des Suger-Chores mit den deutlich höheren Arkaden des Querschiffs verbinden. Geplant wurde die Neugestaltung der Abteikirche somit vom Querschiff ausgehend nach Ost und West, gebaut wurde sie beginnend mit der Konventsseite im Norden. Trotz fünfzigjähriger Bauzeit sind keine Änderungen des Gesamtplans erkennbar, die über verschiedene Bauetappen oder Händescheidungen hinausgehen.

Im Aufriß dominieren die wandbreiten ‚kopflastigen' Maßwerkfenster, deren Stabwerk über das Triforium greift und es damit in das Fenster integriert. Augenfällig wird dies in die Durchbrechung der Triforiumsrückwand und möglich durch die Abwalmung der einzelnen Satteldächer über den Seitenschiffen. An die Stelle einzelner Wandzonen tritt in St.-Denis eine systematische Folge an- und ineinandergestellter Arkaden, die auch die Erdgeschoßstützen einbezieht.[206] Diese sind als Bündelpfeiler gestaltet. Ihre Form resultiert aus der Summe der herabgeführten Vorlagen, die in die Winkel der rechteckig abgetreppten Restmauer gestellt sind. Die Verwendung des Begriffs ‚Pfeilerkern' ist hier insofern problematisch, da hier keine eigenständige Stütze mehr ausgebildet ist, wie die Anordnung der Kapitelle ausweist, die allein die Kämpfer jedes einzelnen Bogens tragen. Der Querschnitt des Bündelpfeilers ändert sich mit der Veränderung des Arkadensystems: Dem asymmetrischen Querschnitt mit einem Bündel von vierzehn Vorlagen im Chor steht der punktsymmetrische Querschnitt mit zwölf Vorlagen im Quer- und Langhaus gegenüber. Der Wechsel resultiert dort aus dem Wegfall des Schildbogens und damit aus der Reduzierung der fünfteiligen Dienstbündel auf dreiteilige. Bruzelius dagegen sieht den Schildbogen dort nur verkürzt:

‚*The fully developed elevation is introduced in the north transept arm for the first time. While the component parts had appeared in the western bays and upper stories of the chevet, the resolved elevation with its proper proportions emerges only in the transept and nave. The modifications of design that take place between the elevation of the chevet and that of the north transept arm reveal the extent to which the chevet consists of compromise solutions between the old and the new work, rather than the fully resolved, „ideal" elevation elsewhere. In the north transept arm, the compound piers are reduced from fourteen to twelve shafts by beginning the shafts that support the wall-rib at the base of the triforium, rather than allowing them to descend to the ground as they do in the compound piers of the chevet. The pier thus has four equal sides: it is a perfect diamond in plan.*'[207]

Bruzelius übersieht, daß dieser Bogen *in* die Wandfläche gespannt ist, nicht ihr *vor*gelegt, wie die Schildbögen von Apsis und Langchor; ein Schildbogen in der Wand aber macht keinen rechten Sinn. Der Schildbogen wurde also nicht verkürzt, um einen punktsymmetrischen Bündelpfeiler zu erhalten, sondern er entfiel – wenn man der Bauchronologie folgt. Von der Planfindung her gesehen könnte der schildbogenlose Aufriß im Nordquerhaus auch am Beginn stehen und die Einfügung der Schildbögen im Chor der Angleichung an die bestehenden Teile des Suger-Chors geschuldet sein. Wie ja auch die Verwendung von Rundstützen statt Bündelpfeiler im Chorrund der Bewahrung der alten Kämpferplatten diente, Bündelpfeiler hätten diese zerstört. Zu diesem Ergebnis kommt auch Bruzelius in ihrer Darstellung der Bauphasen der Abteikirche, die damit auch den etwa von Bony[208] unterstellten Meisterwechsel von Chor zum Nordquerschiff ablehnt:

‚*The earliest work on the hemicycle supports was designed in conjunction with the western bays of the chevet, the transept, and nave, and all this was the work of one architect. The difference in pier types between the hemicycle and the remainder of the church to the west results from the decision to preserve Suger's ambulatory and radiating chapels. The various anomalies in the arcade moldings are the function of the retention of Suger's*

Abb. 52 St.-Denis, Abteikirche. Chorobergaden nach SO.

Abb. 53   St.-Denis, Abteikirche. Querschiff und Chor nach NO.

Abb. 54   St.-Denis, Abteikirche. Querschiff und Langhaus nach SW.

Abb. 55   St.-Denis, Abteikirche. Langhaus nach N.

square abaci that support his twelfth-century ambulatory vaults and do not in themselves denote a first architect who was almost immediately supplanted by a second.'[209]

Neu sind neben den Bündelpfeilern[210] und dem durchlichteten Triforium[211] auch die vierbahnigen Maßwerkfenster im Obergaden der Abteikirche. Mit der Entscheidung, den Chorumgang des Suger-Baus zu erhalten, stellte sich das Problem des Anschlusses von weiten Langchorseiten und schmalen Polygonseiten in ganz neuer Weise, denn anders als die zuvor behandelten Bauten schließt der Chor von St.-Denis nicht über einem

107

Abb. 56 St.-Denis, Abteikirche. Obergadenfenster nach Viollet-le-Duc.

5/10 mit Halbjoch, sondern über einem 7/12, was zu einer engeren Pfeilerstellung im Polygon führt und den Unterschied zu den breiten Wandfeldern des Langchores noch verstärkt. Darüber hinaus verengt sich der Chorhals zur Apsis hin, um von der breiten Vierungsseite zum schmaleren Apsisjoch überzuleiten; wäre das Polygon über einer Grundseite nach Maßgabe der Vierung errichtet, wären die Apsispfeiler etwas weiter auseinandergerückt als es die jetzige schmale Apsis zuließ.

Die unterschiedlich breiten Fensteröffnungen führten in St.-Denis erstmals zu einem Wechsel von zwei- zu vierbahnigen Maßwerkfenstern: ein einbeschriebener stehender Sechspaß über zwei Lanzetten in den schmalen Wandabschnitten des 7/12 Chorpolygons gegenüber drei einbeschriebenen Sechspässen über vier Bahnen im Langchor, Querschiff und Langhaus. Das Repertoire der Einzelformen hat sich damit gegenüber den ersten Maßwerkfenstern in Reims gar nicht erweitert, wie dort Lanzettbogen und einbeschriebene Sechspässe. Geändert aber hat sich die Anordnung, indem nun jeweils zwei der zweibahnigen Chorfenster von einem weiteren Bogen überfangen und von einem größeren einbeschriebenen Sechspaß bekrönt werden, die Grundform des zweibahnigen Fensters sich somit in der Großform wiederholt. Diese Anordnung ermöglicht eine Verdopplung ad infinitum, verwandt den selbstähnlichen Strukturen der Fraktalgeometrie. Entsprechend wird die Zahl der Lanzetten im Triforium auf acht verdoppelt. Auch die Couronnementfigur des Triforiums mit dem Dreipaß über den beiden kleineren Dreipaßbögen greift die Struktur der Obergadenfenster mit ihrem einbeschriebenem Sechspaß über zwei kleineren Sechspässen auf, hier drei gestapelte Dreipässe, dort gestapelte Sechspässe; in der Nordquerhausfassade dann die zwölfteilige Rose nach dem Vorbild der Westfassadenrose von Notre-Dame in Paris mit ihrer Verdopplung auf vierundzwanzig Speichen im zweiten Kranz, der in St.-Denis mit dem abschließenden Kranz von vierundzwanzig einbeschriebenen stehenden Sechspässen wieder zur Grundform des Chorfensters führt: stehender Sechspaß über zwei Bahnen. In der zentripetalen Gestaltung dieser Rose im Südarm der Abteikirche und in der königlichen Schloßkapelle in Saint-Germain-en-Laye (um 1238) tritt diese Fenstergestaltung noch deutlicher hervor: es sind in die zwölf Speichen eingestellte zweibahnige Fenster mit stehendem Sechspaß. Und in den Zwickeln des die Rose einfassenden Quadrates sind es in beiden Bauten wieder die Formen des Chorfensters von St.-Denis: der einbeschriebene Sechspaß des Couronnements und der nicht einbeschriebene Dreipaß des in das Fenster integrierten Triforiums. Es sind dies die frühesten Beispiele dekorativer Verwendung von Maßwerk.

Schon Viollet-le-Duc hat die hier aufgezeigte Gesetzmäßigkeit im Aufbau der vierbahnigen Obergadenfenster der Abteikirche St.-Denis beschrieben, er spricht von ‚Cristallisation' (Abb. 57):

‚*Ces fenêtres présentent d'ailleurs certaines dispositions particulières qui ont une signification au point de vue de la structure. Indiquons d'abord cette règle à laquelle on trouve peu d'exceptions: c'est que, pendant le XIIIe siècle, et même au commencement du XIVe,*

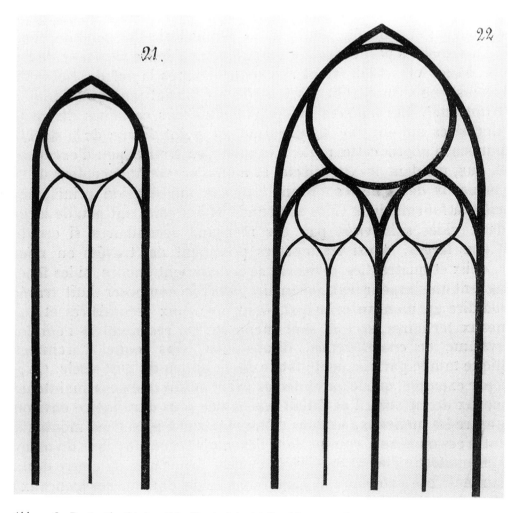

Abb. 57 St.-Denis, Abteikirche. ‚Kristallisation' der Maßwerkfenster nach Viollet-le-Duc.

les meneaux des fenêtres offrent toujours une division principale, de manière à fournir deux vides seulement si ces baies ont peu de largeur, et deux vides subdivisés par de meneaux secondaires si ces baies sont plus larges. Ainsi les fenêtres possèdent des travées en nombre pair, deux et quatre. Ces divisions se subdivisent encore, si les fenêtres atteignent une largeur extraordinaire, afin de composer huit travées, c'est-à-dire un meneau principal, deux meneaux secondaires et quatre meneaux tertiaires, en tout sept meneaux. On reconnaît là l'emploi de ce système de cristallisation, disons-nous, vers lequel l'architecture gothique tombe par une pente fatale dès le milieu du XIIIe siècle.[212]

Und an anderer Stelle spricht Viollet-le-Duc von dem System ‚Cristallisation' als einer prinzipiellen Wiederholbarkeit einer Form ins Unendliche.[213] Michel Bouttier stellt heraus, daß Viollet sich hier der Sprache der zeitgenössischen Enzyklopädien bedient, und zieht zum Vergleich den Artikel ‚cristal' im Dictionnaire des Émile Littré aus dem Jahre 1863 heran: ‚*mr Bourguet avait découvert que le cristal est formé de la répétition d'un nombre presque infini de triangles qui représentent, pour ainsi dire le tout en très petit.*'[214]

Die von Viollet-le-Duc beigefügte Zeichnung des Obergadenfensters von St.-Denis[215] illustriert anschaulich diese Idee der Wiederholbarkeit einer Form ins Unendliche, ist aber falsch. Sie zeigt drei stehende einbeschriebene Sechspässe über vier Bahnen, die durch den Doppelpfosten in der Mitte die Genese des vierbahnigen Fensters aus zwei zweibahnigen Fenstern deutlich werden läßt. Keines der Fenster in St.-Denis zeigt diese Anordnung. Denn die Zeichnung kombiniert zwei ganz unterschiedliche Auffassungen von Maßwerkfenstern, die in der Abteikirche voneinander geschieden sind: Die Fenster der ersten Bauphase, das sind jene des Chores, des Nordquerschiffs und der ersten drei Langhausjoche, zeigen die von Viollet-le-Duc festgehaltene Anordnung mit Doppelpfosten und allen Maßwerkteilen in einer einzigen Ebene, aber mit liegendem Sechspaß über zwei stehenden, und nicht mit drei stehenden Sechspässen. Ab dem ersten östlichen Langhausjoch der Südseite wird auch der obere Sechspaß auf die Vertikalachse gedreht. Hier aber ist den beiden Pfosten ein mittlerer vorgelegt, der das Fenster in eine erste und eine zweite Ordnung hierarchisiert. Entsprechend sind hier auch die Sechspässe der zweiten Ordnung deutlich kleiner ausgebildet. Bereits bei der Errichtung des Südquerschiffs erfolgte diese Differenzierung in unterschiedliche Ebenen, doch hielt man dort noch an der alten Anordnung mit liegendem Sechspaß über den beiden stehenden fest. Die Zeichnung Viollet-le-Ducs weist noch eine weitere Unstimmigkeit auf: die beiden kleinen Rundpässe der Eisenarmierung in den Bogenzwickeln, die am Bauwerk nicht erkennbar sind, aber vielleicht eine Übertragung darstellen von den in Maßwerk ausgeführten Rundpässen in den Zwickelfeldern der Obergadenfenster der Kathedrale zu Amiens, die Viollet in seinem Werk unmittelbar vor St.-Denis behandelte.[216] Diese Rundpässe in den Zwickelflächen in Amiens gelten als das früheste Beispiel ornamentaler Auffassung von Maßwerk.[217] Und ihr Auftreten in den langgezogenen Zwickelflächen des Bogenfeldes gibt einen Hinweis darauf, warum man hier das vorgegebene Gliederungssystem verlassen hat: Mit der stetigen Verdopplung entstehen immer größere Zwickelflächen im Bogenfeld, die dann nicht mehr von der Eisenarmierung allein gesichert werden können und ein weiteres Maßwerk erfordern; die Einfügung der kleinen Rundpässe sind diesem Gliederungssystem der Kristallisation inhärent bei Vergrößerung der Fensterlichte und beruhen hier weniger auf einem Wandel hin zu einer ‚ornamentalen Auffassung'. Bei den großen Querhausrosen der Pariser Kathedrale löste man dieses Problem durch die Einfügung von zwei krabbenförmigen Stegen in den unteren durchbrochenen Zwickelflächen zu beiden Seiten, in den oberen verblendeten Partien fehlen diese.

Abb. 58 St.-Germain-en-Laye, Schloßkapelle. Kapellenfenster nach Viollet-le-Duc.

Abb. 59 St.-Germain-en-Laye, Schloßkapelle. Polygonfenster von NO.

Viollet-le-Duc interessiert keine philosophische Ausdeutung der Idee der Kristallisation, er erkennt in der Verdopplung ein leicht handhabbares Mittel des Architekten zur Konstruktion großer Maßwerkfenster: ‚*Soit une fenêtre de deux mètres de large à vitrer, l'architecte pose un meneau. Soit de quatre mètres, il pose un meneau prinipal et deux meneaux secondaires. Soit de huit mètres, il pose un meneau principal, deux meneaux secondaires et quatre tertiaires.*'[218] Mit der Verdopplung der Fenster verdoppelt sich auch ganz folgerichtig der Durchmesser des bekrönenden Rundpasses in den drei von Viollet beigefügten Schemazeichnungen. Werden diese zu groß, treten anstelle der Eisenarmierungen weitere den Paß unterteilende Maßwerkfiguren.[219]

Daß die lichte Weite der Fenster aber nicht allein ausschlaggebend für die Einsetzung vierbahniger Maßwerkfenster gewesen sein kann, zeigt ein Vergleich zwischen den unteren zweibahnigen Seitenschiffenstern von St.-Denis mit den vierbahnigen Maßwerkfenstern um 1238 errichteten königlichen Schloßkapelle Saint-Germain-en-Laye, die ebenfalls dem ersten Architekten der Abteikirche zugeschrieben wird, dem sogenannten St.-Denis-Meister.[220] (Abb. 58) Bei vergleichbarer Breite werden hier nicht die zweibahnigen Fenster des Seitenschiffes von St.-Denis eingesetzt, sondern die vierbahnigen des Obergadens. Begrenzt wird es nicht mehr durch den spitzbogigen Lauf des Gewölbebogens, sondern durch das hochrechteckige Wandfeld, deren obere Zwickel durchbrochen und mit Dreipässen besetzt sind. Die Maßwerkzeichnung wiederholt jene der Obergadenfenster von St.-Denis, hier bereits mit drei stehenden einbeschriebenen Sechspässen und einem mittleren Pfosten, der aber nur unmerklich hervortritt und nicht wie später im Südquerhaus der Abteikirche deutlich zwei Ebenen, eine erste und eine zweite Ordnung, scheidet.

Der Vergleich mit der Schloßkapelle ist auch hinsichtlich der Anordnung der Fensterkapitelle aufschlußreich: im ersten Bauabschnitt der Abteikirche sind es drei verschiedene Kapitellhöhen, jeweils am Bogenansatz von Lanzetten, Gewölbebögen und Fensterarkade. Mit der Einfügung eines mittleren Stabes in St.-Germain-en-Laye, wie auch auf der Chorsüdseite von St.-Denis, kommt eine vierte hinzu, die in der Fensterlaibung zu einer kurztaktigen Häufung der Kapitelle führt. In den westlichen Abschnitten des Langhauses der Abteikirche, das ist der unter der Leitung von Pierre de Montreuil hochgeführte jüngste Bauabschnitt, sind dann durch Überhöhung der Spitzbogen erster Ordnung und Stelzung des Fensterbogens alle Kämpferhöhen mit jenen der Gewölbebögen auf eine Höhe gebracht. Nicht das Formrepertoire hat sich geändert, sondern die Art und Weise der Zuordnung, der Abstimmung aufeinander. Man meint, in St.-Denis einen schrittweisen Fortgang zur Bildung der westlichen Fenster hin zu erkennen: von den homologen Fenstern der Nordseite, über die Hierarchisierung der Fenster durch den vorgelegten Pfosten im Südquerschiff, dann die Angleichung der Form durch Drehung des oberen Sechspasses in der Südwand des Chores und schließlich die proportionale Verkleinerung der Paßfiguren zweiter Ordnung als Voraussetzung für eine Angleichung der Kapitellhöhen im Langhaus. Michel Bouttier spricht in seiner Studie über die Obergadenfenster der Abteikirche St.-Denis von einer allmählichen Ausarbeitung

Abb. 60   Amiens, Kathedrale. Langhaus, Obergadenfenster.

eines Fensters, dessen Struktur Ausdruck zweier Prinzipien sei, der Kristallisation und der Hierarchisierung.[221] Erreicht sei diese in den Pierre de Montreuil zugeschriebenen Langhausfenstern der Abteikirche und bereits zuvor in dessen nach 1238 geschaffenen Refektoriumsfenstern in Saint-Germain-des-Prés.[222] Bouttier vergleicht nun die vier von ihm herausgestellten Stufen der Ausformung der Obergadenfenster von St.-Denis mit einer ganzen Reihe von Bauwerken und Umbauten um die Jahrhundertmitte: mit den Langhauskapellen und Querhausarmen von Notre-Dame in Paris, der Schloßkapelle in Saint-Germain-en-Laye, den Kathedralchören in Le Mans und Troyes, der Sainte-Chapelle in Paris, der Kathedrale in Amiens und schließlich dem Refektorium und der Marienkapelle der Abteikirche St.-Germain-en-Laye. Auf dieser vergleichenden Studie der Maßwerkfenster gründet seine Bauchronologie der Abteikirche,[223] wie auch seine Zuschreibungen.

Eben gegen diese Zuschreibungen richtet sich die grundsätzliche Kritik Robert Suckales: Wenn Bouttier für eine Zuschreibung an Pierre de Montreuil schon das Prinzip der systematischen Hierarchisierung des Stabwerks genüge, dann sei diese Argumentationsbasis viel zu schmal, da dieses Prinzip eben auch erlernbar sei.[224] Suckale lehnt aber auch die Position Caroline Bruzelius' ab, man möge für die Gotik doch lieber eine Architekturgeschichte ‚ohne Namen' treiben. Denn gegen Bruzelius spreche die Häufung der Namensnennungen im frühen 13. Jahrhundert und ihr Ruhm bei den Zeitgenossen, der ‚dädalische' Ausmaße angenommen habe. ‚*Baumeister wie Robert de Luzarches und Pierre de Montreuil und eben der Saint-Denis-Meister haben dort, wo sie selbständig entwerfen konnten, eine so klare Handschrift, daß man zuschreiben kann – und auch sollte, wie im Fall von Branners Zuweisung der Kapelle von Saint-Germain-en-Laye an den Saint-Denis-Meister.*'[225] Und zurecht weisen Kimpel und Suckale daruf hin, daß ‚*die Rayonnantarchitektur die Ausbildung eines persönlichen Stiles nicht nur begünstigte, sondern geradezu herausforderte*'.[226] Allein die Verengung des Blicks auf die Obergadenfenster sei für eine sichere Zuschreibung nicht hinreichend, so etwa Bouttiers Zuschreibung der Sainte-Chapelle an Pierre de Montreuil, wie es auch die ältere Forschung vertrat. Branner und später auch Kimpel und Suckale hatten diese dem Architekten der Radialkapellen der Kathedrale zu Amiens zugeschrieben, den Branner mit Thomas de Cormont, Kimpel und Suckale mit Robert de Luzarches identifizierten. Bouttier leugnet die zahlreichen Übereinstimmungen mit Amiens auch gar nicht, er hält indes dagegen, daß eben diese leicht von einem anderen Architekten nachgebildet werden könnten, entscheidend seien aber die Differenzen in der Fenstersystematik. Bouttier schreibt:

‚*Les ressemblances sont en effet nombreuses entre l'oeuvre parisienne et les chapelles rayonnantes de cette cathédrale. Cependent nous estimons une nouvelle fois que l'analyse comparative qui soutient cette thèse est trop superficielle. Les détails invoqués sont des formes aisement recopiables par d'autres architectes et de ce fait ne peuvent constituer des marques permettant la reconaissance de l'un d'entre eux. Ils en est d'autres par contre plus subtils, plus cachés, qui sont plus sélectifs. Il suffit donc de les scruter, tant à Paris qu'à Amiens. A la Sainte Chapelle les concepts de cristallisation et de hiérarchisation sont parfaitement concrétisés et mis en oeuvre. On ne relève aucun manque. Les réseaux secondaires possèdent leurs arcs supérieurs; on remarque même un cadre secondaire dans le ècoinçons de la rose primaire lequel n'a guere d'utilité sinon de sophistiquer le système.*'[227]

Diesen ‚idealen' Maßwerkfenstern stellt Bouttier zunächst die vierbahnigen Obergadenfenster des Langhauses der Amienser Kathedrale gegenüber:

‚*On devine aisément qu'ici le dessin rémois a été repris et dédoublé pour faire face à la grande largeur des ouvertures. L'organisation des différents composants n'est pas raisonnee comme à Saint-Denis et aucune logique d'assemblage ne s'y manifeste. Par contre les fenêtres des bas-côtés du choeur ont bénéficié d'une expérience et d'un raisonnement plus élaboré ce qui leurs a valu d'etre conçues selon les concepts de cristallisation et de hiérarchisation. Toutefois les rèseaux secondaires sont incomplets à cause de l'absence d'arc supérieur pour inscrire les petites roses. On remarque aussi que les pénétrations des tores, observés dans de pareils cas, ne se produisent pas. Les deux réseuax se côtoient sans s'intercepter; méthode que l'on retrouve au revers de la façade du bras nord du transept de Notre-Dame de Paris. S'il y a des rapports entre Amiens et Paris, il existe donc aussi des diférences essentielles.*'228

Bei der Datierung der Bauteile gerät Bouttier einiges durcheinander. Er setzt die Fenster des Chorseitenschiffs um 1250–1255 und damit den Chor der Kathedrale zeitlich nach der Sainte-Chapelle, die den ‚idealen' Fenstertyp der zweiten ‚*Rayonnant-Generation*' zeige, wie auch Saint-Germain-des-Prés, die jüngeren Langhausfenster von St.-Denis, die Kathedrale in Meaux und Saint-Sulpice de Favières. Daß aber ein Architekt, der diese ‚perfekten' Fenster der Sainte-Chapelle geschaffen habe, danach solche ‚unvollständigen' altertümlicheren Fenster des Amienser Kathedralchors geschaffen habe, sei auszuschließen: ‚*Cette confrontation exclut donc l'attribution de la Sainte-Chapelle et des chapelles de la cathédrale d'Amiens à un même maître. Il est impensable qu'après avoir réalisé des fenêtres parfaites, le même architecte soit revenu à un modèle plus archaïque.*'229

Tatsächlich waren die Arbeiten an den westlichen Teilen der Kathedrale zu Amiens soweit fortgeschritten, daß im Jahre 1233 eine vorläufige Chorordnung festgelegt werden konnte.230 (Abb. 116–120) So zeigt das vierbahnige Blendfenster an der östlichen Stirnwand des südlichen Chorseitenschiffs den Aufbau der 1236 hochgeführten Maßwerkfenster im Südquerhaus von St.-Denis.231 Jünger sind die Obergadenfenster des Langhauses, die in den frühen 1240er Jahren entstehen232 und deren Durchgliederung über Verdopplung von Bahnen und Paßzahl und Durchmesser der Okuli deutlich vom Aufbau des Gruppentriforiums mit seinen beiden Dreierarkaden unter liegendem ‚ausgestanzten' Dreipaß geschieden bleibt. Eine Angleichung der Gliederung von Obergadenfenster und Triforium erfolgt erst ab 1245 im Chor der Kathedrale, zusammen mit der Durchlichtung des Triforiums. Die Struktur ist hier aber eine ganz andere: nach Maßgabe der beiden Dreierarkaden des Triforiums sind im Obergaden die beiden Fensterbahnen der ersten Ordnung in jeweils drei kleinere Bahnen geteilt, bekrönt von einem ungerahmten liegenden Dreipaß. Der homolog-hierarchische Aufbau ist hier mit der Dreierteilung aufgegeben, zugunsten einer Angleichung der Arkadenzahl; in St.-Denis waren dagegen jeweils acht Triforiumsarkaden in die vier Fensterbahnen gestellt, und in den schmalen Polygonabschnitten jeweils vier Triforiumsarkaden in die zweibahnigen Fenster mit einbeschriebenem stehenden Sechspaß. Auch in Amiens zeigen die Polygonabschnitte vier Triforiumsarkaden, aber anders als in St.-Denis nun auch vier Fensterbahnen, erstmals also vierbahnige Polygonfenster. Bei dem gegebenen 7/12 Binnenchorschluß mit seinen schmalen Polygonseiten führt dies zu sehr schmalen Fensterbahnen mit ganz dicht aneinanderrückenden Pfosten. Es führt aber auch erstmals zu gleichen Kämpferhöhen von Polygonfenstern und Langchorfenstern, und damit zur Eliminie-

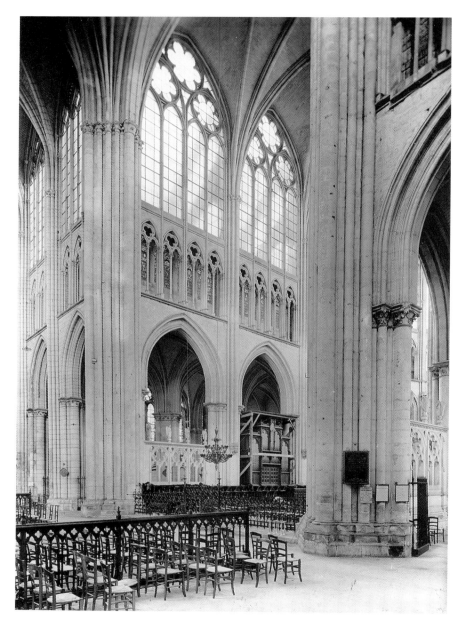

Abb. 61   Troyes, Kathedrale. Querschiff und Chor nach NO.

Abb. 62   Troyes, Kathedrale. Obergadenfenster im Chorpolygon von O.

rung des Kämpfersprungs bei wandbreiten Fenstern an der Grenze zum Polygon. Denn durch die ‚Aufstockung' der Couronnementfigur im Polygon rückt die Kämpferlinie der schmalen Lanzetten weit nach unten, bis auf die Höhe der Langchorfenster. In den ab 1255 hochgeführten Polygonfenstern des Hochchors der Kathedrale zu Beauvais[233] erfolgt die Aufstockung dann ohne Verdopplung: der einbeschriebener Sechspaß über zwei Lanzetten in der ersten Ordnung, die einbeschriebenen Vierpässe dann aber auf nur einer genasten Lanzette. Auch hier die Eliminierung des Kämpfersprungs an der Grenze zum Polygon, aber ohne die enge Pfostenstellung der vierbahnigen Polygonfenster von Amiens; sie wird in Beauvais durch die Teilung der Apsisfenster in nur zwei Bahnen vermieden, aber unter Aufgabe des homologen Aufbaus. So entschieden in den aufeinanderfolgenden Bauabschnitten von St.-Denis eine progressive Durchgliederung der Fenster nach den Prinzipien der Homologie und der Hierarchisierung erkennbar ist, so zeigen doch die Beispiele von Amiens (Addition nach Maßgabe der Fensterbreite im Querschiff und Langchor) und Beauvais (Stapelung ohne progressive Teilbarkeit in den Apsisfenstern), daß auch ganz andere Zusammenstellungen mit dem gegebenen Formenrepertoire möglich sind. Sie zeigen aber auch – insbesondere in der dichten Pfostenstellung in Amiens –, daß weniger die Öffnung der Wand als deren Durchgliederung die primäre Aufgabe des Maßwerks ist.

Zwar ist das Gliederungssystem von St.-Denis somit keineswegs die einzige Möglichkeit der Gestaltung mehrbahniger Fenster, aber doch die technisch anspruchsvollste und auch die exklusivste, das zeigt allein schon die Auswahl der Bauten: die Chorobergaden von Troyes (Abb. 61,62), Tours (Abb. 68) und Le Mans (Abb. 69), die königliche Schloßkapellen Saint-Germain-en-Laye (Abb. 58,59) und Sainte-Chapelle in Paris (Abb. 63); sämtlich Bauten, die eng mit dem französischen König Ludwig IX verbunden waren, bzw. deren Umbauten durch königliche Stiftungen gefördert wurden.[234] Der Umbau der Abteikirche St.-Denis im Jahre 1231 steht am Anfang, noch vor dem Obergaden von Troyes, (Abb, 52,61) der nach dem Einsturz des noch unfertigen Vorgängerbaus im November 1228 vor 1241 fertiggestellt war. Wann genau die heutigen vierbahnigen Maßwerkfenster mit mittlerem Doppelpfosten hochgeführt wurden, bleibt aber unklar; Bruzelius und Bouttier erkennen in der Abteikirche St.-Denis den früheren Bau, wie auch die überwiegende Mehrheit der Autoren; Kimpel und Suckale lassen die Frage, welchem der beiden Bauten die Priorität zukommt, offen, ebenso die Frage, ‚*ob der Architekt die Baustelle neben St.-Denis nur am Rande betreut hat? Sicher ist, daß diese Kunst nicht aus der Champagne kommt, sondern aus dem Pariser Raum*',[235] und geben hierfür eine historische Erklärung: ‚*Bischof Robert (1223–1233) ist der erste, der vor Antritt seines Amtes gelobte, dem Erzbischof von Sens zu gehorchen, der bekanntlich eine der wichtigsten Stützen der königlichen Macht im Osten und Südosten Frankreichs war. Prompt überwarf er sich mit dem Grafen der Champagne. Sein Nacholger Nicolas de Brie (1233–1269) aber suchte sogar zuerst seine Bestätigung beim König. Er ging ein enges Bündnis mit Ludwig IX. ein.*'[236] Bezeichnend ist die Haltung Branners, der sich 1960 für eine zeitliche Priorität von St.-Denis aussprach, fünf Jahre später sah er das

Verhältnis genau umgekehrt: ‚*The remarks on the date of the upper parts of the choir (in Troyes) on p.114 must be revised in the light of the present study, for there is no reason to assume work was deferred for fifteen years beyond 1228 …* '[237] Alle Argumente für und gegen eine zeitliche Priorität von Troyes hat Norbert Bongartz 1973 in seiner Dissertation über die Ostteile der Kathedrale von Troyes zusammengestellt, ohne indes zu einem eindeutigen Ergebnis zu gelangen.[238] Entscheidend ist für ihn der Proportionsvergleich der Aufrißgliederung, wobei er den dreigeschossigen Aufriß von Troyes auf St.-Denis projiziert, ohne die Verlängerung der Obergadenfenster durch das durchlichtete Triforium hinreichend zu berücksichtigen:

‚*Aufgrund der Proportionsvergleiche scheint es schwer vorstellbar, daß der innere Aufriß des Chors von St.-Denis für Troyes hätte Vorbild werden können; dazu stellte sich der Obergadenentwurf in Troyes in seinem Übergang vom Langchor zum Chorrund als geschlossener heraus. Für das seltsam gedrückte Fenstermaßwerk in St.-Denis konnten verschiedene kollidierende Bedingungen als Erklärung gefunden werden, die den Bau als vergleichsweise unselbständig und kaum kopierfähiges und durchkomponiertes Beispiel erscheinen lassen. Andererseits aber deuten zwei Details des Troyeser Obergadens auf eine größere Fortschrittlichkeit im Vergleich zum Chor von St.-Denis hin: Die übereckgedrehten Sockel der kleinen Triforiumssäulchen lösen sich aus dem Gefüge des Wandreliefs und verselbständigen sich; der Architekt beginnt hier mit seinen Bauformen zu spielen, indem er zwischen den Triforienarkaden und der leichten Maßwerk-Binnengliederung abstuft. Die längeren Lanzetten der Langchorfenster scheinen leichter und fortschrittlicher als in St.-Denis, wenn man den Gang der weiteren Stilentwicklung verfolgt. In Abwägung dieser widersprüchlichen Anhaltspunkte würde ich die vergleichsweise größere Fortschrittlichkeit einzelner Details in Troyes weniger für ausschlaggebend erachten als die Unterschiede der Proportionen, welche den Chorumbau von St.-Denis als einen verhältnismäßig unselbständigen, von fremden Entwurfsschemata abhängigen Bau erscheinen lassen.*'[239]

Das Gegenteil ist der Fall: die moderneren Detailformen sprechen für eine Nachzeitigkeit von Troyes. Die Proportion der Aufrißgliederung von St.-Denis ist 1:1, Fenster einschließlich Triforium gegenüber dem Arkadengeschoß. Nur in den östlichen Teilen, in denen man zum niedrigen Suger-Chor über eine zweifache Abtreppung in Triforiumshöhe überleitet, erhält das Fenstergeschoß ein größeres Gewicht. Zieht man weiterhin in Betracht, daß die Kämpferzonen innerhalb der vierbahnigen Fenster stetig einander angeglichen und nach oben ins Bogenfeld gerückt werden, dann spricht die höhergerückte Kämpferlinie in Troyes für die Priorität von St.-Denis. Anders als in St.-Denis haben die drei Sechspässe in Troyes nahezu den gleichen Durchmesser, wie auch jene von Robert de Luzarches im Chorseitenschiff von Amiens, was zu einer reinen Formwiederholung führt, dem Prinzip der progressiven Teilbarkeit jedoch widerspricht. Diese ist in den frühen Bauteilen von St.-Denis durch den deutlich größeren oberen Sechspaß gegeben,

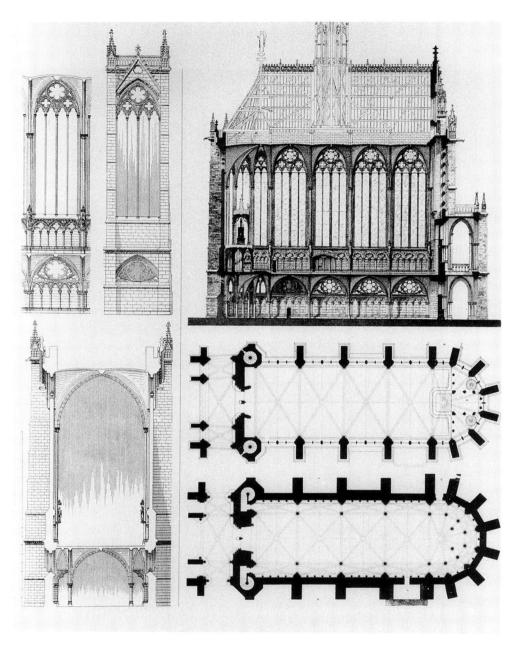

Abb. 63   Paris, Ste.-Chapelle. Längsschnitt, Querschnitt und Grundriß.

Abb. 64   Paris, Ste.-Chapelle. Ansicht von S.

ebenso durch die optische Differenzierung durch das Drehen der kleineren Sechspässe auf die Vertikalachse. Es sind eben nicht drei gestapelte einbeschriebene Sechspässe, sondern ein großes zweibahniges Fenster mit Doppelstab und großem einbeschrieben liegenden Sechspaß – und das ist exakt die Beschreibung der vier breitesten Reimser Fenster in den Jochen E1, N1, W1 und S1, der Doppelstab dient in Reims dem Ausgleich der größeren Wandbreite – und darin eingestellt zwei kleinere zweibahnige Fenster mit einbeschriebenem stehenden Sechspaß. Im Südquerschiff wird dieser Fensteraufbau – wie oben beschrieben – durch den vorgelegten Mittelpfosten akzentuiert und in den jüngsten Fenstern des Pierre de Montreuil mit der Verkleinerung der Pässe zweiter Ordnung und der Drehung des oberen Sechspasses ‚perfektioniert'; jedenfalls in Hinblick auf eine systematische architektonische Umsetzung der Prinzipien der Homologie und der Hierarchisierung, die hier das ursprünglich dominierende Reims-Zitat völlig verdrängt hat. Das in Troyes die Gesetzmäßigkeit nicht im Vordergrund stand, zeigt auch das dreibahnige Querschiffsfenster, das ebenfalls nach 1228 entstand und der Idee einer progressiven Teilbarkeit ebenso entgegensteht wie das sechsbahnige Chorobergadenfenster

Abb. 65   Paris, Ste.-Chapelle. Chor nach ONO.

in Amiens. Auch die Voraussetzungen für diesen neuen Fenstertyp waren in Troyes und St.-Denis ganz unterschiedlich: In Troyes schließt der Chor über einem 5/10 mit Halbjoch, wie in den zuvor behandelten Bauten, in St.-Denis aber über einem 7/12 Polygon, mit deutlich schmaleren Fensterlichten. Hier wie dort war diese Grundrißdisposition bei der Planfindung bereits gegeben. Der 5/10 erlaubt deutlich breitere Polygonseiten und damit eine mit Reims vergleichbare Proportionierung des Fensters. Vielleicht sind dieser größeren Weite auch die umgekehrten, stehenden Dreipässe in den Triforiumsarkaden geschuldet, die eine Weitung der Bogenschenkel ermöglicht. Vor allem aber ist der Kämpfersprung an der Grenze zum Polygon ungleich geringer als beim 7/12 in St.-

Abb. 66   Paris, Ste.-Chapelle. Reliquienbühne nach O.

Abb. 67   Paris, Ste.-Chapelle. Blendarkaden.

Abb. 68   Tours, Kathedrale. Chor von O.

Denis. Den Idealfall stellen gleichbreite Langchor- und Polygonabschnitte dar, wie er im dreiseitigen Chorschluß oder 5/8 möglich ist. In St.-Denis wird gar nicht erst versucht, diese Differenzen auszugleichen, im Gegenteil, sie werden thematisiert: So erscheint in den Polygonseiten eben nicht der ‚obere' liegende Sechspaß der Langchorseiten, sondern ganz der eigenen Systematik folgend der stehende Sechspaß der übergriffenen zweibahnigen Abschnitte. Das Zitat tritt hier hinter die Systematik zurück. Auch die zweibahnigen Seitenschiffenster zeigen daher den stehenden Sechspaß, und analog zu den beiden Triforiumsbahnen je Fensterbahn, sind jedem der zweibahnigen Seitenschiffenster vier Arkaden dem Sockel vorgeblendet; eine Homologisierung von Hochschiffwand und Seitenschiffwand, die, anders als es Villard d'Honnecourt in seiner – vom Baubestand

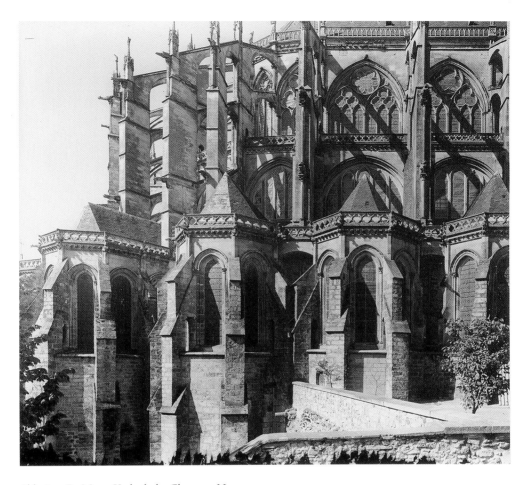

Abb. 69   Le Mans, Kathedrale. Chor von N.

abweichenden – Aufrißzeichnung des Reimser Langhauses mit drei Sockelarkaden unter zwei Fensterbahnen zeigt, streng diesem System folgt. So wird die Zahl der vorgeblendeten Arkaden in St.-Denis in den breiteren Wandabschnitten nicht etwa von vier auf fünf erhöht, sondern die vier werden entsprechend verbreitert; nicht die Reihung, sondern die Gruppierung ist entscheidend. Dies gilt auch für die weit unter die Fensterkämpfer hinabreichende Maßwerkfigur, die in dieser Form ohne Nachfolge blieb. Sie akzentuiert die unterschiedliche Wandbreiten, stellt sie heraus. Überspitzt formuliert: Nicht die größere Wandbreite schuf diesen neuen Fenstertyp von St.-Denis, sondern die größere Breiten*differenz* steht hinter dem homologen Aufbau der Obergadenfenster der Abteikirche. Dies würde gegenüber dem 5/10 von Troyes für die Priorität der Abteikirche

Abb. 70   St.-Quentin, Stiftskirche. Chorpolygonfenster nach N.

sprechen. In jedem Falle aber erweisen sich die großen Maßwerkfenster von St.-Denis als ‚kopflastig' im doppelten Wortsinn.

Erwin Panofsky hatte diese Gesetzmäßigkeiten in seiner 1951 erschienenen Arbeit ‚Gothic Architecture and Scholasticism' mit der Scholastik in Verbindung gebracht.[240] So finde die Forderung der Scholastik, daß ein Text ‚gemäß einem System von homologen Teilen und Teilen der Teile aufgebaut sein solle', in der gleichförmigen Auf- und Unterteilung des gesamten Gebäudes ihren anschaulichsten Ausdruck:

‚Es ist an dieser Stelle weder möglich noch notwendig zu beschreiben, wie sich dieses Prinzip der progressiven Teilbarkeit (oder, andersherum betrachtet, der Multiplizierbarkeit) bis in die kleinsten Details auf das ganze Kirchengebäude auswirkte. Auf dem Höhepunkt dieser Entwicklung wurden die Stützen in Hauptpfeiler, Hauptdienste, Nebendienste und nochmals untergeordnete Dienste unterteilt, das Maßwerk der Fenster, Triforien, und Blendarkaden in Träger und Profile erster, zweiter und dritter Ordnung; Rippen und Bögen wurden in eine Serie von Profilen untergliedert. Es sollte jedoch erwähnt werden, daß gerade dieses Prinzip der Homologie, das das gesamte Bauwerk durchdringt, auch eine relative Gleichförmigkeit mit sich bringt, die die hochgotische Formensprache von der romanischen unterscheidet. Alle Teile auf derselben „logischen Ebene" – und dies wird besonders bei jenen dekorativen und darstellenden Elementen deutlich, die ein architektonisches Äquivalent zu Thomas von Aquins „similitudines" bilden – wurden als Elemente einer Klasse betrachtet, so daß die ungeheure Formenvielfalt zum Beispiel der Baldachine, der Sockel- und Bogendekorationen und vor allem der Pfeiler und Kapitelle nun zugunsten standardisierter Typen aufgegeben wurde, die nur noch soviel Variationsbreite zuließen, wie sie in der Natur bei Individuen derselben Spezies auftritt.'[241]

Dieses Prinzip der Homologie erkennt Panofsky nicht allein in der Hierarchie der logischen Ebenen einer scholastischen Abhandlung, sondern auch in der Buchkunst durch die Ablösung der numerierten Kapitel durch ein logisches Ordnungssystem, ausgehend von einem Gesamtplan, wie auch in der Musik durch die Pariser Polyphonie der Notre-Dame-Epoche mit ihrem Teilungsprozeß in longen, breven etc. aus einer apriorischen Einheit. Panofsky versucht mit diesen Analogien nicht eine ganze Epoche zu erklären, seine Aussagen zielen bis auf wenige Ausnahmen auf die Ile-de-France der ersten Hälfte des 13. Jahrhunderts, vor allem auf das Zentrum Paris. Hier habe das scholastische Denken eine bestimmte Denkgewohnheit (Frangenberg), Panofsky spricht von ‚mental habit', geschaffen, die sich auch in der Architektur aufzeigen lasse. In seiner Rezension zu Panofsky stellt dann Ernst Gall[242] gleich zu Beginn heraus, daß schon Gottfried Semper[243] und Georg Dehio ‚gotische Architektur und scholastisches Denken als Äußerungen gleichgerichteter schöpferischer Kräfte empfunden' haben. Auf nachhaltige Kritik stieß denn auch nicht die aufgezeigte Analogie, sondern sein Schlußkapitel, in dem die ‚Disputation als typischer modus operandi der Scholastik auch als Grundlage der Entwicklung gotischer Kathedralen begriffen'[244] wird:

‚In Villard de Honnecourts „Bauhüttenbuch" befindet sich der Idealgrundriß einer Choranlage, die er und ein anderer Meister, Pierre de Corbie, gemeinsam entworfen hatten, und zwar, wie die später hinzugefügte Inschrift erklärt, „inter se disputando". So treffen wir hier auf zwei Baumeister der Hochgotik, die eine „quaestio" diskutieren, und einen dritten, der sich mit dem spezifisch scholastischen Begriff „disputare" (statt „colloqui", „deliberare" oder ähnlichem) auf diese Diskussion bezieht. Und was ist das Ergebnis

Abb. 71 Troyes, St.-Urbain. Chor nach SOS.

Abb. 72   Troyes, St.-Urbain. Querschiff und Chor nach NON.

Abb. 73   Troyes, St.-Urbain. Obergadenfenster.

dieser „disputatio"? Eine Choranlage, die sozusagen alle möglichen „Sics" mit allen möglichen „Nons" verbindet. [...] Hier hat die scholastische Dialektik architektonisches Denken zu einem Punkt getrieben, an dem es fast aufhört, architektonisch zu sein.'[245]

Doch stammt diese Eintragung von einem späteren Besitzer des Buches, von dem schon Hahnloser annahm, daß es sich um einen Geistlichen handelte, der sich gemäß seiner Vorbildung bei der lateinischen Übertragung ‚scholastisch' ausdrückte.[246] Auch Kimpel und Suckale lehnen es ab, gotische Architektur als ein Ergebnis der scholastischen Philosophie hinzustellen, unterstreichen aber die ‚Analogien und Berührungspunkte':

‚... der mentale Habitus von Baumeistern und Gelehrten ist zu dieser Zeit in diesen Städten so ähnlich, daß wir von einer Einwirkung der Scholastik ausgehen können. Die gelehrten Diskussionen fanden öffentlich statt; die Baumeister mühten sich um eine Anhebung ihres handwerklichen Standes zu einer hohen Kunst (Kunst und Wissenschaft sind in dieser Zeit noch ein einziger Begriff). Vor allem aber: Beide profitieren von dem Innovationsklima in der sich entfaltenden französischen Monarchie und ihrer in die Hauptstadtrolle hineinwachsende Stadt Paris. Wir erkennen mit Erwin Panofsky in der Architektur an der Art des Ordnungsdenkens das Vorbild der Scholastik. Offenbar haben sich die Architekten in ihrem mentalen Habitus an den Gelehrten orientiert.'[247]

Die Unschärfe des Begriffs ‚mental habit', schon von Panofsky ein überstrapaziertes Schlagwort genannt, mehr noch seine Übersetzung mit ‚mentaler Habitus' suggeriert eine diffuse, nicht greifbare Kausalität. Die von Frangenberg[248] vorgeschlagene Übersetzung mit ‚Denkgewohnheit' kommt den Intentionen Panofskys sicher näher, er wollte es in seinem exakten scholastischen Sinn, als ‚Prinzip, das das Handeln regelt'[249] – principium importans ordinem ad actum – verstanden wissen. Der Begriff ‚Denkgewohnheit' seinerseits suggeriert ein allmähliches Anverwandeln. Dem aber steht gegenüber, daß die Veränderungen in der Architektur mit einem Rationalisierungsschub zu Beginn des 13. Jahrhunderts umbruchartig einsetzen. So sollte die Einführung serieller Fertigung den gesamten Arbeitsablauf revolutionieren;[250] sie ermöglichte eine erhebliche Verkürzung der Bauzeiten bei gleichzeitiger Verringerung der Produktionskosten. Vom Architekten forderte sie ein höheres Maß an Abstraktionsvermögen, um die Vielzahl der einzelnen Arbeitsprozesse planen, organisieren und koordinieren zu können. Bis dahin unbekannte Hilfsmittel wie der maßstäblich verkleinerte Plan kamen kurz vor 1220 erstmals zur Anwendung und avancierten zum eigentlichen Medium architektonischer Planung.[251] Die Arbeit des Architekten ‚wird konzeptueller, theoretischer'.[252] An die Stelle des großen Bodenzirkels tritt nun der kleine Handzirkel und das Richtscheit. Durch die Planzeichnung war nicht mehr die stete Präsenz des Architekten auf der Baustelle notwendig, er konnte auch mehrere weit voneinander entfernte Baustellen betreuen, man konnte aber auch nach seinem Tod auf der Grundlage dieser Pläne weiterbauen.[253] Das Medium des maßstäblich verkleinerten Plans erlaubt nun auch viel kompliziertere und feingliedrigere Strukturen in der Architektur und die Pläne konnten in ganz Europa herumgeschickt werden.[254] Die Feingliedrigkeit wiederum konnte technisch nur durch eine nun einsetzende exzessive Verwendung von Eisen in Form von Zug- und Ringanker zur statischen Sicherung umgesetzt werden.[255] Mit dem neuen Anforderungsprofil an den Architekten schließlich ändert sich auch sein gesellschaftlicher Status, von einem primär handwerklich schaffenden zu einem mehr planerisch geistig imaginativ tätigen Meister. Hierfür stehen die Grabinschrift des 1267 verstorbenen Pierre de Montreuil in der von ihm errichteten Marienkapelle von St.-Germain-des-Pres, die ihn ‚doctor lathomorum' nennt, wie auch die selbstbewußte Darstellung des Architekten Hugues Libergier auf seiner Grabplatte in der von ihm errichteten Abteikirche St.-Nicaise in Reims.[256] Doch bleiben solche Auszeichnungen auf nur wenige beschränkt, für die Bezeichnung ‚doctor lathomorum' ist kein weiteres Beispiel bekannt. Keineswegs finden wir im zweiten Viertel des 13. Jahrhunderts nur noch ‚gelehrte Architekten'. Es ist ein kleiner exklusiver Kreis von Architekten für die technisch anspruchsvollsten, innovativen Bauten, und hier insbesondere die Obergadenarchitektur mit ihren homolog-hierarchischen wandbreiten Maßwerkfenstern. Nur am Rande sei vermerkt, daß den Designern der neuen Euro-Banknoten bei der Gestaltung der 20 Euro-Scheine ein gravierender Fehler unterlaufen ist (Abb. 74): Für das vorgegebene Thema ‚Gotik' wählten sie als Vorlage für die abgebildeten Maßwerkfenster nicht etwa ein ‚Allerweltsfenster' wie etwa ein zweibahniges Fenster mit einbeschriebenem Vierpaß, sondern ausgerechnet jene unverwechselbaren homolog-hierarchischen vierbahnigen Maßwerkfenster des Pierre de Montreuil im Langhaus von St.-Denis, was den gestalterischen Vorgaben diametral entgegensteht: *‚Um allen Nationalitäten gleichermaßen gerecht zu werden'*, so lautete die Forderung, *‚haben die Motive – Fenster, Tore und Brücken – keinen Bezug zu ganz bestimmten Denkmälern, sondern stehen stellvertretend für Stilelemente, die in ganz Europa zu finden sind'*.[257] Tatsächlich wird man in keinem anderen Land ein solches Maßwerkfenster finden, ja nicht einmal in Frankreich wird man ein weiteres Beispiel aufspüren. Dies liegt an den besonderen Vorgaben in St.-Denis: Der sogenannte St.-Denis-Meister hatte im ersten Bauabschnitt mit den vierbahnigen Maßwerkfenstern und den drei einbeschriebenen Sechspässen die Grundgestalt des Fensters festgelegt. Bei der Gleichschaltung der Sechspässe und ihrer proportionalen Verkleinerung in der unter einem zweiten Bogen zusammengefaßten zweiten Ordnung hielt man deshalb am Sechspaß fest; in der Regel aber wird die Paßzahl reduziert, um eine Angleichung der einzelnen Paßgrößen zu ermöglichen, wie etwa der Sechspaß in der ersten Ordnung über zwei Vierpässen in der zweiten Ordnung in der Ste.-Chapelle in Paris oder dem Langhaus des Straßburger Münsters. Mit ‚sicherem' Griff haben die Gestalter somit einen der ganz wenigen ‚Einzelgänger' in der Geschichte des Maßwerks herausgegriffen, die nur auf einen einzigen Bauabschnitt eines einzigen Bauwerks verweisen, auf die westlichen Langhausobergadenfenster der Abteikirche St.-Denis bei Paris, und von dem wir – auch selten genug im 13. Jahrhundert – überdies noch den Namen des Architekten kennen: Pierre de Montreuil, der ‚doctor lathomorum'. Diese unverwechselbare Vorlage erhält nun auf der 20

Abb. 74   5, 10 und 20 Euro-Note

Euro-Banknote einige verfremdende Zufügungen: im ersten Fenster eine nochmalige Unterteilung auf acht Bahnen mit liegendem Dreipaß auf Dreipaßbogen, im zweiten Fenster genaste Bahnen, wie sie zuerst in der Ste.-Chapelle erscheinen. Während für das zweite Fenster kein Beispiel bekannt ist, es aber zumindest theoretisch möglich wäre, ist eine Ausführung des ersten Fensters im Mittelalter aufgrund der Verbindung zweier gegensätzlicher Systeme auszuschließen: entweder die Dreipaßbogen werden ihrerseits wieder von einem Spitzbogen eingefaßt, wie etwa im nach 1253 errichteten Langchor der Kathedrale Saint-Étienne in Meaux,[258] oder aber die einbeschriebenen Sechspässe ruhen direkt auf Dreipaßbögen, ohne die eingeschalteten Dreipässe, wie dies – selten genug – in den nach 1231 errichteten Kreuzgangarkaden der Kathedrale Notre-Dame in Noyon geschieht, hier noch mit dem liegenden Reimser Sechspaß und mit deutlich vorgezogenem Mittelpfosten nach dem Vorbild des Südquerschiffs von St.-Denis.[259]

Mit der Neuerung des maßstäblich verkleinerten Planes erweiterten sich nicht nur die Möglichkeiten des Entwurfs, sondern eben auch die Möglichkeiten seiner Übertragbarkeit durch andere Architekten, und wie die Beispiele Straßburg und Köln zeigen, unter auffälliger Zurückhaltung lokaler oder regionaler Bautraditionen. Die neuen Gliederungssysteme sind erlernbar und kopierbar, diese – nicht etwa ein motivischer Reichtum – stehen für die Exklusivität dieser Architektur. Und kennzeichnend ist die zeitliche und räumliche Dichte der neuen Bauten von St.-Denis, Saint-Germain-en-Laye, Troyes (Obergaden), St.-Germain-des-Pres (Refektorium), Sainte-Chapelle und Tours (Obergaden), für die Robert Branner den irreführenden Begriff ‚Court Style'[260] (‚königlicher Hofstil') wählte; irreführend, weil er sich zu einseitig auf die repräsentativen Bauaufgaben konzentriert, wie Kimpel und Suckale hervorheben, und dabei die vielen anderen von König Ludwig IX. gestifteten Bauwerke nicht berücksichtigt:

‚Königlich ist nicht nur der reichste Stil der Ste.-Chapelle, königlich ist vor allem die genaue hierarchische Abstufung der Stile, die Betonung der Angemessenheit! Ludwig der Heilige setzte sich als Bauherr an die Spitze des Bauens seiner Zeit. Darin unterscheidet er sich von seinem Großvater und dessen Hof, deren Bauten so bescheiden ausfielen, daß sie von der Kunstgeschichte einfach übersehen worden sind. König Ludwig aber geht von dem sehr hohen Anspruchsniveau seiner Zeit aus, überbietet es indes noch, um einen neuen, den königlichen Maßstab zu gewinnen.'[261]

Zu den exklusivsten Kennzeichen dieses ‚reichsten Stils' der Ste.-Chapelle gehören die wandbreiten homolog-hierarchischen vierbahnigen Fenster, die ausgehend von dem architektonischen Ausgangsproblem der Breitendifferenz des gegebenen 7/12 mit den weiten Langchorabschnitten in St.-Denis zu den ‚kopflastigen' vierbahnigen Maßwerkfenstern des St.-Denis-Meisters führen und über die konsequente Hierarchisierung der Bögen und Angleichung der Kämpfer und die Einfügung des zweiten umgreifenden Bogens der zweiten Ordnung zu den an den Kriterien ‚homolog' und ‚hierarchisch' gemessen ‚idealen' Fenstern der Ste.-Chapelle mit seinen in das Bogenfeld hinaufge-

Abb. 75 Straßburg, Münster. Langhaus von SO.

Abb. 76   Straßburg, Münster. Langhaus, Seitenschiffenster.

rückten notwendig nun proportional kleineren Maßwerkfiguren mit einbeschriebenem stehenden Sechspaß über zwei einbeschriebenen stehenden Vierpässen an den Langseiten und drei gestapelten Dreipässen jeweils über genasten Lanzetten im Polygon der Oberkirche.

Abb. 77   Straßburg, Münster. Langhaus, Obergadenfenster.

Neben diesem sehr exklusiven, technisch höchst aufwendigen Maßwerkfenstertyp steht die bei weitem größte Zahl von Einsetzfenstern, auch bei so hochrangigen Bauten wie die von Hugues Libergier errichtete Benediktinerkirche St.-Nicaise in Reims. Dies gilt auch für Deutschland. Die Rezeption homolog-hierarchischer wandbreiter

Abb. 78 Schlettstadt, St. Fides. Langhaus und Chor nach O.

Fenster setzt ein in den Kathedralen in Straßburg (um 1235 beg.) und Köln (1248 beg.). (Abb. 75–77, 83–85) Der Aufbau der Straßburger Langhausfenster folgt hierbei den frühen Bauteilen von St.-Denis mit seinem charakteristischen mittleren Doppelstab, die Paßfiguren aber wiederholen das Oberkirchenfenster der Ste.-Chapelle mit dem Sechspaß über zwei Vierpässen. Köln folgt in der Gliederung der Ste.-Chapelle, geht aber einen Schritt weiter, und versucht nach einem Planwechsel im Chorobergaden in den 70er Jahren des 13. Jahrhunderts erstmals eine systematische Verortung der Maßwerkfenster am Bauwerk.

Abb. 79   Straßburg, Münster. Langhaus nach SW.

Abb. 80   Clermont-Ferrand, Kathedrale. Wimpergrelief, Entwerfender Architekt mit Maßwerkfragment.

VII. Maßwerk, Glasmalerei und Licht

Wolfgang Kemp hatte 1987 die Abhängigkeit der Glasmalerei und der geometrischen Disposition der Fensterarmaturen von der Ausbildung der Maßwerkfenster deutlich herausgestellt, als er in Bezug auf die Architektonisierung der Fenster im späteren 13. Jahrhundert konstatierte:

,*Mit der Einführung steinernen Maßwerks als primärem Teilungssystem ist dieser relativen Autonomie des Mediums ein Ende gesetzt. Der Blick auf ein beliebig herangezogenes Fenster in Bourges, Chartres oder Sens und auf sein Pendant in der Sainte-Chapelle macht die unterschiedlichen Bedingungen klar. Hier ein Gliederungssystem, das seine eigene Logik etabliert und in der Disposition über vertikale und horizontale Elemente ausgeglichen wirkt; dort eine vertikale Abfolge identischer Figuren, die ganz und gar dem Diktat der engen Lanzette unterworfen sind.*'[262]

Diese neuen ,Rahmenbedingungen' führten in der 1248 geweihten Sainte-Chapelle in Paris zu einer inflationären Steigerung der Zahl der Einzelszenen pro Fenstereinheit, das Leben Mosis wird in nicht weniger als 205 Bildfeldern erzählt.[263] Das Maßwerkfenster diktiert, die Glasmalerei reagiert. Doch ist die Sainte-Chapelle in jeder Hinsicht ein Extrem. Mit einem bis dahin nicht gekannten Einsatz von Eisen für die zahlreichen Ring- und Zuganker konnte hier die Mauer soweit reduziert werden, daß sie wie ein Liniengerüst vor einer durchlaufenden Glaswand erscheint. Die daraus resultierende Fülle farbigen Lichts muß aber vom Grad der Helligkeit unterschieden werden. So konnte Louis Grodecki zumindest für Frankreich nachweisen, daß mit der stetigen Vergrößerung der Fenster im Zeitraum zwischen 1140 und 1240 die Dunkelheit der Farbverglasung proportional zunimmt.[264]

Eva Frodl-Kraft nennt als Ursache den veränderten Rang des Bildfensters in der Architektur:

,*Und ebenso wie die Einstellung gegenüber dem Farb- bzw. Lichtcharakter des Fensters sich wandelt, unterliegen auch die spezifische Farbigkeit und Helligkeit des Bildfensters dem Wechsel. Das helle, strahlende Farblicht der französischen Glasmalerei des*

12. Jahrhunderts verdunkelt sich zunehmend bis zu dem tief gesättigten Farblicht der Sainte-Chapelle, um sich dann langsam wieder aufzuhellen. Dieser Wandel ist nicht ausschließlich das Ergebnis der sich wandelnden ästhetischen Anschauungen, er ist vielmehr zunächst eine Reaktion auf den veränderten Rang des Bildfensters in der Architektur. Mit dem Werden der gotischen Kathedrale übernehmen die Fenster in zunehmenden Maß die Rolle der immer stärker eliminierten kompakten Mauer, bis sie diese in der Sainte-Chapelle fast vollends ersetzen. Diese gläsernen Wände aber dürfen den Raum nicht aufreißen, nicht verleugnen – ihre Farbigkeit muß vielmehr so tief, so gesättigt sein, so viel „Substanz" haben, daß sie die Fenster befähigt, ihre architektonische Rolle zu übernehmen und echte Partner der Bauglieder zu werden.'[265]

Aus der Vergrößerung der Fenster resultiert somit keine weitere Raumöffnung, vielmehr avancieren die Glasfenster zur eigentlichen Raumgrenze. Die Voraussetzungen waren mit der Erfindung des Maßwerks in Reims 1211 durch Jean d'Orbais geschaffen worden, und die Möglichkeiten mit der 1248 geweihten Sainte-Chapelle in Paris ausgeschöpft. Unabdingbare Voraussetzung für diese neugewonnene Raumgrenze war die Farbigkeit der Scheiben; Klarglas, mit seiner Öffnung nach außen, zerstört diese Raumgrenze, der in Frankreich – im Gegensatz zu Deutschland – so dominierende Einsatz blauer und roter Scherben unterstreicht sie. Es sind dies zugleich die beiden teuersten Farben.[266] Sehr anschaulich macht die neue Qualität der ‚Glaswände' die Gegenüberstellung der Innenräume der Klosterkirche St. Fides in Schlettstadt (um 1162) und des Straßburger Münsters (Langhaus 1240–1275), wie sie Rüdiger Becksmann in seiner Einführung in die ‚Deutsche Glasmalerei des Mittelalters' vorstellte (Abb. 78,79):

‚Aufgrund der Eigenschaft des farbigen Glases, Licht aufzunehmen und – vielfältig gebrochen – wieder in den Innenraum auszustrahlen, gewinnen die Farbfenster die Funktion raumabschließender, durchleuchteter oder vielmehr selbstleuchtender Wände. Die Glasmalerei macht damit erst eigentlich den gotischen Innenraum mit jener „diaphanen" Gestaltung seiner Raumgrenzen möglich, in welcher Hans Jantzen die wesentlichste Eigenart gotischen Bauens erkannt hatte. Die Farbverglasung wird damit zum integrierenden Bestandteil eines gotischen Raumes. Das von ihr ausstrahlende farbige Licht gewinnt dank seiner starken Diffusion im Gegensatz zum reinen Tageslicht eine Stofflichkeit, die die Architekturformen ihrer Härte entkleidet. Darüber hinaus verkürzt es, zumindest in unserer Wahrnehmung, den Raum, vermag seine Innenräumlichkeit also noch zu steigern. Einen völlig andersartigen Eindruck vermittelt hingegen der Innenraum von St. Fides in Schlettstatt. (…) Das nach dem gebundenen System errichtete basilikale Langhaus wird nur durch kleine rundbogige Fenster in den Seiten- und Hochschiffwänden erhellt, die vornehmlich Lichtquelle und erst in zweiter Linie Bildträger und Raumabschluß sind.'[267]

Das *diaphane Strukturprinzip* hatte Hans Jantzen in seinem Freiburger Vortrag aus dem Jahre 1927 aus der Analyse der Raumgrenze gotischer Innenräume gewonnen.[268] Hans Sedlmayr wies dieser Analyse ‚epochemachende Bedeutung' zu. ‚*Sie ist eine der wirklichen, großen Entdeckungen der Kunstgeschichte.*'[269] Wenn Jantzen das Prinzip des gotischen Baustils zu erfassen suchte, dann richtete er sich damit gegen die bautechnisch-konstruktive Deutung der Kathedrale als mittelalterliche Vorwegnahme moderner Glasskelettbauten. Einzelne technische Merkmale wie Kreuzrippe, Spitzbogen oder Strebebogen lieferten nicht ein die Gotik kennzeichnendes formales Prinzip. Auch gab Jantzens Analyse eine Antwort darauf, ‚*wie sich die seit den Romantikern vertraute Einsicht in die Erhabenheit der Kathedralarchitektur mit einer kunstwissenschaftlichen Ansprüchen genügenden Analyse der Form vereinen lasse*'.[270]

Sinnfällig wird das ‚diaphane Strukturprinzip' bei den Kathedralbauten der Ile-de-France mit wandbreiten Fenstern, hier wird die Glasmalerei konstitutiver Bestandteil der Architektur. Der Übertragbarkeit auf andere Bauten sind aber Grenzen gesetzt, denn die Suggestion eines kontinuierlichen Grundes wird sich bei schmalen Einsetzfenstern kaum einstellen, und wurde oft auch gar nicht gesucht, wie ein Blick auf den Westchor des Naumburger Domes belegt (Abb. 125). Auch scheint heute unter ‚diaphaner Struktur' jeder etwas anderes zu verstehen.[271] So wirft Ulrich Kuder Willibald Sauerländer vor, er habe Jantzen dahingehend mißverstanden, daß er den Begriff nur auf das Stehen der von Pfeilern und Diensten vor einer farbig leuchtenden Folie bezog. Für Jantzen dagegen seien es auch ‚*die im Dunkel liegenden Partien des kontinuierlichen Grundes, die zusammen mit den erleuchteten die Folie der plastisch durchgliederten Hochschiffswand abgeben*'.[272]

Für den Raumgrund Jantzenscher Prägung sind optischer Dunkelgrund *und* farbiger Lichtgrund konstitutiv. Eine Sehweise, die stark geprägt ist von seiner halleschen Dissertation aus dem Jahre 1908 bei Adolf Goldschmidt über ‚Das niederländische Architekturbild'.[273] Diese ‚bildhafte' Auffassung der Architektur mag vielleicht der Grund dafür sein, daß in den Arbeiten zur Glasmalerei der Begriff der ‚diaphanen Raumgrenze' mit großer Selbstverständlichkeit gebraucht wird, in den Arbeiten zur Architektur aber mißverständlich bleibt. Glasmalerei und Architektur wurden über lange Zeit weitgehend unabhängig voneinander behandelt, Abhängigkeiten nur in Einzelfällen untersucht, wie Rüdiger Becksmann 1977 hervorhob:

‚*Über die wechselseitigen Beziehungen zwischen Architektur und Glasmalerei während des 13. Jh. in Deutschland ist bisher noch nicht systematisch geforscht worden. Dies überrascht angesichts einer überaus komplexen entwicklungsgeschichtlichen Situation, die vielfältigste Aufschlüsse versprechen dürfte.*'[274]

Daß die hier angemahnte systematische Erforschung der Abhängigkeiten von Architektur und Glasmalerei unterblieb, ist nicht zuletzt dem Aufstieg eines überaus populärem

Deutungsmodells geschuldet, für das Erwin Panofsky 1946 durch die ‚*Verknüpfung der Jantzenschen Diaphanie mit der Lichtmetaphysik des Dionysius Pseudo-Areopagita*'[275] (Sauerländer) die Grundlage schuf. Anläßlich des 800sten Jahrestages der Chorweihe der Abteikirche von St.-Denis (11. Juni 1144) hatte Panofsky den von Abt Suger verfaßten *Libellus alter de consecratione Ecclesiae Sancti Dionysii*, der vom Neubau und von der Weihe des Chores Bericht gibt, ediert, übersetzt und kommentiert.[276] Für das Jahr 1944 geplant, erschien das Werk erst zwei Jahre später, 1946.[277] Es ist keine historisch-kritische Quellenedition,[278] wie sie erst Andreas Speer und Günther Binding 2000 vorgelegt haben,[279] sondern eine erste extenso-Übersetzung in eine moderne Sprache, nach den vorangegangenen Teilübersetzungen von Kingsley Porter[280] und Ernst Gall[281]; aber damit wurden die Schriften Sugers über den kleinen Kreis von Fachwissenschaftlern hinaus erstmals einem größeren Leserkreis vermittelt. Folgenreich war seine 37 Seiten umfassende Einleitung, in der er den Chorneubau aus der Umsetzung neuplatonischer Lichtmetaphysik in eine Lichtarchitektur entstanden denkt. Die Vorstellung, daß eine philosophische und prononciert theologische Idee nicht nachträglich auf einen bestehenden Bau übertragen wurde, sondern vielmehr direkter Auslöser für eine neue Architekturkonzeption war, machte in der Folgezeit über Otto von Simson[282] und Hans Sedlmayr[283] Karriere. Bruno Reudenbach hat diesen Zusammenhang deutlich herausgestellt:

‚Suger, in den Augen vieler Kunsthistoriker der Initiator der ersten gotischen Architektur, der Auftraggeber bedeutender Werke der Schatzkunst und der Verfasser der einschlägigen Tituli agiert als ausgewiesener Neuplatoniker im Geiste einer Philosophie, die Ps.-Dionysius, dem seit Jahrhunderten am Ort verehrten Hausheiligen verdankt wird, und die am Ort nachweislich in Manuskripten greifbar war. An keiner Stelle aber geht Panofsky nun den argumentativen Schritt, den man erwartet und den nach ihm und unter fälschlicher Berufung auf ihn noch viele gegangen sind: Nirgends spricht er explicit davon, daß diese Philosophie und die spezifische Architekturform der Gotik analoge Erscheinungen seien oder gar in einem ursächlichen Zusammenhang stünden. Er legt diesen Zusammenhang nahe, ohne ihn wirklich herzustellen, und verbindet assoziativ die philosophisch-theologischen Lichtspekulationen mit dem Glanz der Schatzkunst und den leuchtenden Glasfenstern. Eher vage werden die Bezüge zur Lichtfülle der neuen Architektur am Wortlaut der neuplatonisch inspirierten Chorinschrift, nicht aber durch die Analyse der Architekturform entwickelt. Erst Otto von Simson sollte später, indem er Suger „Lichttrunkenheit" bescheinigte, die Behauptung aufstellen, daß ohne die Philosophie des Ps.-Dionys die gotische Architektur nicht entstanden wäre. Das, was von Simson dann mißlingt, versucht Panofsky erst gar nicht, nämlich den Nachweis einer formalen Wirksamkeit dieser Philosophie zu führen.'[284]

Und Sedlmayr, der zuvor die ‚*diaphane Struktur*' von Jantzen noch als ‚*eine der wirklich großen Entdeckungen der Kunstgeschichte*' pries, führt nun vor dem Hintergrund der

Sugerausgabe Panofskys aus: ,*Es will uns scheinen, daß es den Erbauern der gotischen Kathedralen gar nicht so sehr auf die diaphane Struktur angekommen ist, sondern auf etwas ganz anderes, viel Einfacheres, und daß das, was Jantzen die diaphane Wand genannt hat, sich aus diesem anderen ergibt. Und dieses andere ist das Licht und die Bedeutung, die das Licht für die Erbauer von Saint Denis hatte. Seit Panofsky im Jahre 1948 seinen lichtvollen Kommentar zu den Schriften Sugers veröffentlicht hat, sehen wir das ganz klar.*'[285]

Obwohl schon Martin Gosebruch[286] 1954 in seiner Rezension des Sedlmayrschen Werkes diese Ableitung widerlegte und Jantzen selbst 1957 in seiner ,Kunst der Gotik' entgegnete: ,*Eine unmittelbare Einwirkung des theologischen Lichtbegriffs auf die Entstehung eines neuen Sakralstils wie der Gotik ist schwer vorzustellen, da das Licht der Metaphysik gar nicht dem Sinnenbereich angehört, vielmehr rein geistiger Art ist*' und nochmals klarstellte: ,*Mit dem farbigen Licht des 13. Jahrhunderts als Bestandteil der Raumgrenze ist die Verzauberung durch die Architektur im Sinne einer völligen Entrückung aus der täglichen Umwelt und der Empfindung des Weltübersteigenden eines solchen Raumgebildes entschieden*',[287] blieben die Arbeiten von Simsons und Sedlmayrs für Jahrzehnte vorherrschend für das Gotikverständnis und die Gotikforschung.

Seit den 80er Jahren aber mehrten sich die Zweifel. Der unterstellten ,Orgie an neuplatonischer Lichtmetaphysik' unterzog John Gage 1982 einer berechtigten Kritik.[288] Dieter Kimpel und Robert Suckale setzten 1985 gegen St.-Denis' Sonderstellung als Ursprungsbau der Gotik die ,Vielfalt der Anfänge' und verwiesen besonders auf den nahegelegenen Chor des Cluniazenserpriorats St.-Martin-des-Champs in Paris, der unmittelbar vor St.-Denis errichtet wurde[289] und die gleiche Chorumgangslösung zeigt:

,*Doch wird in diesem Bau [St.-Denis, Anm.d.Verf.] nur etwas gesteigert und verbessert, was in älteren Kirchenbauten bereits angestrebt war. Sowohl die bereits seit dem 11. Jh. nachweisbare Durchfensterung der Apsis wollte dasselbe, wie auch der Umgangschor. In nächster Nähe von St.-Denis finden wir in St.-Martin-des-Champs den Versuch einer ähnlichen Sakralisierung. Das mindert nicht das Verdienst des Baumeisters von St.-Denis wie des ihn inspirierenden Abtes. Es zeigt aber, daß St.-Denis nicht voraussetzungslos entstand. Suger fand für seine Absichten in der Lichtmystik des sogenannten Dionysius Areopagita, der mit dem Apostel Frankens, dem hl. Dionysius/Denis identifiziert wurde, eine passende Stütze und – falls überhaupt nötig – Rechtfertigung. Doch erklärt dessen Theologie nicht den Bau.*'[290]

Der Kölner Mittelalterhistoriker Andreas Speer stellte 1993 die Schriften Sugers in den breiten literarischen Zusammenhang von Kirchweihberichten, in die Tradition liturgischer und allegorischer Werke; die Dionysiusrezeption schien nun liturgisch und sakramententheologisch motiviert.[291] Eine Prüfung der Quellen durch Christoph Markschies 1995 kam zu dem ernüchternden Ergebnis, daß nicht einmal die Lektüre des Corpus Dionysiacum durch Suger vorausgesetzt werden kann, da es sich bei den verwendeten Lichtmetaphern um geläufige topische Wendungen handelt, die schon in spätantiken und frühmittelalterlichen Dedikationsschriften und Tituli gebräuchlich sind, ohne eine spezifisch neuplatonische oder gar pseudodionysische Lichtmetaphysik zu bezeichnen.[292] Bruno Reudenbach zog in einer Besprechung dieser Arbeit 1996 das Fazit: *‚Mit diesen Beobachtungen ist den „Lichtstellen" Sugers endgültig jede Brisanz und Beweiskraft genommen. Nachdem die Architekturgeschichte dem Chorbau von St.-Denis schon seine Sonderstellung als Ursprungsbau abgesprochen hat, ist er nun auch seines philosophiegeschichtlichen Glanzes beraubt.'*[293]

Mit der von Günther Binding und Andreas Speer 1995 herausgegebenen kommentierten Studienausgabe von *De Consecratione*[294], das als Zwischenergebnis eines fünf Jahre bestehenden interdisziplinären Forschungsprojektes des Thomas-Instituts und der Abteilung Architekturgeschichte des Kunsthistorischen Instituts der Universität zu Köln verstanden sein wollte und Modell stand für eine Gesamtausgabe der für den Zusammenhang mittelalterlichen Kunsterlebens relevanten Schriften Sugers, die 2000 unter dem Titel *Abt Suger von Saint-Denis. Ausgewählte Schriften: Ordinatio – De consecratione – De administratione* erschien, wurde der Suger-Forschung ein sicheres Fundament gelegt. Auch hier zeigte sich die Unhaltbarkeit des viele Jahrzehnte vorherrschenden neuplatonisch-lichtmetaphysischen Erklärungsmodells:

‚ … mißlingt von Simsons Versuch des Nachweises einer formalen Wirksamkeit der neuplatonisch-dionysischen Philosophie auf die gotische Architektur ebenso wie Panofskys späterer Versuch, das gotische Architektursystem auf das intellektuelle Profil der Epoche im Sinne eines kollektiven Habitus zurückzuführen und eine innere Beziehung („genuin cause-and-effect-relation") zwischen scholastischer Methode und den Prinzipien gotischer Kathedralarchitektur aufzuweisen, der sich vor allem auf formale Elemente im Denken des Thomas von Aquin stützt. Ungeachtet dessen gehört das neuplatonisch-lichtmetaphysische Erklärungsmodell bis heute zum Standardrepertoire nicht nur der Kunstgeschichte, sondern auch vieler Nachbardisziplinen.'[295]

Im selben Band unterstreichen Ingo Pagel und Jochen Schröder in ihrem Beitrag ‚Kategorien Sugerscher Bauerfassung' die rückwärtsgerichtete Haltung Sugers. Die Erneuerung der alten Dagobertkirche war das Ziel, kein Neubau:

‚… zeigt sich der trotz innovativer Architektur grundsätzlich dem Alten, der antiquitas zugewandte Blick, wo nicht unbedingt Sugers selbst, so doch mindestens der Leserschaft, der gegenüber er für den Neubau Rechenschaft abzulegen bemüht ist. Von dem Altbau ging durch mit ihm verknüpften Legenden seiner Gründung und seiner Weihe von Christi Hand eine Würde aus, die grundsätzlich von keinem Neubau aufgewogen werden konnte; es sei denn etwa, wie Suger nach Cons 85 vorgeschwebt hat, durch die sichtbare Erscheinung Christi auch bei der Weihe des Neuen (was freilich dann unterblieb). Die novitas war also, und je weniger sie mit dem Dagobertbau in Einklang gebracht

war, desto mehr, von vornherein der schlechtere Kirchenbau, so sehr er den alten auch an Größe, Schönheit und Funktionstüchtigkeit übertreffen mochte.'[296]

Daß gerade die retrospektive Haltung Sugers, die sich in seinen Schriften zeigt, der Ausgangspunkt für die Neuerungen war, zeigt auch Martin Büchsel, der mit seiner Studie auch das Erstgeburtsrecht der Abteikirche St.-Denis neu zu festigen sucht:

‚Suger entwickelte sein Programm der glänzenden, beziehungsreichen Erneuerung der Dagobertkirche, indem er auf die Vergangenheit der Abteikirche schaute. Dieses Programm dokumentieren seine Schriften. Da es aber unter den Händen der Architekten zu dem Ausgangspunkt für eine innovative Architektur wurde, sah man in Suger den großen Neuerer. Dieses Mißverständnis verhinderte jedoch die Einsicht in die Struktur der Erfindung. Die retrospektive Tendenz zitierte mit Vorliebe aus liturgischen Gründen. In der Baugeschichte zeigte sich diese Tendenz in dem zögerlichen Vorgang der Umbauten, die sich nicht als Neubau, sondern als Erneuerung der Dagobertkirche verstanden. Die überkommenen ornamenta spielten in der Ausstattung der Kirche eine hervorgehobene Rolle. Aber aus Altem machte die Kunst Neues. Der Wunsch, antike Säulen aus Rom zu beschaffen, wurde durch die Überlegungen der Baumeister zum Vater der antikisierenden Säule en lit des neuen Chors. Von dem eifrigen Zitieren frühchristlicher tituli, welche sich der lichtmetaphorischen Rhetorik bedienen, scheint der Gedanke für die neuen gotischen Glasfenster ausgegangen zu sein. So können die Erneuerungen sowohl im Sinne des retrospektiven Konzepts Sugers als auch als Ausdruck einer innovativen Architektur gelesen werden.'[297]

Daß Abt Suger nicht als der genialische, alleinige Urheber des gotischen Baustils gelten kann, hatten schon frühere Arbeiten belegt.[298] Inwiefern man in der Abteikirche St.-Denis weiterhin *den* Gründungsbau der Gotik erkennen darf, ist keineswegs so selbstverständlich wie dies Büchsel schon mit demTitel *Die Geburt der Gotik. Abt Sugers Konzept für die Abteikirche Saint-Denis* glauben machen will. Vielmehr erhält unter den gegebenen neuen Vorzeichen die bekannte Kontroverse zwischen Georg Dehio und Ernst Gall ganz neues Gewicht. ‚Eine Kunstgeschichte,' so Gall, ‚die die nationalen Stilmerkmale in den Vordergrund rücken will, müßte die Gotik in der Normandie um 1050 beginnen lassen, soll aber der allgemeine westeuropäische Zeitstil den Maßstab abgeben, und sollen kunstgeschichtliche Urteile nach weiteren Gesichtspunkten entscheiden, dann beginnt auch in Nordfrankreich die Gotik nicht vor 1190 – also nahezu um die Wende des XII. und XIII. Jahrhunderts, wie Kugler schon richtig definiert hatte'.[299] Dieter Kimpel hat seit 1977 mehrfach dargelegt, wie die revolutionäre Rationalisierung der Steinmetzarbeiten zur Stapeltechnik um 1200 – 1220 einsetzte, während St.-Denis dagegen noch ganz der romanischen Tradition folge.[300] Und Günther Binding verlegt nicht erst mit seiner jüngsten Summa ‚*Was ist Gotik?*' die Geburt der Gotik in den Anfang des 13. Jahrhunderts nach Reims:

‚Die Einführung des Skelettbaus um 1200/1220 bedingt in konsequenter Ausformung die Erfindung des Maßwerks als eine in das Skelett eingespannte Raumbegrenzung durch strukturierte, leuchtende Wände, denn durch die Negation der Mauer als raumumschließende Wand gibt es auch kein die Mauer durchbrechendes, lichteinlassendes Fenster mehr. Gerade dieser in Reims vollzogene Wandel ist die Geburt der eigentlichen Gotik.'[301]

Bezeichnenderweise resultiert diese Position Bindings in weiten Teilen aus einer wachsenden Distanz zu den Auffassungen von Simsons: ‚Bei der Beschäftigung mit den zeitgenössischen Quellen, insbesondere mit den Schriften des Abtes Suger von Saint-Denis sowie der Entwicklung der architektonischen Formen und des Baubetriebes habe ich mich immer mehr von der Auffassung Otto v. Simsons entfernt…'[302]

Aber nicht allein Günther Binding, mehr als eine ganze Generation von Wissenschaftlern stand lange Jahre unter dem Diktum der Lichtmystik. So bemerkte Willibald Sauerländer zur Wirkung des Aufsatzes von Erwin Panofsky[303] treffend: ‚The impact of this article on the interpretation of gothic architecture and stained glass can scarcely be overrated. For several decades of art history, Neoplatonism replaced the rib as the generative force of gothic architecture.'[304]

Weitreichende Folgen hatten diese auf neuplatonische oder gar pseudodionysische Lichtmetaphysik fixierten Deutungsmuster für die Interpretation des gotischen Maßwerks: In den Untersuchungen von Georg Hoeltje (1930), Lottlisa Behling (1944) und Gottfried Kiesow (1956) werden noch keine Korrelationen von neoplatonischem oder lichtmetaphysischem Gedankengut mit der Gestaltung gotischer Fenster angeführt. Programmatisch hingegen werden dem Maßwerkbuch von Günther Binding (1989) die vielzitierten Passagen aus Venantius Fortunatus[305] (‚Sie empfängt durch gläserne Fenster die ersten Strahlen des Tages, und des Künstlers Hand umschloß in der Kirche den Tag. Ein diffuses Licht überflutet von früh an die Täfelung und leuchtet aus eigener Kraft ohne die Hilfe der Sonne.') und *De Consecratione* des Abtes Suger (‚Wenn erst der rückwärtige Teil (Chor) mit dem vorderen (Westbau) verbunden ist, strahlt die Kirche mit ihrer durchleuchteten Mitte. Denn klar ist, was in Klarheit verbunden wird mit Klarem, und klar ist der edle Bau, der durchstrahlt ist vom neuen Licht. Größer steht der Bau in unserer Zeit, der ich Suger war, habe es unter meiner Führung gemacht') vorangestellt. In der Einleitung werden die ‚*Glaswände der gotischen Kathedralen als Verbindung zwischen der Lichtarchitektur als Summe neuer Bauerfahrung und neuplatonisch-scholastischer Lichtmetaphysik*'[306] vorgestellt, um anschließend einzuräumen, daß es nicht auszumachen sei, ‚ob und wann im 13. Jh. die Lichtsymbolik zur Konvention absank und nur in der institutionalisierten Lehrmeinung der hochscholastischen Ästhetik fortlebte, ohne daß sie bewußt in gebaute Architektur umgesetzt wurde'.[307] Diese Einschränkung berührt das grundsätzliche Problem, daß für das 13. Jahrhundert mit Suger vergleichbare schriftliche Quellen fehlen, was umso schwerer wiegt, da erst im 13. Jahrhundert eine deutliche Aufhellung der Fenster erfolgt, bis hin zu den um 1300 im Raum Paris erfundenen hellen Silbergelbscheiben, die erstmals Mehrfarbigkeit auf einer Glasscheibe ermöglichte, auf farbneutralem Blankglas etwa waren nun Farbnuancen zwischen Zitronengelb, Gold und Orange möglich. Norbert Nußbaum hatte dieses Problem bereits 1985 in seiner *Deutschen Kirchenbaukunst der Gotik* herausgestellt:

‚An den großen Glaswänden von Troyes, St-Denis, Metz und Straßburg wird das Licht gleichsam zum vornehmsten Baumaterial. Will man diesem Umstand eine tiefere Bedeutung beimessen, so liegt es nahe, eine Verbindung zwischen gotischer Lichtarchitektur als Summe neuer Bauerfahrungen und neuplatonisch-scholastischer Lichtmetaphysik als Summe einer neuen Weltinterpretation zu vermuten. Berührungspunkte findet man allenthalben. (…) Es ist bezeugt, daß Suger von St-Denis (1081–1151), der als Bauherr des ersten gotischen Umgangschores, in dieser Gedankenwelt lebte. Seine Lektüre ist bekannt; allem voran die Schriften des Dionysius Pseudo-Areopagita, in denen die Lehren der Neuplatoniker Plotin und Proklos für die christliche Philosophie fruchtbar gemacht wurden und die Emanation des göttlichen Lichtes als Wegweiser vorgestellt ist, der den menschlichen Intellekt über das Leuchten der Dinge zum „höchstwesentlichen Licht" Gottes leitet. (…) Für das 13. Jahrhundert fehlen ähnliche Aussagen, und es ist schwer abzuschätzen, wann Sugers Lichtmetaphorik zur bloßen Konvention absank und nur als institutionalisierte Lehrmeinung der hochscholastischen Ästhetik fortlebte, ohne daß sie bewußt in gebaute Architektur umgesetzt wurde. (…) Die sich aus der älteren Forschung hartnäckig fortpflanzende Idee einer sich in stetiger Auflichtung selbst erfüllenden und im 13. Jahrhundert an ihr Ziel gelangten gotischen Architektur trägt mit dazu bei, daß man die Zeit zwischen 1180 und 1270 als eine „klassische" feiert, in der sich alle Phänomene menschlichen Strebens in seltener Koinzidenz zu einem „Zeitgeist" verdichten. Doch der vielbeschworene „Geist der Gotik" ist das allzu reine Destillat eines geistigen und künstlerischen Spektrums, das so reich an Wechselfällen war wie zu jeder anderen Zeit. Beispielsweise setzte sich die ‚lichtästhetische' Bauweise des Straßburger Langhauses keineswegs konkurrenzlos durch, sondern blieb in Deutschland eher die Ausnahme.'[308]

Sie blieb sogar die große Ausnahme, nimmt man als Kriterium für die ‚lichtästhetische' Bauweise die wandbreiten Fenster. Denn der technische Aufwand ist enorm und das notwendige Know-how nur an den großen Kathedralbauhütten verfügbar. Und doch sind es stets die wandbreiten Fenster, an denen der vielbeschworene ‚Geist der Gotik' erläutert und die ‚diaphane Struktur' anschaulich wird. Umso problematischer erscheint daher die Übertragbarkeit der an den großen Kathedralbauten gewonnenen Kriterien für das gesamte zeitgenössische Bauschaffen, wie auch der Maßstab der Kathedralen für die gesamte Architektur vom 12.–15. Jahrhundert.[309] Tatsächlich stehen die ‚lichtästhetischen' Abschnitte bei Binding wie bei Nußbaum dem übrigen Text unverbunden gegenüber, wie nachträglich appliziert. Eine argumentative Verknüpfung fehlt. Im Artikel ‚Maßwerk' (1993) im *Lexikon des Mittelalters* verliert Günther Binding kein Wort über das Licht oder die Lichtsymbolik;³¹⁰ ebensowenig im Kapitel ‚Maßwerk' seines jüngsten Werkes *Was ist Gotik?* (2000). Dort aber werden in einem eigenem Kapitel über das Licht die alten Positionen repetiert:

*‚Nicht zu beantworten ist die Frage, ob im 13. Jh. die Lichtsymbolik zur Konvention absank und nur in der institutionalisierten Lehrmeinung der Hochscholastik fortlebte, ohne daß sie bewußt in gebaute Architektur umgesetzt wurde. Auch muß darauf hingewiesen werden, daß die vom Farblicht bestimmte Bauweise der sog. klassischen Kathedralen der Ile-de-France und davon abhängig diejenigen in Straßburg und Köln nicht Allgemeingut wurde.'*³¹¹

Im Rückblick bleibt festzuhalten, daß nach der vollständigen Dekonstruktion der ‚Lichtarchitektur' Sugers einer formgenerierenden Kraft des Lichtes oder der Lichtsymbolik der Boden entzogen wurde, und daß das ‚Fehlen' entsprechender Quellen im 13. Jahrhundert eben nicht dahingehend erklärt werden kann, daß die ‚Lichtsymbolik zur Konvention absank'; vielmehr ist die jeweilige Ausbildung der Fenster völlig unabhängig von neuplatonisch-scholastischer Lichtmetaphysik zu denken, wenngleich die Suggestionskraft des Bildes von durchlaufender Glaswand der klassischen Kathedralen und diese im Keim angelegt im sogenannten durchlaufenden Fensterband der Abteikirche von St.-Denis, mit der vom Bauherrn Abt Suger ausgesprochenen ‚lux continua', nicht ‚perpetua', noch lange zur Popularität dieses Denkmodells beitragen wird.

    Eine ganz andere Frage ist die Abhängigkeit zwischen gotischem Maßwerkfenster und Glasmalerei. Günther Binding geht hierauf in seinem Maßwerkbuch (1989) nicht ein, Rüdiger Becksmann hingegen verspricht sich von der systematischen Erforschung der wechselseitigen Beziehungen zwischen Architektur und Glasmalerei – wie oben bereits angeführt – vielfältigste Aufschlüsse.³¹² Inwieweit bestimmt das jeweilige Bildprogramm die Form eines Fensters, und umgekehrt, inwieweit gibt eine bestimmte Fensterform ein bestimmtes Bildprogramm vor oder legt es nahe?

    Robert Suckale hat 1981 zu diesen Fragen in seinen *Thesen zum Bedeutungswandel der gotischen Fensterrose* sehr differenziert Stellung genommen.³¹³ Programmatisch stellt er seiner Untersuchung die beiden Westrosen von Chartres³¹⁴ (um 1200) und Reims³¹⁵ (um 1260/70) gegenüber. Hier eine sinnfällige Abstimmung von Bildprogramm und Fensterrahmung – Jüngstes Gericht und Maiestas Christi mit der Christusfigur in der Nabe, die vier Achsen des zwölfteiligen Radkranzes besetzt durch die Evangelisten, dazwischen Engel; im zweiten Ring oben das Paradies, personifiziert durch Abrahams Schoß, unten die Seelenwägung mit den Seligen und Verdammten, dazwischen paarweise die 12 Apostel als Beisitzer des Gerichts –, dort eine Rosenform, die den Bildgegenstand ‚vergewaltigt' (Suckale) – das Thema ist der Tod Mariens, im Zentrum Maria auf dem Totenbett, im zwölfteiligen inneren Ring die Apostel, im vierundzwanzigteiligen äußeren musizierende Engel, dann zwei Kronen tragende Engel, je zwei Propheten und sechs Könige als Hinweis auf ihre Herkunft aus dem Hause Davids, aber aus der Rose hinaus in den oberen Zwickel gedrängt die Darstellung Christi mit der Seele Mariens auf seinem Arm.[316] Die beiden gegensätzlichen Fenster stehen – so Suckale – für einen grundsätzlichen Bedeutungswandel der gotischen Fensterrose im 13. Jahrhundert:

‚Ich möchte die These aufstellen, daß diese Konfusion des Reimser Fassadenprogramms in Darstellungsweise und Thematik das Ende der großen kosmologisch-theologischen Bildsysteme vor Augen führt, die zuvor so augenfällig die Bildwelt der Portale, Fenster und Handschriften durchdrungen hatten. Ebenso aber behaupte ich, verliert die Rose selbst ihre einstige Funktion als bedeutungsgeladene Form, als Zeichen der Welt. Sie bleibt als Architekturmotiv der Prunk jedes Bauwerks, die wirkungsvollste Dekoration, ein Anlaß für große Kunststücke der Architekten. Der alte Sinnzusammenhang der Form mit ihren Glasbildern oder Skulpturen, aus dem heraus sie diesen Rang in den Bauten bekommen hatte, ist verloren.‘[317]

Suckale erkennt auch in den Portalprogrammen im mittleren 13. Jahrhundert dieselben Auflösungs- und Transformationsprozesse, führt dies aber nicht näher aus. An zahlreichen weiteren Beispielen demonstriert er, wie die Programmierer der großen Bildzyklen immer neue Kompromisse finden und damit immer weitere Unstimmigkeiten in Kauf nehmen mußten. Dargestellt wird die Abhängigkeit der Glasmalerei von der jeweiligen Fensterteilung, nicht umgekehrt. Anders gesagt: Die Glasateliers müssen ihre Bildprogramme nach den Vorgaben der Architekten ‚zuschneiden'.

Für die Werkstattpraxis legt dies nahe, daß die Glasateliers nicht originärer Teil der Bauhütte waren, sondern zumindest im 13. Jahrhundert und 14. Jahrhundert für solche Großprojekte wie die Verglasung einer Kathedrale temporär angegliedert wurden. Rüdiger Becksmann führt hierzu aus:

‚Seit der Mitte des 13. Jh. müssen an den großen Neubauprojekten, den dortigen Bauhütten an- oder eingegliedert, zeitweise Glasmaler in großer Zahl und unterschiedlichen Aufgabenbereichen tätig gewesen sein, die entweder von Großauftrag zu Großauftrag weiterwanderten und so zu schneller Verbreitung formaler, technischer uns stilistischer Neuerungen beitrugen oder ansässig wurden und bürgerliche Werkstätten begründeten, die jedoch, um ausgelastet zu sein, nicht nur Glasmalereien, sondern auch Tafel- und Wandmalereien ausgeführt haben dürften.‘[318]

Diese Vorgehensweise läßt sich nicht nur indirekt erschließen, sie ist auch durch schriftliche Quellen belegt. So verdeutlicht das Beispiel der St. Stephens Chapel in Westminster aus der Mitte des 14. Jahrhunderts sehr anschaulich, wie für größere Verglasungsaufgaben an den Kathedralbauten kleinere Ateliers zu Arbeitsgruppen und Werkstattgemeinschaften zusammengeführt wurden. Die erhaltenen Rechnungen unterrichten uns nicht nur über jeden einzelnen Arbeitsvorgang, sondern dokumentieren auch die unterschiedlichen Tätigkeitsfelder und die Hierarchie innerhalb der Werkstattgemeinschaften. Ivo Rauch hat in seinen ‚Anmerkungen zur Werkstattpraxis in der Glasmalerei der Hochgotik' diese Quellen zur Verglasung der St. Stephens Chapel kommentierend zusammengefaßt:

‚*Im März 1350 wurde Meister John von Lincoln damit beauftragt, die notwendigen Mitarbeiter anzuwerben, wofür er nach Angaben der Abrechnungen durch 27 Grafschaften reisen mußte. Zwischen Juni und November 1351 wurden die Scheiben hergestellt. Beschäftigt waren in dieser Zeit 6 „master glaziers" und 24 Maler, Zuschneider und Bleiglaser. Sofort mit Fertigstellung der Bleifelder wurde die Anzahl der Mitarbeiter verringert: im November 1351 waren nur noch 4 Meister in Winchester, die den Einbau der Scheiben besorgen sollten. Im Januar 1352 wurde damit begonnen; in der zweiten Februarwoche schied John de Chester aus; zu Ende des Monats war die Verglasung der Kapelle fertiggestellt und die restlichen Meister wurden freigestellt. Es waren also immer nur die tatsächlich notwendigen Handwerker in der Arbeitsgruppe anwesend. In den Urkunden zur St. Stephens Chapel sind auch die Ausgaben für die Arbeiten vermerkt: So erhielten die „master-glaziers", die vermutlich auch die Entwürfe anfertigten, pro Tag 1 Shilling (was 12 Pence entsprach), die ausführenden Glasmaler 7 Pence, die Zuschneider und Glaser 6 Pence und die „glazier-boys" 4 1/2 Pence. Es gab also eine deutliche Hierarchie in der Bezahlung der unterschiedlichen Mitarbeiter. Die Gesamtkosten der Verglasung von Juni bis November 1351 betrugen 145 Pfund, was ungefähr dem Jahreseinkommen eines wohlhabenden Ritters entsprach.*'[319]

Für das 12. und 13. Jahrhundert fehlen entsprechende Quellen. Die wenigen Hinweise, so bei Abt Suger: ‚*…wir haben von der Hand vieler ausgezeichneter Meister aus verschiedenen Nationen eine großartige Vielfalt neuer Fenster malen lassen*'[320], lassen aber vermuten, daß es auch in den beiden vorangegangenen Jahrhunderten neben den bestehenden Klosterwerkstätten eine mit dem Beispiel der St. Stephens Chapel vergleichbare Zusammenziehung von Künstlern und Handwerkern aus verschiedenen Gegenden gab, auch wenn es sich bei dem angeführten Zitat um einen rühmenden Topos handeln dürfte.[321] Erst die Mitte des 14. Jahrhunderts einsetzenden zünftigen Vereinigungen (Lukasgilde der Maler, Glaser und Sattler 1345 in Basel, Lukasgilde der Bildschnitzer, Schildermaler, Goldschläger und Glaser 1348 in Prag) und die in der Folge immer enger werdenden Zunftbestimmungen verhinderten zunehmend die Verpflichtung auswärtiger Spezialisten.[322]

Festzuhalten bleibt, daß im 13. Jahrhundert der architektonische Rahmen unabhängig von der jeweiligen Glasmalerei entstanden gedacht werden muß. Noch im 12. Jahrhundert gab es auch gar keinen Anlaß für eine prospektive Koordination, denn die vorgegebene Rahmenform war stets identisch, der Bildprogrammierer verfügte über die gesamte lichte Weite des Fensters, die er völlig unabhängig mithilfe der Armaturen disponieren konnte. Um 1200 mit der Einführung der großen zweigeteilten Hochfenster von Chartres und 1211 der Reimser Innovation des Maßwerks geht diese

Konzeptionsfreiheit der Glasmaler verloren. Dies gilt auch für die von Suckale untersuchten gotischen Fensterrosen. Eine generierende Kraft ihrer Veränderungen ist ihre stetige Vergrößerung und damit die Zahl der Teilungen. In der Frühzeit dominieren vier- und achtteilige Rosen, doch seit etwa 1200 werden in der Ile-de-France zunächst nur noch zwölfteilige Rosen geschaffen, was den Glasmalern für ihre kosmologischen und eschatologischen Programme sicher entgegenkam.[323] Anders die weitere Steigerung auf 16 Speichen, die erstmals Jean de Chelles mit der mit 13 m Durchmesser bis dahin größten Rose im Nordquerschiff von Notre-Dame in Paris wagte, die die Glasmaler vor neue Schwierigkeiten stellte:

‚Dem Pariser Domkapitel scheint diese Absicht entsprochen zu haben, obwohl als Ergebnis das Programm unübersichtlich, ja inflationär wird: insgesamt 80 Könige, Richter, Propheten, Hohepriester und Engel umgeben die Madonna. Das was sie sagen wollen, daß das Neue Testament die Erfüllung des Alten ist und dabei der Muttergottes eine besonders bevorzugte Stellung verliehen wurde, wird andernorts schon mit vier Propheten usw. gesagt. Bei den Rosenfenstern geht es ja nicht um ganz spezielle Prophezeiungen, allein schon wegen der geringen Wahrnehmbarkeit spezieller Zeichen, Inschriften etc. In dem Pariser Fenster ist kaum ein Mehr an Aussage gewonnen. Zumal man nicht versuchte, mit andersartigen Bezugselementen zu arbeiten; man hätte bei der 16er-Zahl allerdings auch Schwierigkeiten gehabt, geeignete Kombinationen zu finden.'[324]

Dies gilt erst recht für den zweiunddreißigteiligen äußeren Maßwerkkranz der sechzehnteiligen Straßburger Rose (1277), ‚eine Zahl, die man nicht mehr nachzählt, wenn man nicht muß'.[325] Eröffneten sich mit der der Vergrößerung der gotischen Fensterrose geschuldeten Erhöhung der Teilungszahl von acht auf zwölf den Glasmalern willkommene neue Möglichkeiten, so standen sie bei aus der weiteren Vergrößerung resultierenden Erhöhung auf sechzehn Speichen vor einer sehr undankbaren Aufgabe. Diese Aufstellung mag erneut verdeutlichen, daß die Glasmalerei auf die neuen Maßwerkfiguren reagierte, der Wandel der Maßwerkfiguren selbst aber unabhängig von der Glasmalerei erfolgte. Suckale konstatiert nun am Beispiel der Straßburger Rose, daß ‚architektonisch-optisches Raffinement an Stelle der großen kosmologischen Programmatik' getreten sei.[326] Diese mißverständliche Formulierung suggeriert, daß das Maßwerk zunächst in den Dienst des Bildes gestellt war, tatsächlich aber ist es grundsätzlich unabhängig vom Bild; die Formenwandel des Maßwerks resultiert in den ersten drei Jahrzehnten aus der progressiven Durchgliederung des Bauwerks, in der Folgezeit ist es die Suche nach immer kunstvolleren Effekten, die in der Straßburger Rose deutlich zum Ausdruck kommt und die wohl auch dem Architekten als Ausweis der eigenen Kunstfertigkeit dient.

Diesen Wandel dokumentiert sehr anschaulich ein zeitgenössisches Wimpergrelief über dem Nordportal der Kathedrale zu Clermont-Ferrand, das Jean Deschamps wohl um das Jahr 1265 anfertigte oder anfertigen ließ.[327] (Abb. 80) Es zeigt im Zentrum einer *rota* einen bärtigen Mann, der mit einem Stechzirkel in seiner Rechten ein Maßwerkwerkfragment umschreibt. Gemeint ist hier der entwerfende Architekt als Repräsentant der Geometrie. Ihn umgeben in sechs Paßfiguren die übrigen Vertreter der sieben *artes liberales*.[328] Im Scheitel die Astronomie, dargestellt durch die Betrachtung des Sternenhimmels, links anschließend steht das Glockenspiel für die Musik, die Unterrichtung im Reden für die Rhetorik, Rute und Schüler für die Grammatik, der dozierende Weise für die Dialektik und schließlich der Tisch mit Rechenpfennigen für die Arithmetik. Über den *artes liberales* ist in einer weiteren Paßfigur ein Pelikan dargestellt, der seine Jungen mit dem eigenen Blut wiederbelebt, ein aus dem Physiologus bekanntes und weitverbreitetes Symbol des heilbringenden Opfertodes Christi.[329] Während Michael W. Evans[330] dem Pelikan wie auch den *artes* nur ornamentale Bedeutung zumaß, deutete sie Wolfgang Stammler inhaltlich und schloß: ‚*Ohne Christus und seinen Opfertod bedeuten alle Wissenschaften nichts – das soll der Pelikan oben lehren*'[331]. Eine Deutung, die Karl August Wirth in seiner Untersuchung über mittelalterliche Lehrfiguren stützen konnte.[332]

Die Darstellung der Wissenschaften in Clermont-Ferrand ist in zweifacher Hinsicht bemerkenswert: Zum einen behauptet die Geometrie hier durch ihre Plazierung im Zentrum der *rota* eine Vorrangstellung gegenüber den übrigen sechs *artes liberales*;[333] zum anderen avanciert das Maßwerk in diesem Wimpergrelief von einer Rahmenform zum Sinnbild der Geometrie. Ein in dieser Hinsicht vergleichbares Beispiel ist mir nicht bekannt. Lediglich begegnet der Stechzirkel als Attribut des entwerfenden Architekten; so bei der Konsolfigur im nördlichen Querhausarm von Ste-Trinité in Vendôme aus dem 11. Jahrhundert[334] und in der Dominikanerkirche in Regensburg um die Mitte des 13. Jahrhunderts,[335] bei der Werkmeisterbüste Heinrich Yselins von 1487 für das Chorgestühl der Klosterkirche Weingarten[336] oder eine Generation später beim Bildnis Anton Pilgrams unter der Kanzeltreppe von St. Stephan in Wien.[337] Der Zirkel verweist in den gezeigten Beispielen weniger auf die handwerklichen Aufgaben des Architekten, als vielmehr auf dessen entwerfende Tätigkeit, entsprechend der berühmten Darstellung Gottes als Architekt des Universums in der *Bible moralisée* aus dem frühen 13. Jahrhundert, dem *Codex Vindobonensis 2554* der Österreichischen Nationalbibliothek in Wien;[338] Gott als *Deus artifex*, als Weltbaumeister,[339] der über die Geometrie der Materie Form und Gestalt verleiht.

Auch in Clermont-Ferrand hätte schon der Zirkel allein die zentrale Figur als Personifikation der Geometria ausgewiesen. Die Darstellung des Maßwerkfragments aber unterstreicht diese Deutung nicht nur, sie erhebt gewissermaßen Architektur und Architekten vom Handwerk in die *Freien Künste* und dokumentiert den hohen Stellenwert dieser ungegenständlichen Ornamentform im 13. Jahrhundert.

Die Disposition dieses Wimpergreliefs in Clermont-Ferrand nimmt Karl-August Wirth zum Anlaß einer scharfen Kritik an der oben angeführten Interpretation der Reimser Rose durch Robert Suckale: er weist zunächst darauf hin, daß dem Relief die gängige Lehrfigur der *rota* mit der Erde als Mittelpunkt zugrundeliege; sollte darüberhinaus auch der Himmel dargestellt werden, wurde er bekrönend über den Scheitel der *rota* plaziert, als Dreifaltigkeit oder als Christusbild: man gab Christus die *rota* in die Hände.

‚Hier ist die rota, überspitzt gesagt, Mittel der „Lokalisierung": sie bezeichnet – und enthält – alles, was „unter dem Himmel" ist; außerhalb des Kreises sieht man, was nicht in specie, sondern einzig in fide zu sehen ist. Auf die Darstellung in Clermont-Ferrand angewandt: die Philosophie, durch ihre species vergegenwärtigt, reicht bis an den Himmel und durchdringt dieses ganze weite Feld, aber eben nur dieses.'[340]

Wirth verweist nun u.a. auf die Makrokosmos-*rota* in den Illustrationen zu Gossouins *Image du monde*,[341] in deren Scheitel Christus und Maria thronen. An eben jener Stelle, an der in Reims im Zwickelvierpaß außerhalb der Rose Christus mit der Seele Mariens auf seinem Arm dargestellt ist. Suckale hatte dies so gedeutet, daß das wichtigste Teil des Themas hier an den Rand gedrängt worden sei und ‚*diese Konfusion des Reimser Fassadenprogramms in Darstellungsweise und Thematik das Ende der großen kosmologischtheologischen Bildsysteme vor Augen*' führe.[342] Wirth zeigt dagegen, daß gerade die Plazierung von Christus und Maria im Zwickel kein Zeichen von Konfusion ist, sondern der Darstellung angemessen: ‚Nein! "Richtiger" hätte man nach gründlich eingeübter Lesart die Darstellungen beim besten Willen nicht disponieren können'.[343] Und weiter:

‚Es geht nicht an, die Lehrfigur der rota je nach Vorhandensein oder Fehlen eines radikal auf eine Mitte hin bezogenen Bildkranzes und Darstellung des Wichtigsten im Zentrum zu zensieren. (…) es wird ein Anwendungssystem für die Bildformel postuliert und alles, was sich in den Systemzwang nicht einfügt, unerschrocken als eine „Vergewaltigung des Systems" abqualifiziert. Wer ist es, der da vergewaltigt?'[344]

Vielleicht ist es der harschen Kritik Wirths geschuldet, daß der Ansatz Suckales nicht weitergeführt und eine übergreifende Untersuchung der Veränderungen des Verhältnisses von Fensterfiguration und Glasmalerei nicht mehr versucht wurde. Denn nur wegen der Zurückweisung eines Beispiels wird nicht gleich die gesamte These hinfällig. Gegen eine einseitige Betrachtung wendet sich ja auch Suckale in seiner Untersuchung der abbildenden Funktion von Rosenfenstern und streicht heraus, daß die Vielzahl der Bedeutungen und Rosenformen sich auch daraus erklärt, ‚*daß die radförmigen Weltbilder nicht mit einem festen Bestand von Themenelementen in starren Bindungen operieren*'.[345]

‚Dieser kaum zu erfassenden Fülle von möglichen Figurationen liegt die gleiche kosmologische, analogiebildende Denkweise zugrunde. Gleichwohl ist die ikonographische Tradition außerordentlich vielfältig und offen. Zwar sind die isidorianischen Diagramme wesentlichster Ausgangspunkt, zwar können wir immer wieder die Festlegung einzelner Bildtypen beobachten; Vielfalt und Einzigartigkeit der Themenausprägungen aber über-

wiegen. Deshalb braucht es uns nicht zu wundern, daß kaum einmal das Programm einer gotischen Fensterrose mit dem einer anderen übereinstimmt, ohne daß die Eindeutigkeit der Aussage Schaden nehmen mußte. Zugleich war somit der Erfindungstätigkeit der Architekten ein viel weiterer Rahmen gesteckt als bei einer fixierten Bildtradition. Die Radfigur als geometrische Form an sich hat also keine Bedeutung, sie gewann sie aber, soweit und solange man in ihr Gegenständliches wiedererkannte. So wie das Dreieck zum bedeutsamen Symbol wurde, weil man in ihm die Wesensbezeichnung der drei göttlichen Personen ausgedrückt fand.'[346]

Diese Unterscheidung verdeutlicht, daß die jeweilige geometrische Ausgestaltung des Fensters nur ein *Angebot* für eine symbolische Ausdeutung sein kann, ein „*systematisiertes, kodifiziertes Verhältnis von Formenvokabular und Architekturinhalt*" aber „*semantische Verabredungen*" im neuzeitlichen Sinne voraussetzen würde, wie dies Willibald Sauerländer einmal in einer scharfen Ablehnung einer pauschalisierenden gotischen Architekturikonologie formulierte.[347] Dies gilt insbesondere für zahlensymbolische Ausdeutungen des Maßwerks, die schon Lottlisa Behling zurückwies: „*Die bisherigen Versuche in dieser Richtung überzeugen nicht. Die Schwierigkeit ist mehrfach erwähnt worden. Solange nicht mittelalterliche Schriftquellen als Zeugnisse herangezogen werden, hängt das Beginnen in der Luft.*'[348] Und Joseph Sauer warnt in seiner Untersuchung der ‚*Symbolik des Kirchengebäudes und seiner Ausstattung in der Auffassung des Mittelalters*' nachdrücklich davor, „*überall am Gotteshaus bewußte Anwendung der Zahlensymbolik erblicken zu wollen*'.[349]

Im Rückblick bleibt festzuhalten, daß für die Ausbildung des Maßwerks der jeweiligen Glasmalerei keine oder nur untergeordnete Bedeutung zukommt.[350] Umgekehrt wirkten die neuen gotischen Maßwerkfenster auf die Glasmalerei in zweifacher Hinsicht: zum einen stieg durch die neuen Dimensionen der Fensterflächen das Arbeitsvolumen sprunghaft an. Arnold Wolff hat dies sehr anschaulich durch die Relation von Fensterfläche zur Gesamtlänge eines Kirchenbaus dargestellt, also wieviel Quadratmaßeinheiten Fensterfläche pro Maßeinheit Länge einer Kirche, oder:

‚*... an wievielen Fensterflächen man vorbeikommt, wenn man die Kirche um ein bestimmtes Maß durchschreitet. Hierbei kommt die frühromanische Bartholomäuskapelle in Paderborn mit nur einer Reihe recht kleiner Fenster auf einen Wert von 0,38. Doch schon beim Dom zu Speyer ergibt sich eine Meßzahl von 6,78. Saint Etienne in Caen mit 3,41 und Cluny III mit 3,37 haben demgegenüber eine deutlich geringere Durchfensterung. Erst in Noyon steigt das Maß signifikant auf 9,34, hinter dem Laon mit nur 6,36 noch zurückbleibt. Wie erwartet, ergibt sich der große Sprung in Chartres mit 16,42, gefolgt von Reims mit 24,06. Amiens bringt es im Langhaus auf 32,90, im Chor dank des durchlichteten Triforiums auf 39,02. Auch hier gelingt in Köln nochmals eine Steigerung auf die Meßzahl 43,86. Hätte man den Dom im Mittelalter fertiggestellt, so wären mehr als 6500 Quadratmeter Fenster mit Fenstergemälden zu schließen gewesen. Das bedeutet,* *daß man praktisch den gesamten Fußboden des Innenraumes mit dem Glas der Fenster hätte bedecken können.'*[351]

Daß man auf der Fläche eines einzigen Obergadenfensters des Kölner Domes eine 100 m² – Wohnung einrichten könnte, mag ebenso die neuen Dimensionen veranschaulichen. Die Verglasung solch großer Flächen, die ja mit dem Hochführen des Bauwerks koordiniert werden mußte – eine provisorische Verglasung frühzeitig vollendeter Bauteile ist nirgends belegt – , erforderte ein mindestens ebenso hohes Maß an Arbeitsteiligkeit, Planung und Logistik wie in der eigentlichen Bauhütte, und die immense Redaktionsleistung läßt eine viel direktere Verbindung zwischen Bildprogrammierer oder ‚Concepteur' und den Glasmalern erwarten als dies für andere Bereiche des Baubetriebs angenommen werden kann.[352] Auch waren die Kosten für die verglaste Fläche eines Fensters höher als das Hochführen einer vergleichbaren Mauerfläche.[353]

Zum anderen war die Glasmalerei gefordert, die dispositiven Möglichkeiten der vorgegebenen Rahmenform auszuloten und adäquate Lösungen für die neuen Maßwerkfenster bereitzustellen, deren erste Schwierigkeit die extreme Proportion der langen, schmalen Fensterbahnen war, etwa 1:9 im Kölner Obergadenfenster: Nicht das Maßwerk, sondern das Stabwerk ist damit das Hauptproblem der Glasmalerei.

Eine auf das deutsche Verbreitungsgebiet beschränkte Lösung für hohe zweibahnige Maßwerkfenster ist das sogenannte Bibelfenster, das in Deutschland seit der zweiten Hälfte des 13. Jahrhunderts bis ins 14. Jahrhundert zur *‚Standardausstattung von Chorverglasungen'* gehörte, nach Kemp eine der *‚konzeptionell schlüssigsten Formulierungen der Glasmalerei'*.[354] Es verbindet in systematischer Absicht den für die hochrechteckigen schmalen Bahnen mit ihrer Betonung der Vertikalen wie kaum ein anderes Thema geeigneten ‚natürlichen Aufstieg' der Wurzel-Jesse-Fenster mit Szenen des Neuen Testaments – traditionell rechte Bahn – und Szenen des Alten Testaments – linke Bahn, die ihrerseits typologisch verknüpft werden. Ältestes erhaltenes Beispiel ist das Bibelfenster der Dreikönigskapelle des Kölner Domes. Und Wolfgang Kemp führt gute Gründe an, in diesem Fenster ein ‚Primärwerk' zu sehen, *‚eine Bildschöpfung, die aus besonderem Anlaß und unter Mitwirkung eines besonderen Autors* [Albertus Magnus] *zustandekam und zahlreiche Folgewerke nach sich zog'*.[355] Unter dem Titel ‚Parallelismus als Formprinzip? Zum Bibelfenster der Dreikönigenkapelle des Kölner Domes und anderen verwandten Werken' erläutert Kemp, wie die Parallelität der Erzählstränge für die Verdichtung der Argumentation eingesetzt wird. Ulrike Brinkmann, die im Aufbau des Bibelfensters *‚die Antwort der deutschen Glasmalerei auf die neue Form des zweibahnigen gotischen Fensters'*[356] erkennt, führt weiter aus:

‚In der Tat erfährt die inhaltliche Beweisführung des Bibelfensters durch die durchdachte Gestaltung entscheidende Unterstützung. Die heilsgeschichtliche Verbundenheit beider Testamente wird durch die in beiden Bahnen gleichgestalteten, ununterbrochen durchlaufenden Rahmungen der Bildmedaillons ausgedrückt, ihre typologische Verknüp-

fung führen ikonographisch verwandte Bildmuster vor Augen. Zugleich wird in der alttestamentlichen Bahn mit einem alternierenden Farbwechsel in der inneren Borte deutlich gemacht, daß hier die Bilder nicht als chronologisch fortlaufende Ereignisfolge verstanden werden sollen, sondern jeder alttestamentliche Typus für sich steht und seinen Sinnbezug erst in der horizontalen Verankerung mit dem neutestamentlichen Gegenbild findet. Parallelismus ist im Bibelfenster nicht nur „Formprinzip", wie Kemp formuliert, sondern Programm.'[357]

Gerade im Hinblick auf die nachstehende Untersuchung der Verortung der Maßwerke des Kölner Domes ist es wichtig festzuhalten, daß Parallelismus hier nicht ein ‚Verdoppeln' bezeichnet, sondern eine parallelgeschaltete Disposition von Entsprechungen. Sie tritt in Köln umso deutlicher hervor, da allein dieses Fenster farbig und figürlich verglast wurde, alle anderen Fenster im Chorumgang zeigten Grisaillen, farblose, geometrisch gegliederte Ornamentfenster mit Rankenmustern und wenigen bunten Einsprengseln.[358] Sie wurden nach 1322 durch die heutigen farbigen, figürlichen Scheiben ersetzt, als durch die Versetzung des Dreikönigenschreins in die Chorscheitelkapelle der bis dahin ausschließlich von der Geistlichkeit genutzte Chorumgang für die Pilger geöffnet werden mußte.[359] Keinesfalls handelte es sich bei diesen Ornamentgrisaillescheiben um eine ‚Not- sondern um eine echte Kathedralverglasung', wie Herbert Rode bereits 1978 herausstellte,[360] auch der immer wieder eingeworfene Verweis auf das Bilderverbot der Zisterzienser greift zu kurz.[361] Denn Grisailleverglasung ist im 13. Jahrhundert keineswegs auf Ordenskirchen beschränkt, sondern begegnet auch in den großen französischen Kathedralen wie Tour oder Reims, dort im Querhaus, dem Ort der Krönung. Augenscheinlich reagierte man in Köln mit der späteren Farbverglasung auf das neue Publikum,[362] den Pilger, den Laien, während ‚das bilderlose Programm mit dem theologisch anspruchsvollen Bibelfenster im Zentrum […] auf die in dieser Zeit wohl auf Geistliche beschränkte Nutzung des Chorumgangs zugeschnitten',[363] nicht aber mönchischer Bescheidenheit oder Geldmangel geschuldet war.

VIII. Die Maßwerkfenster des Kölner Domes

Im 1248 begonnenen Neubau des Kölner Domes[364] begegnet zum ersten Mal der Versuch, den homolog-hierarchischen Aufbau der Maßwerkfenster in den Dienst ihrer systematischen Verortung am Gesamtbauwerk zu stellen. (Abb. 81–92, 96–111) Gemeint ist das Verhältnis von ‚oben und unten', von ‚vorne und hinten' und von ‚links und rechts' bei der Anordnung von Maßwerk an einem mittelalterlichen Großbau.

Eben hierin unterscheiden sich aber auch mittelalterlicher Bestand und neugotische Ergänzung augenfällig: Die beiden Querhausfassaden des Kölner Domes wurden erst im 19. Jahrhundert nach den Plänen von Ernst Friedrich Zwirner hochgeführt. Seinen Plänen für die Gestaltung des Nord- (1843) und des Südgiebels (1855) lag kein mittelalterliches Planmaterial zugrunde, wie es für die Westfassade vorlag.[365]

Die anschließenden äußeren Querhausjoche zeigen im Erdgeschoß wie im Obergaden die gleichen Fenster (Abb. 81): homolog-hierarchisch aufgebaute vierbahnige Maßwerkfenster mit großem einbeschriebenen Vierpaß über zwei kleineren. In beiden Fenstern ist der bekrönende Vierpaß mit Nasen und Lilien besetzt. Eine Verdopplung. Ausgezeichnet wird das Obergadenfenster gegenüber dem Seitenschiffenster allein durch die vorgeblendete Wimpergarkade. Anders im 1248 begonnenen Chor (Abb. 84, 85, 87): drei einbeschriebene liegende Fünfpässe in den Chorseitenschiffen, ein großer über zwei kleineren, entsprechend dem homolog, hierarchischen Aufbau der vierteiligen Fenster, im ersten westlichen Obergadenfenster dann die Wiederholung der Grundfigur, aber eine sechsteilige stehende Kleeblattbogenrose anstelle des bekrönenden großen Fünfpasses. Bei sonst gleicher Durchbildung erhebt das Rosenmotiv das Obergadenfenster über das der Chorseitenschiffe.

Eine vergleichbare vertikale Abstimmung begegnet im Chorpolygon (Abb. 88): in den Chorkapellen bekrönen drei gestapelte Dreipässe die beiden genasten Bahnen, im Obergadenfenster des Polygons erscheint dann wieder das Rosenmotiv, nun in Gestalt von fünf in einen großen Rundpaß einbeschriebenen Dreipaßbögen über zwei Dreiblättern. Eben dieses Rosenmotiv erscheint auch in den anschließenden östlichen Chorobergadenfenstern, dort aber in der zweiten Ordnung, unter einem großen genasten stehenden Vierpaß mit Lilien. (Abb. 86, 87) Mit diesen östlichen Obergadenfenstern wird aber auch mit den Gesetzmäßigkeiten der Binnenstruktur homolog-hierarchischer

Abb. 81   Köln, Dom. Südquerarm von W.

Abb. 82 Köln, Dom. Langhaus von S.

Abb. 83　Köln, Dom. Chorseitenschiff von S.

Fenster gebrochen: analog zur einbeschriebenen Form der unteren Fünfpässe hätte auch der bekrönende Vierpaß einbeschrieben werden müssen, und der einbeschriebenen fünfteiligen ‚Rose' fehlt der Fünfpaß, der die fünf Kleeblattbogen einfaßt. Lottlisa Behling trifft den Kern, wenn sie in diesem Zusammenhang, wenngleich an einem anderen Beispiel, der Katharinenkirche zu Oppenheim, von ‚*verselbständigten Nasen*' spricht, durch die ‚*eine leichte Schwingung in den klassischen Aufbau*' komme, worin sie ein Merkmal ‚*einer schon etwas späteren Zeit*' erkennt.[366]

Die Bedeutung dieser ‚verselbständigten Nasen' kann kaum überschätzt werden; sie sprengen den architektonischen Rahmen in doppeltem Sinn! Entscheidend ist, daß sämtliche Einzelformen dieser Fenster – Rundpaß, Vierpaß, Fünfpaß, Dreipaßbogen – zum geläufigen Formenvokabular gehören, grundlegend geändert aber hat sich der Aufbau: die gegebene Folge von einfassendem Rundpaß, innere Paßfigur, Nasen, bzw. die erste, die zweite und die dritte Ordnung, wird durchbrochen, indem nun die dritte Ordnung unmittelbar in die erste gestellt wird, bzw. die Nasen, d.i. die Folge der fünf Dreipaßbögen, unmittelbar an den einfassenden Rundpaß stößt. Da diese Figur in Köln zum Hauptmotiv der Apsisfenster avanciert und damit plakativ herausgestellt wird, wird man darin mehr als nur eine ‚Spielerei' vermuten wollen, zumal einzig das unmittelbare Vorbild für den Kölner Dom, die Kathedrale von Amiens, Chorobergaden 1264 eingewölbt,[367] kurz zuvor in analoger Bildung sechs in einen Rundpaß einbeschriebene Dreipaßbögen zeigt; (Abb. 119,120) wobei in diesem Zusammenhang auch die formale Ähnlichkeit mit der älteren burgundischen Tradition der Rosenfenster genannt werden muß. Hier sind an erster Stelle die um 1230 als Plattenmaßwerk gestalteten Rosenfenster im Chorobergaden der Kathedrale zu Auxerre zu nennen, aber auch die 1235/40 hochgeführten Fenster der zum Bischofspalast gehörigen Salle synodale in Sens, die seitlichen inneren Blendfenster des unter Jean de Chelles ab ca. 1245 hochgeführten Nordquerschiffs der Pariser Kathedrale und die Obergadenfenster des 1257 geweihten Chores der königlichen Stiftskirche St.-Quentin (Abb. 70) in der Diözese Noyon.[368]

Schon auf dieser ersten beschreibenden Ebene der Analyse der Maßwerkfenster des Kölner Domchores wird deutlich, daß im Chorobergaden zwischen dem ersten und dem zweiten westlichen Vorchorjoch ein Wechsel erfolgt. Eine Untersuchung der Verortung der Maßwerkfenster muß also für beide Abschnitte getrennt erfolgen. Die Herleitung der unterschiedlichen Formen bedarf einer absoluten Bauchronologie, wie auch einer Prüfung der vorgeschlagenen relativen Chronologie. So meinte Helen Rosenau, daß das westliche Chorobergadenfenster jünger sei als die östlichen,[369] Georg Dehio hielt die Westfenster dagegen für die ältesten.[370] Eben weil die Neuerungen in Köln sich nicht auf eine Einzelform reduzieren lassen, fehlen die Kölner Obergadenfenster auch in der morphologisch ausgerichteten Untersuchung zur ‚*Gestalt und Geschichte des Maßwerks*' (1944) von Lottlisa Behling, wie auch in der Dissertation von Gottfried Kiesow über ‚*Das Maßwerk in der deutschen Baukunst bis 1350*' (1956), der nur die Kölner Chorkapellenfenster aufführt.[371] Aber auch die späte Datierung des Obergadens um 1322, dem Jahr der feierlichen Schlußweihe des Chores unter Heinrich von

Abb. 84   Köln, Dom. Chorseitenschiffenster

Virneburg,³⁷² ließen die Kölner Fenster rückschrittlich erscheinen und verhinderten lange ihre Behandlung in den entwicklungsgeschichtlich ausgerichteten Darstellungen der Geschichte des Maßwerks. Doch gilt seit der grundlegenden Arbeit von Arnold Wolff zur ‚Chronologie der ersten Bauzeit des Kölner Domes' der Hochchor mit seinem Strebesystem bereits um 1300 als fertiggestellt und spätestens um 1304 durch eine Trennwand zum nicht mehr fertiggestellten Querhaus hin abgeschlossen.³⁷³ Und folgt man den Ergebnissen der neuesten bauarchäologischen Untersuchung des Chorobergadens durch Maren Lüpnitz, dann wurden ab ca. 1270 die Obergadenwände errichtet und waren bereits um 1285 sämtliche Obergadenwände des Chores fertiggestellt.'³⁷⁴ Damit aber wäre die in der Forschung stets hervorgehobene überragende Stellung der Straßburger Westfassade (beg. 1277), besonders der Planrisse A–C (Abb.121–124), völlig neu zu überdenken, wie auch die Datierung von Riß F der Kölner Domfassade (Abb. 95), der – entgegen dem ausgeführten Bau – im ersten Obergeschoß das Maßwerk der östlichen Chorobergadenfenster wiederholt. Die beiden großen kathedralen Fassadenprojekte von Straßburg und Köln wären dann etwa zeitgleich entwickelt worden und jene auf Straßburg zurückgeführten Formen des Kölner Chorobergadens³⁷⁵ könnten auch als Rezeption Kölner Formen in Straßburg gedeutet werden. Den von nationalem Pathos geprägten Werturteilen wäre damit auch durch die Bauchronologie der Boden entzogen:

Abb. 85 Köln, Dom. 1. westliches Langchorfenster von S.

Abb. 86   Köln, Dom. Chorobergadenfenster von SW.

hier das künstlerische Genie Erwin von Steinbach, dort das schematische, doktrinäre Festhalten am alten Formenbestand, hier der Erfindungsreichtum, dort die rezeptive Haltung und lebloser Eklektizismus, den entschieden erst Paul Frankl als ‚normative Qualität' ins Positive wendete.[376]

1.   Akyrismus und Norm

Nationalstolz und Geniekult determinierten im 19. und noch im 20. Jahrhundert die unterschiedliche Bewertung von Straßburg und Köln. Zur Entscheidung, den Kölner Dom zu vollenden, hatte ganz entscheidend die Interpretation der Gotik als eine von Grund auf deutsche Kunstrichtung beigetragen, als deren höchster Ausdruck eben der Kölner Dom galt. Nachdem Mertens, Kugler und Reichensperger aber den französischen Ursprung der Gotik herausgestellt und Reichensperger (1845) und Verneihl (1847–1849) in der Kathedrale zu Amiens das direkte Vorbild für den Kölner Dom erkannt hatten, spaltete sich das kunsthistorische Urteil in zwei von nationaler Hegemonie geleitete Lager: Félix de Verneihls ‚*Verurteilung*' Kölns als eine ‚*geistlose*' Kopie der

Kathedrale zu Amiens und in seiner Nachfolge die Verweise französischer Autoren, *„daß in Deutschland stets nur französische Architektur nachgeahmt worden und durch die in Köln zweifellos erreichte Perfektionierung des gotischen Architektursystems das eigentlich Künstlerische verlorengegangen sei"*, folgten die Versuche deutscher Kunsthistoriker *„immer wieder auf die Unterschiede zu Amiens hinzuweisen, obwohl sie mangels genauer Kenntnisse meist im Oberflächlichen verharrten oder sich in nichtssagenden Worthülsen gefielen"* (Wolff).³⁷⁷ Und in seiner jüngsten Generalabrechnung (1998) beschied Arnold Wolff den *„französischen Autoren"* denn auch, daß sie *„hilflos vor der unübersehbaren, geradezu klassischen Reinheit des Kölner Domes stehend, [...] ihre Zuflucht zu dem abweisend gemeinten Begriff „doktrinär" (nahmen), womit die Vorstellung einer pedantischen Schulmeisterei hervorgerufen werden sollte"*.³⁷⁸

Noch um die Mitte des 20. Jahrhunderts findet der Kölner Dom in den großen Überblicksdarstellungen wenig Beachtung; Otto von Simson (*The Gothic Cathedral*, New York 1956, deutsche Ausgabe: *Die gotische Kathedrale*, Darmstadt 1968) erwähnt ihn nicht einmal, und Sedlmayr – *„der Köln wahrscheinlich nie gesehen hat"*³⁷⁹ – (Die Entstehung der Kathedrale, Zürich 1950), der bei der Behandlung der französischen Kathedralen sorgsam noch die kleinsten Veränderungen notiert, merkt nur pauschal an, daß *„an einem Bau wie dem Kölner Dom das Deutsche nur mehr eine – wenn auch klar faßbare – Nuance"* sei.³⁸⁰

Erst in der zweiten Jahrhunderthälfte änderte sich das Bild: Mit Paul Frankls *„Gothic Architecture"* (1962) fand der Kölner Dom erstmals eine umfassende Würdigung in einer *„moderneren internationalen kunsthistorischen Gesamtschau"*.³⁸¹ Scharf kritisiert Frankl das Verdikt des *„Doktrinären"*: der Ausdruck selbst sei ein Zeichen von akademischer Voreingenommenheit; was Gerhard und seine Zeitgenossen suchten und auch fanden, sei kein kleinlicher Regelkatalog gewesen, sondern die *„vollkommene Verwirklichung eines Traumes"*:

*‚For this reason it is wrong to call the phase with which we are dealing „doctrinaire Gothic"; indeed the term itself is a sign of academic prejudice. A doctrine is a series of rules drawn up for instructional purposes, but the word doctrinaire suggests a narrow-minded and pedantic interdict against deviation from a set of rules. What Gerhard and his contemporaries both sought and found was not a set of petty rules imposed by pedantic schoolmasters, but an ideal – the perfect realization of a dream.'*³⁸²

Programmatisch stellt der Wölfflin-Schüler Frankl unter dem Begriffspaar Akyrismus und Norm den Kölner Domchor und den zeitgenössischen Chor der Kathedrale von Coutances (um 1250) als gleichwertige Alternativen gegenüber:

‚In Normandy, about 1250, a contemporary of Gerhard built the choir of Coutances. Many of the elements here may have sprung from a design made about 1218 when the nave was begun. Compared with Cologne, many, or perhaps even all, of the details

Abb. 87 Köln, Dom. Chorfenster von S.

Abb. 88 Köln, Dom. Chor von SO.

Abb. 89   Köln, Dom. Chor nach O.

in this choir are old-fashioned, but its unusual and imaginative features, such as the staircases which have been inserted in the upper part of the inner ambulatory like oriels and the corbels sticking to the shafts of slender columns which support the ribs, make it uncommonly attractive. It can be said that, if corbels on shafts can be allowed to support figures, as in the Sainte-Chapelle and at Cologne, they can also support ribs, but there is a subtle difference. Both this form and the staircases in their oriels at Coutances are extremely imaginative examples of akyrism. One can best appreciate this choir, with its double ambulatory, if one sees it as a foil to the strikt spirituality of the choir at Cologne. Both are the fulfilment of certain human desires, and both widen the range of our sympathetic emotions, for akyrism and the norm are two equally valid alternatives.'[383]

Akyrismus (ἄκυρος = ungesetzlich, unrechtmäßig; ἀκυρόω = für ungültig erklären) und Norm, die bewußte Durchbrechung der Regel wie das Regelmaß, die normative Qualität, als antipodische, aber grundsätzlich gleichwertige Alternativen zu begreifen, damit durchbrach Frankl das Verdikt des Doktrinären und öffnete das Feld für eine Neubewertung des Kölner Domes, die mit Arnold Wolff ‚Die vollkommene Kathedrale. Der Kölner Dom und die Kathedralen der Ile-de-France' (1998) wieder an die hohe Wertschätzung des 19. Jahrhunderts anknüpft, doch nun ohne nationales Pathos und mit deutlicher Trennung zwischen gotischer Architektur und dem Kathedralbau mit seiner progressiven Durchgliederung aller Bauteile, die in Köln zu einem ‚Endpunkt' geführt wurde.[384]

Als Forminnovation stellt Frankl die Maßwerkfüllungen der Wimperge im Chorobergaden heraus, den Dreistrahl in Form eines umgedrehten Y. (Abb. 88) Dieser sei fortschrittlicher als irgend etwas im Werk des Pierre de Montreuil:

‚...*there is at Cologne a detail which is more progressive than any in the work of Pierre de Montereau – the piercing of the gables with tracery in the form of a triradial figure, that is in the form of an inverted letter Y with all its three arms the same length. Just as the introduction of this motif made exteriors more Gothic, because through it tracery conquered new fields, so in interieurs the introduction of hollows between shafts and is an extension of the Gothic principle of fusion to include the form of piers.*'[385]

Der Dreistrahl erscheint wohl zum ersten Mal auf der Innenwand des ab ca. 1245 unter Jean de Chelles errichteten Nordquerschiffs der Pariser Kathedrale im mittleren Blendfenster, einbeschrieben in ein sphärisches Dreieck und mit einbeschriebenen auf die mittlere Nabe ausgerichteten stehenden Vierpässen in den Zwickelflächen. Anders als in Köln sind die beiden unteren Schenkel so weit gespreizt, daß ihre oberen Stege eine Horizontale bilden; nach Maßgabe der größeren Zwickelfläche ist der einbeschriebene Vierpaß hier größer als die beiden oberen. Der Kölner Dreistrahl hingegen ist steiler dimensioniert, nach Maßgabe der steil ansteigenden Wimpergschrägen, und zeigt gestauchte Dreiblätter in den Zwickeln. Die Verbindung des Dreistrahls mit der

Abb. 90   Köln, Dom. Aufmaß Chorkapellenfenster.

Abb. 91 Köln, Dom. Aufgemalte Blendfenstermuster in den Chorkapellen. Rekonstruktion nach vorgefundenen Resten (1967).

Abb. 92 Köln, Dom. Chorseitenschiffenster.

bereits von den unmittelbaren architektonischen Vorbildern des Kölner Domes – der Sainte-Chapelle in Paris und der Kathedrale zu Amiens – bekannten Wimpergarkade (Abb. 64,116) war eine Innovation. In Köln bekrönen diese Wimperge die Hochfenster des Polygons. (Abb. 88) Im Chorhals alternieren sie jochweise mit paßbesetzten Wimpergen (Abb. 86): einem großen einbeschriebenen genasten Sechspaß im Zentrum und gestauchten Dreiblättern in den Zwickeln. Die Reihe endet im westlichen Vorchorjoch – dessen Fenstermaßwerk sich von den übrigen Obergadenfenstern ja deutlich unterscheidet – mit einem paßbesetzten Wimperg; und allein hier steht diese Gliederung

176

in unmittelbarem Bezug zum Fenstermaßwerk, indem sie die bekrönende sechsteilige Rose aufgreift. Im dritten östlichen Vorchorjoch steht sie völlig unvermittelt über dem großen ungefaßten genasten Vierpaß. Eine homogene vertikale Abstimmung ist damit allein im Eingangsjoch gegeben: unten zwei kleinere einbeschriebene Fünfpässe unter einem großen, im Obergaden wieder die beiden einbeschriebenen Fünfpässe, nun aber von der sechsteiligen Rose bekrönt, die auch das Hauptmotiv des Wimpergs bildet. (Abb. 85, 87) Die anschließenden östlichen Chorjoche brechen mit dieser Anordnung und suchen eine andere Anbindung mit den Neuerungen von Dreistrahl und verselbständigten Nasen (86, 87): die beiden kleineren einbeschriebenen Fünfpässe der Chorseitenschiffe erscheinen in den Langchorfenstern oben als fünf in einen großen Rundpaß einbeschriebene Dreipaßbögen, eine Figur, die dann in den Polygonfenstern ganz nach oben rückt, also auch hier eine vertikale und horizontale Verklammerung, aber mit neuen Mitteln. Umso deutlicher treten hierdurch die großen genasten Vierpässe hervor, die vordergründig allgemeinste Figur, die aber durch ihre solitäre Stellung und ohne einfassenden Rundpaß monumentale Züge erhält, wie schon an der Westfassade der 1231 unter Hugues Libergier begonnenen Benediktinerabtei St.-Nicaise in Reims.

Eben diese Kölner Obergadenfenster, wieder unter alternierender Abfolge der Wimpergfiguren, erscheinen auch im großen Fassadenplan des Kölner Domes, dem Riß F,[386] im ersten Obergeschoß des Süd- und des Nordturmes. Dies verwundert, denn der ab 1360 hochgeführte Bau zeigt an dieser Stelle eine Wiederholung der vierbahnigen Erdgeschoßfenster mit einbeschriebenem genasten Vierpaß über zwei kleineren einbeschriebenen Vierpässen, allerdings unter alternierender Abfolge der Wimpergfiguren, im ersten Obergeschoß mit den Dreistrahlen außen und den Paßfiguren innen, im Erdgeschoß umgekehrt. Auf dem Riß F aber ist die Maßwerkfigur der Wimperge im Erdgeschoß identisch: stets der einbeschriebene genaste Sechspaß im Zentrum und genaste Bogendreiecke in den Zwickeln. Eine alternierende Folge erscheint auf dem Riß F neben den Wimpergen im ersten Obergeschoß (Abb. 95) nur noch in den Wimpergen der Oktogonfenster im zweiten Turmfreigeschoß: zentripetale Zwickelstrahlen und einbeschriebene Dreipässe wechseln dort mit genasten Sechspässen unter genasten Bogendreiecken. Alle anderen Geschosse werden bestimmt von der einfachen Reihung. Stärker noch als bei den Wimpergen setzt sich das erste Obergeschoß auf Riß F durch das Fenstermaßwerk ab, denn sieht man von dem großen sechsbahnigen Westfenster ab, das das Langhaus nach Westen hin abschließt, dann gibt es für die gesamte Fassade nur ein einziges Fenstermaßwerk, eben dasjenige des Erdgeschosses mit einbeschriebenem großen genasten Vierpaß über zwei kleineren; im zweiten Turmfreigeschoß wird lediglich der einfassende Rundpaß durch ein Bogenviereck ersetzt. Die Besonderheiten der Chorobergadenfenster aber, die hier im ersten Turmobergeschoß auf Riß F erscheinen – die verselbständigten Nasen und der große nicht einbeschriebene Paß – sucht man auf dem ganzen Plan vergebens. Geradezu zwanghaft wird jede, noch die kleinste Paßfigur, mit einem Kreis oder einem Bogenvieleck gerahmt[387] – und es sind mehrere Hundert auf diesem einem Riß. Ebenso sind alle Nasenfiguren in einen Paß gefügt, ‚verselbstän-

177

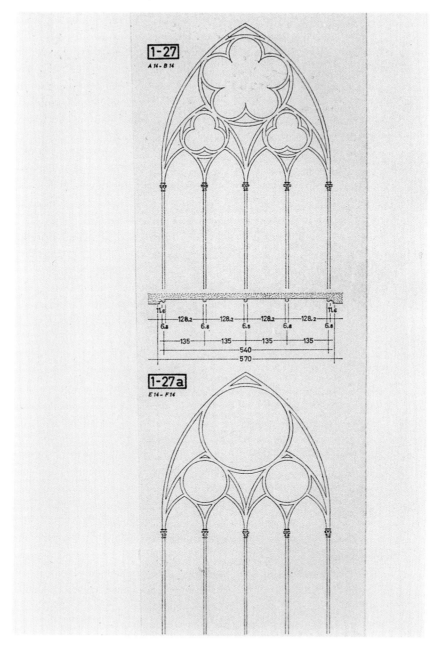

Abb. 93   Köln, Dom. Blendfenster in der Ostwand des südlichen (oben) und nördlichen (unten) Chorseitenschiffs.

Abb. 94   Köln, Dom. Planriß E.

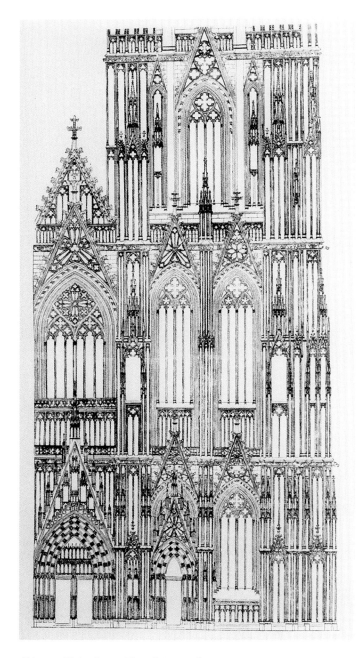

Abb. 95   Köln, Dom. Planriß F, Ausschnitt.

digte Nasenfiguren' fehlen. Auch die ‚Fünf' als Teilungszahl erscheint an keiner anderen Stelle mehr, nur eben in den Fenstern des ersten Turmobergeschosses, alle anderen sind Drei-, Vier- und Sechspässe.

Dies verdeutlicht, daß die Fenster des ersten Turmobergeschosses nicht aus dem Plan heraus entwickelt wurden; auch ist keine Absicht erkennbar, die Besonderheiten dieser Fenster für die Planfindung zu nutzen. Daß sie überhaupt und an dieser Stelle auf dem Riß F erscheinen, läßt sich kaum anders erklären, als daß diese ursprünglich um den gesamten Bau geführt werden sollten, um eine homogene Anbindung aller Bauteile zu gewährleisten. Vergleichbar der heutigen Situation der Seitenschiffenster von Querschiff und Langhaus und Erdgeschoß des Südturms;[388] sie alle zeigen die gleichen vierbahnigen Fenster mit großem einbeschriebenem genasten Vierpaß über zwei kleineren und verklammern optisch diese drei Bauteile miteinander. (Abb. 81, 82, 102) In gleicher Weise sollte mit dem Obergeschoß verfahren werden, doch wurde der Obergaden des Langhauses im Mittelalter nur in rudimentären Ansätzen ausgeführt. Spätestens bei der Hochführung des ersten Turmobergeschosses im letzten Viertel des 14. Jahrhunderts,[389] muß die Entscheidung gefallen sein, nicht das Chorobergadenfenster, wie auf Riß F noch vorgesehen, sondern das Standardfenster von Riß F, wie es im Erdgeschoß von Querschiff (Westseite), Langhaus und Südturm vorgegeben war – Arnold Wolff nennt es das typische Domfenster des frühen 14. Jahrhunderts –[390], um den gesamten Obergaden herumzuführen. Oben und unten das gleiche Maßwerk, eine Verdopplung. Und nach eben dieser spätmittelalterlichen Vorgabe wurde der Obergaden von Langhaus und Querschiff unter Zwirner im 19. Jahrhundert vollendet,[391] nicht aber nach den Plänen Sulpiz Boisserées, der für das Langhaus die Maßwerke der östlichen Chorhalsjoche vorsah, also einen nicht einbeschriebenen großen Vierpaß über den beiden einbeschriebenen fünfteiligen Dreipaßbogenrosen für den Obergaden und die gestapelten einbeschriebenen Fünfpässe für das Seitenschiff.[392] (Abb. 103)

Das größte Problem hinsichtlich der Maßwerkfenster stellte sich Zwirner bei der Deutung und Einbindung der Maßwerke des ersten westlichen Chorhalsjoches, (Abb. 85, 107) die sich ja von den östlichen deutlich unterschieden, deren Zeichnung in den anschließenden Fenstern der Querhausostwand wiederkehrt: Bei einem angenommenen und noch von Rosenau vertretenen[393] Bauablauf von Ost nach West mußte verwundern, daß man von der einmal gefundenen Maßwerkfigur nur einmal – eben im ersten westlichen Chorhalsjoch – abweicht, um gleich darauf in den anschließenden Maßwerkfenstern der Querschiffsostwand wieder zu ihnen zurückzukehren; denkbar war auch eine bewußte Kenn- bzw. Auszeichnung der Vierung, zumal dort nach Ausweis des sogenannten Crombachplanes[394] die bedeutendste Reliquie des Kölner Domes, die Gebeine der Hll. Drei Könige, Aufstellung finden sollten: ‚Locus futurae quietis S. S. trium Regum' lautet der Eintrag im Vierungsquadrat der Grundrißzeichnung aus dem Jahre 1654.[395] Aufschluß hierüber hätte die Maßwerkfigur im ersten Langhausjoch westlich der Vierung geben können, die aber im Mittelalter nicht ausgeführt wurde. (Abb. 96–98) Über die Fortführung der Obergadenmaßwerke geben allein die mit der

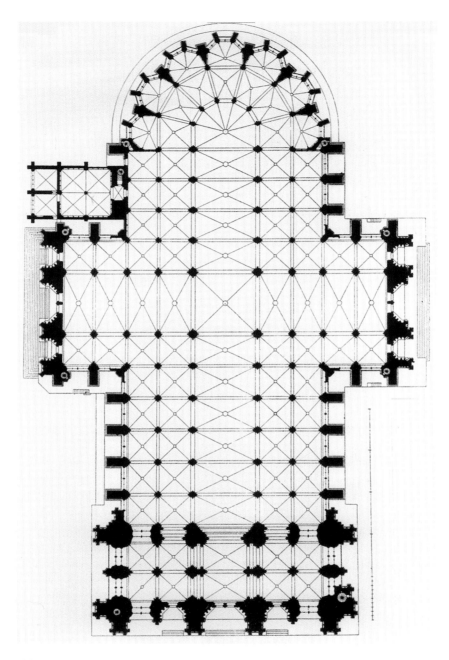

Abb. 96   Köln, Dom. Grundriß.

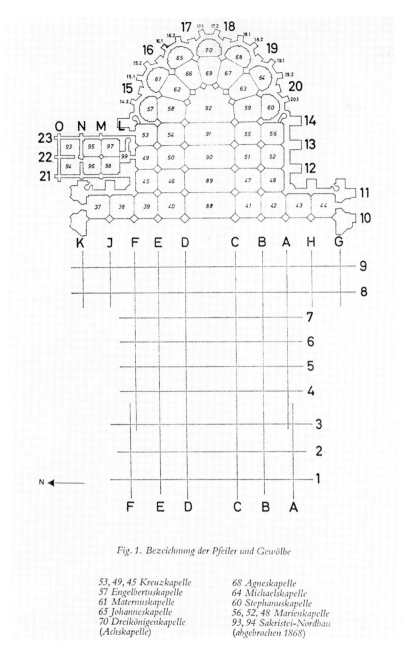

Fig. 1. Bezeichnung der Pfeiler und Gewölbe

53, 49, 45 Kreuzkapelle
57 Engelbertuskapelle
61 Maternuskapelle
65 Johanneskapelle
70 Dreikönigenkapelle
(Achskapelle)

68 Agneskapelle
64 Michaelskapelle
60 Stephanuskapelle
56, 52, 48 Marienkapelle
93, 94 Sakristei-Nordbau
(abgebrochen 1868)

Abb. 97   Köln, Dom. Grundriß mit Bezeichnung der Pfeiler und Gewölbe nach Wolff.

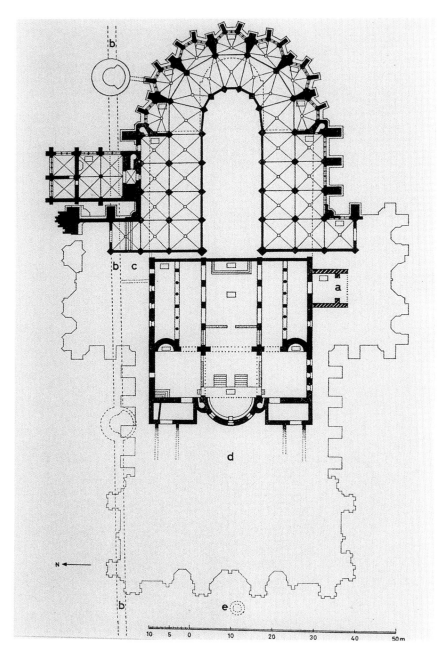

Abb. 98   Köln, Dom. Ausbauzustand im Jahre 1277 nach Arnold Wolff.

Chortrennwand hochgeführten Fenster der Querhausostwand Auskunft, und diese zeigen das Maßwerk der östlichen Chorhalsjoche mit dem großen nicht einbeschriebenen Vierpaß, ohne jeden Wechsel der Formen. (99–101) Diesen Zustand geben auch die frühen Ausbaupläne Zwirners in den 30er Jahren des 19. Jahrhunderts wieder. Mit dem sogenannten 2. Schinkelplan, einem Entwurf Zwirners aus dem Jahre 1838 für den Ausbau ohne Strebebögen,[396] aber erscheinen im Querhausobergaden die beiden unterschiedlichen Chorobergadenfenster in alternierender Folge, beginnend an der Vierung mit der großen Vierpaßfigur, endend mit der sechsteiligen Rose an der Querhausstirn. Führte man diese Folge am Langhaus weiter, so erhielte das erste Langhausjoch westlich der Vierung die gleiche Zeichnung wie das westliche Choreingangsjoch, was auch einer symmetrischen Ausgestaltung der Querhausfassaden, an denen Zwirner 1838 arbeitete,[397] entgegenkam. Eine Idee, die schon in den Rekonstruktionsplänen Boisserées umgesetzt wurde.[398] (Abb. 103)

Zur Ausführung gelangte schließlich die Verdopplung (also oben und unten) der vierbahnigen Fenster mit einbeschriebenen Vierpässen nach Maßgabe des Südturms. Nur die an die Vierung grenzenden Fenster erhielten im Unterschied zu diesen einbeschriebene siebenspeichige liegende Nasenrosen über stehenden ungenasten einbeschriebenen Vierpässen über vier genasten Bahnen, eine Fensterform, die sonst nirgends am Dom erscheint und als freier Entwurf Zwirners nach Maßgabe der westlichen Chorhalsfenster anzusehen ist. Hierdurch wurde die Vierung hervorgehoben und die abweichende Maßwerkzeichnung der westlichen Chorhalsfenster in den Gesamtplan integriert. Ausgenommen wurde allein die Ostwand des Südquerschiffs, die nicht mit einer siebenspeichigen Rosenfigur an die Vierung grenzte, sondern mit den erhaltenen großen Vierpässen. Ein Grund war der unterschiedliche Erhaltungszustand der Fenster von Nord- und Südseite. (Abb. 100,101) Auf der Nordseite war die Maßwerkzeichnung nur noch in wenigen Ansätzen erkennbar, das Fenster mit Backstein verblendet. Zwirner hatte hier freie Hand. Anders auf der Südseite: hier blieben die Maßwerke erhalten und eine Änderung des mittelalterlichen Bestandes an so prominenter Stelle wäre auf entschiedenen Widerstand des die *‚geheiligte Idee des ersten Dombaumeisters'* wahrenden 1841 gegründeten Zentral-Dombau-Vereins gestoßen.

Vor einer konkreten Herleitung der einzelnen Maßwerkformen des Kölner Domes bleibt zunächst festzuhalten, daß im Chor einer ersten subordinierenden Anordnung der Maßwerke eine zweite folgt, die ebenfalls subordiniert, deren Binnenstruktur aber mit dem tradierten Schema der Abfolge der einzelnen Ordnungen bricht; spätestens im letzten Viertel des 14. Jahrhunderts, d.i. mit der Hochführung des 1. Obergeschosses des Südturms, tritt dann an die Stelle der subordinierenden Anordnung der Fenster, die Festschreibung eines einzigen Fensters, eben jenes mit dem einbeschriebenen genasten Vierpaß über zwei kleineren einbeschriebenen Vierpässen. (Abb. 82,102,105) Ein einziges Fenster für alle noch zu vollendenden Bauteile – das ist genau die Vorgabe, die auch die ersten Kathedralen mit Maßwerkfenstern leitete: 1211 in Reims der einbeschriebene Sechspaß über zwei Bahnen, 1220 in Paris der Rundpaß und in deren Nachfolge

Abb. 99 Köln, Dom. Ostwand des Querschiffs, Nord- (links) und Südseite (rechts) in einer Bauaufnahme von Kronenberg aus dem Jahre 1823, Federzeichnung auf festem Papier, 66,4 × 105 cm, Dombauverwaltung Köln.

Abb. 100   Köln, Dom. Ostwand des Querschiffs, Nordseite nach Kronenberg 1823.

Abb. 101   Köln, Dom. Ostwand des Querschiffs, Südseite nach Kronenberg 1823, Ausschnitt aus Abb. 99.

in Deutschland um 1227 die Trierer Liebfrauenkirche und 1235 die Elisabethkirche in Marburg. Sie wurde grundlegend erst aufgebrochen durch die Ausbildung homologhierarchischer Fenster im 1231 begonnenen Umbau von St.-Denis vor dem Hintergrund der extremen Breitendifferenz von tiefen Vorchorjochen und enger Pfeilerstellung im Binnenchor.

Warum nun gerade dieses eine Maßwerkfenster (Abb. 82,102,105) in Köln zum Standardfenster avancierte, und nicht irgendein anderes, diese Frage wurde bis heute noch gar nicht gestellt. Zum einen weil das Grundmotiv des Vierpasses als ‚Allerweltsmotiv' für die morphologisch ausgerichteten Untersuchungen zu Gestalt und Geschichte des Maßwerks wenig Aussagekräftiges bereithält, zum anderen weil die seit dem 19. Jahrhundert einseitige Interpretation des Maßwerks als Schmuckform eine solche Frage verbietet. Hierbei wird übersehen, daß eben dieses ‚Standardfenster' gegenüber den vorangegangenen eine neue Qualität besitzt, indem hier die eingesetzten Paßnasen und die beiden unteren Vierpässe denselben Paßradius aufweisen und damit eine geometrisch ‚ideale' Antwort auf das Problem der Divergenz geben, die durch die notwendig unterschiedliche Zahl der Pässe oder der unterschiedlich großen Pässe bei homolog hierarchisch aufgebauten Maßwerkfenstern entsteht. Anders gesagt: Es ist die Lösung eines immanenten Problems homolog-hierarchisch aufgebauter vierbahniger Maßwerkfenster.

Schon in St.-Denis ist dieses Problem greifbar (Abb. 55): Mit der Hierarchisierung der ‚kopflastigen' Chorfenster in den westlichen Bauteilen unter Pierre de Montreuil rückt das Couronnement hinauf ins Bogenfeld und bekrönt nun ein großer Sechspaß erster Ordnung zwei kleinere in der zweiten Ordnung. Das Ergebnis ist eine Angleichung von erster und zweiter Ordnung hinsichtlich der Paßzahl, aber mit deutlich divergierenden Paßradien. In der Ste.-Chapelle in Paris (Abb. 63) wird diese Divergenz durch unterschiedliche Paßzahlen verringert, aber nicht aufgehoben: ein stehender Sechspaß über zwei Vierpässen, wie auch in der Nachfolge der Obergaden der Kathedrale von Tours oder die Langhausfenster der Straßburger Kathedrale, dort in den Seitenschiffen als Paßfigur und in den Obergadenfenstern als Blattfigur, jeweils mit der von St.-Denis vorgegebenen internen Disposition mit mittlerem Doppelstab. (Abb. 76,77) Im Kölner Chorseitenschiff der Südseite erscheinen beide Lösungen: Das östliche Blendfenster (Abb. 93) zeigt die Annäherung der Paßgrößen – großer Fünfpaß über zwei Dreipässen-, die südlichen Seitenschiffenster (Abb. 92) aber die Angleichung der Paßzahl, großer Fünfpaß über zwei kleineren. In Amiens erscheinen an dieser Stelle in einer spannungslosen Häufung drei gleichgroße liegende Sechspässe; (Abb.119) spannungslos, weil der hierarchische Aufbau des vierbahnigen Fensters keinen Niederschlag in einer Differenzierung der drei Paßfiguren findet, wie später in den westlichen Obergadenfenstern des Amienser Langhauses mit großem Achtpaß über zwei Vierpässen. (Abb. 60) Es widerspricht dem von Viollet-le-Duc ‚Kristallisation' (Abb. 57) genannten Gestaltungsprinzip der prinzipiellen Wiederholbarkeit einer Form ins Unendliche, vergleichbar den selbstähnlichen Strukturen der fraktalen Geometrie. Viollet-le-Duc erkannte darin ein leicht handhabbares Mittel des Architekten zur Konstruktion großer Maßwerkfenster.[399] Und allein bei diesem Fenstertyp, eben diesem homolog-hierarchisch aufgebauten Fenster, stellt sich dieses Grundproblem, da mit der Wiederholung in der Großform, Arkaden wie Paßfigur proportional vergrößert werden: großer Paß in Relation zur Fensterlichte, zwei kleine Pässe in Relation zu den beiden übergriffenen Bahnen. Bezeichnend ist die Exklusivität dieses Fensters, daß zwei Extreme kennt: Achtpaß über zwei kleinen Vierpässen bei gleichen Paßradien im Amienser Langhaus (Abb. 60) und Sechspaß über zwei kleineren Sechspässen bei divergierenden Paßradien im Langhaus von St.-Denis (und nach deren Vorbild die beiden Maßwerke auf der neuen 20 Euro-Note), ein Paradebeispiel für die von Dieter Kimpel und Robert Suckale sogenannten ‚gesetzten Standards von Königshaus und Pariser Domkapitel'.[400] (Abb. 55,74) Anders dagegen Chor und Querschiff der 1262 begonnenen Stiftskirche St.-Urbain in Troyes (Abb. 71–73):[401] Schon die Dreibahnigkeit der Fenster im Polygon und Querhaus steht einem konsequent hierarchisierenden Aufbau im Wege, wie die wenig überzeugende

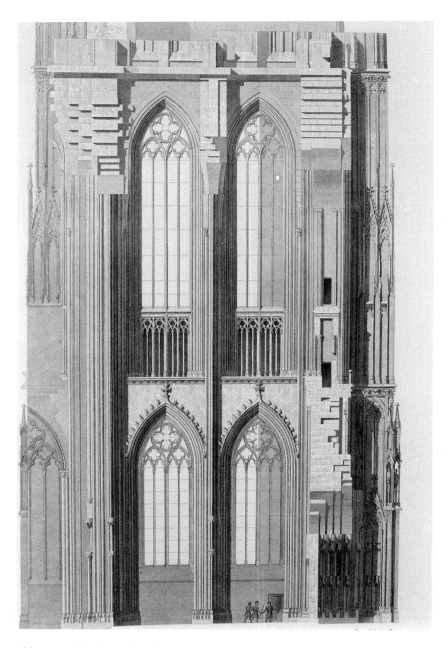

Abb. 102　Köln, Dom. Turmfenster nach Boisserée.

Abb. 103   Köln, Dom. Südseite nach Boisserée.

Lösung im Amienser Chorobergaden zeigen kann, sie wurde in Troyes aber auch gar nicht gesucht. So sind die Langchorfenster (Abb. 72) von Troyes vierbahnig, mit einem großen Vierpaß über zwei Dreiblättern. Doch statt einer Homologisierung werden hier mit gesuchtem Raffinement Kontraste aufgebaut: Vierzahl – Dreizahl, einbeschrieben – nicht einbeschrieben, Paßfigur – Blattfigur, interne Zentrumspunkte – externe Zentrumspunkte. Demgegenüber ermöglicht der 5/8 Chorschluß der Dreiapsidenanlage eine Angleichung der Langchor- und Polygonseiten ohne Kämpfersprung. Was in Troyes gar nicht gesucht wurde – der homolog-hierarchische Aufbau der Fenster –, wird in den östlichen Chorobergadenfenstern des Kölner Domchores bewußt durchbrochen: Ein großer nicht einbeschriebener genaster Vierpaß steht dort über zwei einbeschriebenen fünfteiligen Dreipaßbogenrosen. Vor allem verwundert, daß nun eine kleinere Paßzahl über zwei größeren plaziert werden kann, also die vier über der fünf, möglich wird dies durch die Einsetzung von Nasen in die Paßfigur. Diese zerlegen optisch jeden der vier großen einzelnen Pässe in drei kleinere und eröffnen hierdurch ganz neue Möglichkeiten der Abstimmung von erster und zweiter Ordnung in einem homolog-hierarchisch aufgebauten Maßwerkfenster. Die letzte Konsequenz aus diesen neuen Vorgaben zieht das vierbahnige ‚Standardfenster' des Kölner Domes, (Abb. 82,102,105) in dem erstmals Paßzahl und Paßradien in einem homolog-hierarchisch aufgebauten Maßwerkfenster einander entsprechen: einbeschriebene stehende Vierpässe in erster und zweiter Ord-

Abb. 104 Köln, Dom. Obergadenfenster nach Boisserée.

nung, nun aber mit Paßnasen im oberen Vierpaß, deren Radien denen der unteren Vierpässe entsprechen. In geometrisch idealer Weise sind in dieser Maßwerkzeichnung Hierarchisierung und Homologisierung verwirklicht. Eben dies ist die neue Qualität des sogenannten ‚Standardfensters', dies unterscheidet es von allen anderen Maßwerkfenstern des Domes – und zeichnet es aus.

Die Zentrumspunkte des großen genasten Vierpasses im ‚Standardfenster' resultieren aus zwei ineinander verschränkten, bzw. über Eck gestellten Quadrate, der sogenannten ‚Vierung über Ort', die bereits im 13. Jahrhundert im Skizzenbuch des Villard d'Honnecourt festgehalten ist und in den spätmittelalterlichen Fialenbüchlein des Mattäus Roritzer und Hanns Schmuttermayer bis hin zu Lorenz Lechler zur allgemein gebräuchlichen Konstruktion für Fialen, Türme, Pfeiler und Figuren avanciert.[402] In Köln liefern die Eckpunkte des großen Quadrates die Zentrumspunkte der Pässe, die Eckpunkte des kleinen Quadrates die Lilienendungen; zwei in den Paß gefügte gegenständig ineinander verschränkte Dreiecke die notwendigen Konstruktionspunkte für die aus dem regelmäßigen Dreipaß gewonnenen Paßnasen.[403] Mit dem gleichen Verfahren können die einzelnen Paßnasen nun ihrerseits wieder genast werden, es ist ein Divisionsprozeß ad infinitum. Anders als die von Viollet-le-Duc vorgestellte ‚Kristallisation', der jeweiligen Verdoppelung der Bahnzahl von eins auf zwei, von zwei auf vier, von vier auf acht, u.s.w., zielt diese prinzipielle Wiederholbarkeit ins unendliche Kleine, sie geht aber nicht umgekehrt über den großen Vierpaß hinaus.

Eine zweite Besonderheit dieses Fensters zeigt sich dort, wo dieses Fenster als Blendfenster gegeben ist, so das halbe Blendfenster auf der Innenseite des nach Osten gerichteten Turmstrebepfeilers A3 des Kölner Südturms. (Abb. 102) Alle Ebenen bis hin zu den Nasen sind in diesem Fenster ausgebildet, während in den älteren Bauteilen von Chor und Sakristei (Abb. 110, 111) die letzte Maßwerkebene, eben die der Nasen, nicht mehr in Stein ausgeführt, sondern der Rückwand aufgemalt wurde.[404] Solche ‚eingefrorenen' Fenster gab es schon früher, vor Köln beggnen sie in Deutschland in der Trierer Liebfrauenkirche und in der Marburger Elisabethkirche. In Köln scheint er einem Paradigmenwechsel geschuldet zu sein, der mit den östlichen Chorobergadenfenstern eingeleitet und mit dem sogenannten Standardfenster vollzogen wird.

Wann erfolgte dieser Paradigmenwechsel? Einen Terminus post quem geben die östlichen Chorobergadenfenster, einen Terminus ante quem die Turmfenster, respektive der Riß F, der große Fassadenplan des Kölner Domes, der mit der Einsetzung der Chorfenster im ersten Turmobergeschoß der dann ausgeführten Verdoppelung des Standardfensters vorangeht. Die Seitenschiffenster des Langhauses geben keine Datierungshilfe: die Fenster der Nordseite (Abb. 105) wurden erst im 16. Jahrhundert fertiggestellt,[405] jene der Südseite (Abb. 82) erhielten ihr Couronnement erst im 19. Jahrhundert durch Zwirner, im 14. Jahrhundert reichten die Fenster nur bis zur Höhe der Kapitelle.[406] Der Südturm (Abb. 102) wurde nicht vor 1350 in Angriff genommen.[407] Sämtliche Einzelformen von Riß F (Abb. 95), der den Chorobergaden voraussetzt, sind nach Marc Steinmann schon in den achtziger Jahren des 13. Jahrhunderts nachweisbar.[408] Die Pläne

Abb. 105   Köln, Dom. Langhaus, Seitenschiffenster nach Kranenberg 1824.

E (Ansicht der Ostseite des 1. Südturm-Obergeschosses) und E1 (westlichstes Joch auf der Südseite des Langhaus-Obergadens) zeigen das sogenannte Standardfenster ohne Nasen, also analog dem Aufbau in den Chorseitenschiffenstern, bei sonst jüngeren Detailformen, was die Vermutung Arnold Wolffs stützt, daß diese Studien oder Übungsarbeiten jünger als Riß F, aber nach einem ‚sehr alten Plan' gezeichnet sind.[409] (Abb. 94) Daß die Fassadenplanung in Köln weit vor ihrer baulichen Ausführung datiert, resultiert

Abb. 106   Köln, Dom. Querschnitt nach Boisserée.

unzweifelhaft aus der frühen Rezeption der Kölner Fassade. Aufgrund der Rezeptionen in der Sakristei von St. Gereon, der Südseite des Utrechter Domes mit anschließender Kapelle des Bischofs Guy van Avesnes und der Innenausstattung des Oberweseler Liebfrauenchores setzte Eva Zimmermann-Deissler den Riß F in das zweite Jahrzehnt des 14. Jahrhunderts.[410] Arnold Wolff datierte ihn im Parler-Katalog ‚bald nach 1300' und schrieb ihn Meister Johannes zu.[411] Die Rezeption des Kölner Fassadenplans in der Katharinenkirche in Oppenheim lieferte Bernhard Schütz eine Datierung des Fassadenplans ‚vor 1296' und eine Zuschreibung an Johannes' Vater, Meister Arnold.[412]

Bei Schütz werden auch erstmals die weitreichenden Konsequenzen einer frühen Datierung der Kölner Domfassade deutlich angesprochen:

195

Abb. 107   Köln, Dom. Chorobergaden mit Windeisenverbindungen.

‚...denn Riß F war offensichtlich schon um 1297 dem Kölner Architekten („Werner von Koldembech"), der das Oppenheimer Querhaus zuendeführte, bekannt. Planung und Baubeginn der Kölner Turmfront rücken also in unmittelbare Nähe zum Baubeginn der Straßburger Fassade 1277 und wären demnach eine direkte Reaktion auf das dortige Großprojekt gewesen, was umso wahrscheinlicher ist, als sich das ehrgeizige Kölner Projekt kaum anders als eine Konkurrenz zum Straßburger verstehen läßt. Noch eine andere, weitreichende Konsequenz ergibt sich aus dieser Datierung von Riß F: Der Freiburger Münsterturm, der immer als schönstes Werk der deutschen Gotik höchste Bewunderung gefunden hat, war mit seinem Fensteroktogon und durchbrochenem Maßwerkhelm keine eigene Erfindung, sondern ein Nachklang, freilich ein überaus harmonischer und veredelter, der für Köln entworfenen Türme.'[413]

Ein weiteres prägnantes Beispiel für eine Kölner Fassadenrezeption vor 1300 ist die Nordseite der Stiftskirche in Wetzlar.[414] Dies sichert die Datierung von Riß F vor 1300; von der Datierung des Planwechsels im Kölner Chorobergaden, der im nachfolgenden Abschnitt behandelt werden wird, aber ist abhängig, wie weit dieser Terminus ante quem unterschritten werden darf.

Festzuhalten bleibt, daß für den ersten Plan des Meisters Gerhard eine sehr differenzierte Abstimmung, ein bis dahin unbekanntes Maß an Durchgliederung, aber keine ‚Normierung' kennzeichnend ist. Eine Veränderung ist Ende des 14. Jahrhunderts mit der Wiederholung des Südturmfensters im ersten Turmobergeschoß greifbar, einer ‚Normierung' steht aber auch hier entgegen, daß noch die spätesten Bauteile die jeweils zeitgenössischen Formen adaptieren, wie dies überdeutlich der Vergleich eines Südturmwimpergs des 14. Jahrhunderts mit dem entsprechenden Wimperg des Nordturms aus dem 16. Jahrhundert zeigt: ‚Fischblasen, elegant durchgebogene Wimpergschrägen und üppiges Laubwerk prägen die Oberflächen. Unwillkürlich beginnt man darüber nachzudenken, wie der Nordturm wohl aussähe, wenn er damals vollendet worden wäre. Stattdessen sehen wir, wie die Formen des 14. Jahrhunderts, im 19. ausgeführt, sich über denen des 16. erheben.'[415] Von einer ‚Norm' kann sinnvollerweise erst mit der Festschreibung der Formen im 19. Jahrhundert bei der Vollendung des Domes die Rede sein; auch das sogenannte ‚Standardfenster' erhielt seine Omnipräsenz erst durch Zwirner, nach Boisserées Ausbauplänen wäre das Chorfenster zum ‚Standardfenster' avanciert. (Abb. 103) Das Begriffspaar ‚Akyrismus und Norm' des Wölfflin-Schülers Paul Frankl hatte wissenschaftsgeschichtlich seinen Wert, indem es einen pejorativ besetzten Begriff ins Positive wendete und eine Neubewertung – keine neue Bauanalyse – des Kölner Domes eröffnete; es verstellte aber den Blick auf die ganz unterschiedlichen Ausformungen der Durchgliederung am Kölner Dom, wie sie etwa beim Aufbau der Blendfenster ins Auge fallen. So stehen dem oben beschriebenen ‚eingefrorenen' Blendfenster des Südturms (Abb. 102) im Chor in zweifacher Hinsicht graduell abgestufte Blendfenster gegenüber (Abb. 93,106): zum einen wird die Ebene der Nasen nicht plastisch ausgebildet, sie verschwindet in der Wand; zum anderen wird zwischen

Abb. 108   Köln, Dom. Strebewerk auf der Nordseite nach Kronenberg 1823.

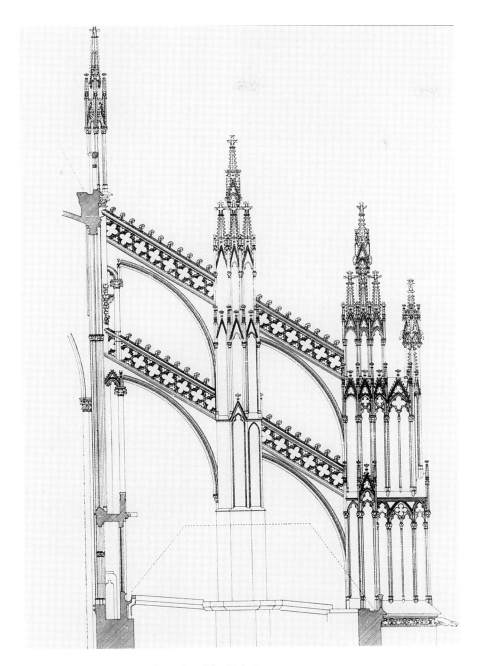

Abb. 109 Köln, Dom. Strebewerk auf der Südseite.

Abb. 110   Köln, Dom. Sakristei nach SW.

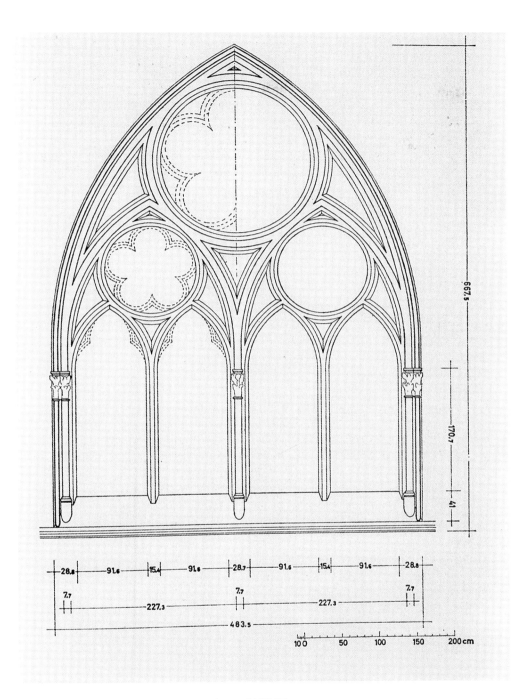

Abb. 111   Köln, Dom. Sakristeifenster nach Arnold Wolff.

Nord- und Südseite des Chores dahingehend differenziert, daß die Blendfenster der Nordseite eine Maßwerkebene weniger erhalten als ihre Pendants auf der hervorgehobenen Südseite, das ist die Ebene der Pässe! So zeigt das Blendfenster der Ostwand im südlichen Chorseitenschiff einen großen einbeschriebenen Fünfpaß über zwei kleinen einbeschriebenen Dreipässen über vier ungenasten Bahnen, das nördliche Pendant aber nur einen großen Rundpaß über zwei kleinen Rundpässen und vier ungenaste Bahnen. (Abb. 93) Den gleichen Aufbau zeigen auf der Nordseite (!) des Chores die Blendfenster der Domsakristei (Abb. 110): wieder der große Rundpaß über zwei kleinen Rundpässen über vier ungenasten Bahnen; wie Arnold Wolff aufgezeigt hat, wurden die Ebenen der Pässe und Nasen dann auf die Rückwand gemalt.[416] (Abb. 111) Deutlicher noch ist diese graduelle Abstufung von Nord- und Südseite über das Maßwerk am Strebewerk des Außenbaus umgesetzt (Abb. 108,109): Die Fialtürme der Nordseite erhalten genau eine Maßwerkebene weniger als die Fialtürme der südlichen Schauseite, wie es schon das Stichwerk Boisserées ausweist.[417] (Abb. 106) Die Grenze zwischen beiden verläuft exakt am Chorscheitel, so daß die Achskapelle auf ihrer Nordseite von einem Fialturm mit um eine Ebene reduziertem Blendmaßwerk, auf der Südseite mit um eine Ebene reicheren Blendmaßwerk flankiert wird. Maßwerk wird am Kölner Domchor somit viel stärker zur Hierarchisierung eingesetzt als in den westlichen Bauteilen des 14. Jahrhunderts, die eine ausgeprägtere Homologisierung der Teile kennzeichnet, wie sie dem sogenannten ‚Standardfenster' eigen ist. Kennzeichnend für den Kölner Dom ist somit eine mit fortschreitender Bauzeit zunehmende Homologisierung der Bauteile bei abnehmender hierarchischer Differenzierung.

2. Der Chorobergaden

Die Planänderung im Chorobergaden des Kölner Domes zwischen erstem und zweitem westlichen Fenster wurde seit Rosenau gern mit einem Meisterwechsel von Arnold zu dessen Sohn Johannes erklärt, der nach Beendigung seiner Ausbildung *‚die neuesten Formen frisch aus Straßburg'* (Wolff) mitgebracht haben soll.[418] Die Vorstellung einer zunehmenden Abkehr von französischen Vorbildern verleitete Rosenau, einen Bauverlauf von Ost nach West anzunehmen, um mit dem Verweis auf das Radmotiv auf dem Straßburger Riß B[419] die tatsächlich älteren westlichen Eingangsfenster als die jüngsten anzusehen. Das Beispiel mag verdeutlichen, mit welchen Schwierigkeiten eine baugeschichtliche Untersuchung eines Bauteils zu kämpfen hat, in dem die Mauer eliminiert und die Pfeiler nur noch als Liniengerüst vor einer durchlaufenden Glaswand erscheinen.[420] Noch Arnold Wolff mußte zu ganz unkonventionellen Methoden greifen, um die Unhaltbarkeit des früher angenommenen Jahres 1285[421] für den Beginn der Arbeiten am Chorobergaden zu demonstrieren:

‚Würde man sich die Mühe machen, die Kosten von Erdgeschoß und Oberchor in Prozenten der gesamten Baukosten auszudrücken, so würde sich wahrscheinlich ergeben, daß auf das erstere einschließlich der Fundamente etwa 30% entfallen würden, auf die Bauteile vom Erdgeschoßgesims an aber um 70%. Ähnlich müßten aber auch die 62 Jahre von 1248 bis etwa 1319 aufgeteilt werden, so daß sich für den Unterchor 18,6 Jahre, für den Oberchor 43,4 Jahre ergeben würden. Die Grenze läge dann im Herbst des Jahres 1266.'[422]

So ungewöhnlich diese Hochrechnung auch erscheinen mag, das Ergebnis scheint in der 1991 begonnenen bauarchäologischen Untersuchung des Chorobergadens eine eindrucksvolle Bestätigung zu finden, (Abb. 97,107) wie die Publikation der Teilergebnisse dieser Bauuntersuchung zur Bauabfolge des Chorobergadens von Maren Lüpnitz belegt.[423] Die Bauabfolge faßt Lüpnitz wie folgt zusammen:

‚Der Grundstein zum gotischen Bau des Kölner Domes wurde 1248 gelegt. Man errichtete zunächst die Chorkapellen, die östlichen Binnenchorpfeiler und den Langchor und nutzte diesen mit provisorischen Wänden geschlossenen Raum bereits um 1265 zu Gottesdiensten. Ohne die Liturgie zu stören, konnten nun das Chortriforium und der Chorobergaden erstellt werden. Diese beiden Chorgeschosse wurden als jeweils eigene Bauabschnitte in die Höhe gezogen. Bei den jüngsten Bauuntersuchungen am Chorobergaden zeigte sich, daß man zunächst den Bau des Triforiums mit dem Verlegen der Deckplatten beendete. Danach wurden auf diesen Deckplatten, die zugleich als Bodenplatten des Außentriforiums, also des äußeren Laufganges in Höhe der Sohlbank der Chorobergadenfenster, benutzt wurden, ab ca. 1270 die Obergadenwände errichtet. Bereits um 1285 waren sämtliche Obergadenwände des Chores fertiggestellt. Im Norden und Süden standen jeweils zwei der angrenzenden Obergadenfenster des Querhauses, die provisorisch als Strebewerk zur Aufnahme der Schubkräfte aus dem Vierungs-Gurtbogen und den Chorgewölben dienten. Damit war es möglich, das Dach aufzurichten, das Strebewerk in die Höhe zu ziehen und den Chor einzuwölben. Spätestens 1304 wurde die Öffnung zwischen den beiden östlichen Vierungspfeilern mit einer provisorischen Wand geschlossen, so daß, nachdem auch die Verglasung eingesetzt war, die restliche Ausstattung in den Chor eingebracht werden konnte. Der Chor wurde 1322 während einer Provinzialsynode geweiht. (…) Gebaut wurde von West nach Ost mit jeweils einer Versetzergruppe auf der Südseite und einer auf der Nordseite des Chorobergadens. Die beiden westlichsten Fenster im Norden und im Süden (D10–11 und C10–11) gaben den grundsätzlichen Aufbau und die Proportionen der Obergadenwände vor, unterscheiden sich aber von den östlich anschließenden Fenstern durch eine eigene Formsprache und Bautechnik. Nach diesen beiden ersten Obergadenfenstern auf jeder Chorseite wurde zunächst das folgende zweite Fenster auf der Südseite des Langchores (C11–12) errichtet. Hier erprobte man stilistische und technische Änderungen auf ihre Ausführbarkeit hin und schuf damit die Vorlage für alle weiteren Chorfenster. Erst nach dieser Probewand versetzte man in einem Arbeitsschritt die übrigen Wände des Chorobergadens bis zur Höhe der Stabwerkkapitelle.'[424]

Abb. 112   Köln, Dom. Chorkapellen, Bogenlauf an der Johanniskapelle (links) und Maternuskapelle (rechts).

Verändert wird an der Grenze vom ersten zum zweiten Langchorjoch des Obergadens also nicht allein das Formvokabular, sondern auch die Bautechnik, gemeint ist die statische Sicherung durch Ringanker und Windeisen: Im Langchor sind drei, im Polygon vier horizontale Windeisen erkennbar. Während im ersten westlichen Joch noch alle drei Windeisen auf eine kraftschlüssige Verbindung zum Nachbarjoch aufwendig ausgearbeitet wurden, wird schon im zweiten Joch nur noch der obere in Höhe der Kapitelle kraftschlüssig gearbeitet, d.h. zunächst sollten wie in der Sainte-Chapelle in Paris sämtliche Windeisen als Ringanker um den Chor geführt werden, ab dem zweiten westlichen Obergadenjoch dann wie im Kathedralchor von Amiens nur noch ein oberer Ringanker, der die Pfeiler an ihrem höchsten Punkt sichert, solange noch keine Auflasten die statische Stabilität gewährleisten, und zusammen mit den verstärkten Windeisen der Aussteifung der Pfeiler dient.

Damit einher geht ein Wechsel an der Grenze vom Langchor zum Polygon von einer Planung mit Kämpfersprung der Windeisen (wie Sainte-Chapelle) zu einer Planung

Abb. 113   Köln, Dom. Kopf im Bogenlauf am Mittelfenster der Achskapelle, von Arnold Wolff als Bildnis Meister Gerhards gedeutet.

ohne Kämpfersprung (wie Amiens). (Abb. 64,118) Wichtigstes Argument für die von Lüpnitz angenommene erste Planung mit Kämpfersprung sind die auffälligen Durchschneidungen der oberen Bildfelder in der Verglasung der Polygonfenster ab dem 13. Eisen, dem Ringanker. Waren die ersten zwölf Eisen sehr genau auf die gegenständige Folge bärtiger und bartloser Könige unter Baldachinen – eine musivische Königsgalerie – und die Rapporte der Ornamente abgestimmt, so durchschneidet das 13. Eisen das Haupt des bärtigen Königs und des Propheten (HI, 13/14 a–b) im Chorscheitelfenster, wie auch die folgenden beiden Medaillonfiguren durch die nun auf zwei Drittel des vorgegebenen Höhenabstands folgenden Windeisen.[425] Ein Verzicht auf diese scheinbar unmotivierte Höhenreduzierung hätte eine regelmäßigen Einfassung von je einem Medaillon zwischen zwei Windeisen gewährleistet, was umso schwerer wiegt, da es das einzige Bildfenster des Chores in den oberen Partien ist, analog zum Erdgeschoß mit seinem figürlichen Bibelfenster in der Achskapelle inmitten einer Ornamentverglasung.

Den Ausgangspunkt bildete die unterschiedliche Kapitellhöhe der Fenster, die Kapitelle in den zweibahnigen Polygonfenstern liegen ca. 1,95 m höher als jene im Langchor.[426] Nach Maßgabe der Einteilung dieser Polygonfensterhöhe in 15 gleiche Felder erfogte die Bildprogrammierung des Achsfensters. Und dieser Windeisenabstand ist auch für den Langchor mit der niedrigeren Kapitellzone bindend, auch wenn sich die

Abb. 114   Köln, Dom. Chorkapelle, Kopf in Kapitell B19, von Arnold Wolff als Meister Arnold gedeutet.

Fensterbahnhöhe nicht mehr glatt durch den vorgegebenen Windeisenabstand teilen läßt. Hieraus resultiert der verringerte Windeisenabstand zwischen dem 12. und 13. Eisen auf zwei Drittel, ein ‚Restabstand', der bei den Ornamentfenstern des Langchores leicht aufzufangen ist. Soweit die ursprüngliche Absicht, die eine ganz regelmäßige Lösung ergeben hätte, aber voraussetzt, daß der Ringanker dem Kämpfersprung der Kapitelle folgt. Hätte bei Beginn der Arbeiten am Chorobergaden schon festgestanden, den oberen Ringanker in Höhe der Langchorkapitelle auch um die Polygonseiten zu ziehen, so hätte das Ausgangsmaß für die Einteilung der Bildfelder die Bahnhöhe im Langchor sein müssen.

Amiens kannte dieses Problem nicht, die Kapitelle in den breiten Langchorabschnitten und den engeren Polygonfenstern liegen dort trotz unterschiedlicher Fensterbreiten alle auf einer Höhe. ‚Erkauft' wurde diese einheitliche Kapitellzone und damit die statisch und bautechnisch günstigere Ringankerlösung ohne Kämpfersprung aber mit einer hypertrophen Verstäbung der Maßwerkfenster, (Abb. 118) die ausgehend von der alten sechsteiligen Gliederung des Langhaustriforiums nun sechsbahnige Fenster im Langchor und vierbahnige (!) Polygonfenster hochführt, um im Couronnement den Abstand zwischen dem hochliegenden Ansatz des Fensterbogens und den tieferliegenden Fensterkapitellen zu füllen. Maß- und Stabwerk gliedern im Chor von Amiens nicht mehr den Glasgrund, sie verstellen ihn. Der Vorstellung einer diaphanen Raumgrenze steht dieses dichte Gefüge von Stäben diametral entgegen, sie evoziert eine Vergitterung der Raumgrenze.[427] Köln hingegen zeigt identische Bahnbreiten für sämtliche Fenster und konsequentes Verdoppeln oder Halbieren der Bahnenzahl bei unterschiedlich breiten Wandabschnitten.

Die von Lüpnitz noch als These formulierte Planänderung im Kölner Chorobergaden nach dem Vorbild des Kathedralchors von Amiens[428] wird nachhaltig bestätigt durch die Herleitung der Maßwerkformen: Beide signifikanten Neuerungen in den Kölner Obergadenfenstern, die Dreipaßbogenrose und die freie genaste Paßfigur mit ihrem inhärenten Divisionsprozeß ad infinitum, sind im 1264 eingewölbten Amienser Chor vorgebildet; dort als sechsteilige einbeschriebene Dreipaßbogenrose über zwei freien genasten Dreipässen im Langchor und über zwei einbeschriebenen ungenasten Dreipässen im Polygon, hier die fünfteilige einbeschriebene Dreipaßbogenrose. (Abb. 88,116) In Köln werden diese Besonderheiten den veränderten Gegebenheiten ‚eingepaßt': fünf- statt sechsteiliger Dreipaßbogenrose nach Maßgabe der fünfteiligen Paßfiguren in den Chorseitenschiffsfenstern, großer genaster Vierpaß nach Maßgabe der gegebenen Grundform der Zwickelfläche im Bogenfeld, die bei zwei übergriffenen Bahnen annähernd kreuzförmig, bei den drei übergriffenen Bahnen in Amiens annähernd dreiseitig ist.

Da man in Köln – nach Lüpnitz – um 1265 das Triforium und ab ca. 1270 die ersten westlichen Obergadenfenster hochführte, 1264 der Amienser Chor aber schon gewölbt war, hätte man also nicht unmittelbar auf diese Neuerungen reagiert, sondern erst, als man nach 1270 mit den beiden ersten Obergadenfenstern mit der praktischen Umsetzung des Obergadenplanes konfrontiert war. Im Unterschied zu den vorangegangenen Bauabschnitten war es im Obergaden nicht mehr möglich, den ‚hochgotischen' Plan in ‚spätromanischer' Bauweise unter Verwendung von Füllmauerwerk umzusetzen,[429] wie es für das Erdgeschoß charakteristisch ist und als Kluft zwischen Modernität der Form und Traditionalität der Technik von Wolff und Kimpel beschrieben wurde. In seiner Untersuchung der Versatztechniken des Kölner Domchores resümiert Kimpel:

‚In Frankreich sind die neuen Formen zugleich mit den Techniken entwickelt worden, und wenn eine Baustelle Formen eines Vorgängers aufnimmt oder variiert, dann arbeitet sie immer auch an entsprechend neuen oder besseren Techniken. Das ist in Köln anders. Hier wird ein auf der Grundlage modernster französischer Entwürfe entwickeltes Formenvokabular in veraltet-inadäquaten Techniken realisiert. (…) Die Differenz zwischen Form und Technik läßt aber auch darauf schließen, daß Meister Gerhard keine langjährigen praktischen Erfahrungen auf französischen Baustellen hat sammeln können, denn die technischen Kniffe bei der Realisierung hochgotischer Formen wären, wenn er sie gekannt hätte, den einheimischen Bauleuten relativ leicht zu vermitteln gewesen. Damit wird es aber auch unwahrscheinlich, daß es sich bei Meister Gerhard um einen naturalisierten „maître Gérard" handelt. Er scheint vielmehr Merkmale eines neuen Architektentypus zu verkörpern, die man unter dem Begriff der Intellektualisierung subsummieren könnte. Denn, auch wenn sich im Praktischen gewisse Mängel im Vergleich zu französischen Bauten zeigen – ein kluger Kopf war der Kölner Architekt

Abb. 115 Köln, Dom. Chor von SO.

Abb. 116 Amiens, Kathedrale. Chor und Querschiff von SO.

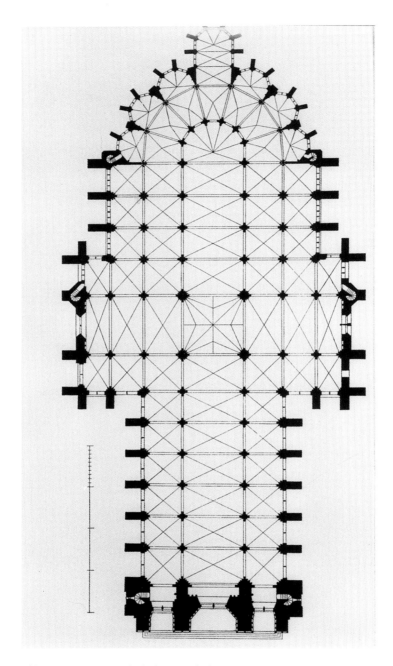

Abb. 117   Amiens, Kathedrale. Grundriß.

bestimmt. (...) Während bislang die formale und technische Entwicklung in engem Wechselverhältnis zueinander standen und Hand in Hand gingen, ist der Kölner Dom ein erstaunliches und – wie mir scheint – auch frühes Beispiel für den „Primat der Form", der dann für die weitere Entwicklung der mittelalterlichen Repräsentativarchitektur bestimmend werden sollte. Insofern markiert der Domchor eine wichtige Etappe der abendländischen Architekturgeschichte, nämlich eine Phase, in der die Formgebung immer weniger durch technische Neuerungen und zunehmend durch die Kopfarbeit des Architekten, überspitzt gesagt also durch die „Produktivkraft Wissenschaft" einerseits und durch die „Autonomie der Kunst" andererseits bestimmt wird.'[430]

Im Erdgeschoß des Domes ist der Wechsel zum aktuellen technischen Know how der Ile-de-France erst bei der nach 1325 errichteten südlichen Langhauswand des Kölner Domes greifbar, im Chorobergaden schon fünfzig Jahre zuvor. Man versichert sich bei der Hochführung des statisch und bautechnisch fragilsten Bauteils des neuesten technischen Know-how der Amienser Bauhütte. Neben dieser neuen Bautechnik aber werden auch neue konstruktive Verfahren, wie die genasten Paßfiguren, genutzt; die für Köln oft beschriebene Kluft zwischen Modernität der Form und Traditionalität der Technik ist mit der Errichtung des Chorobergadens aufgehoben. Auch ist der Planwechsel ein Beleg für eine direkte erneute Rezeption der Architektur des Kronlandes in den 70er Jahren des 13. Jahrhunderts im Kölner Dom, während in der Nachfolge von Helen Rosenau die Vorstellung eines einmal festgelegten Planes von Meister Gerhard vorherrschte und einer unterstellten ‚ausschließlichen Hinwendung nach Straßburg' im Verlauf der Errichtung des Chorobergadens.[431]

Wenn also die von Lüpnitz vorgeschlagene, bisher aber nicht überprüfbare,[432] frühe Datierung der Kölner Chorobergadenfenster um 1270–1285 ihre Bestätigung in der Herleitung der neuen Maßwerkformen und Bautechnik vom 1264 gewölbten Chorobergaden der Kathedrale von Amiens findet, steht auch der von Marc Steinmann vorgeschlagenen Frühdatierung des von den Formen des Chorobergadens abhängigen Fassadenplans, dem Riß F, nichts entgegen. Damit aber reichen die Planungen für die beiden großen Kathedralfassaden in Deutschland, von Köln und von Straßburg, (95,121,122) in die 70er Jahre des 13. Jahrhunderts. Dem unbestreitbaren Nacheinander in der Bauausführung, 1277 in Straßburg und 1360 in Köln, steht ein zeitliches Nebeneinander im Stadium der Planung gegenüber, das anders als noch im 12. Jahrhundert,[433] im Medium der Planrisse fixiert und rezipiert werden kann.

Abb. 118   Amiens, Kathedrale. Chor nach NO.

Abb. 119　Amiens, Kathedrale. Chor von S.

Abb. 120   Amiens, Kathedrale. Chorobergadenfenster.

3. Köln und Straßburg

Das Beispiel des Dreistrahls, den Frankl noch als größte Innovation am Kölner Dom feiert, erhellt schlaglichtartig die Dimension, die der Neubewertung des Verhältnisses der Fassadenpläne von Köln und Straßburg zugemessen werden muß. Kiesow konstatiert:

‚Im Blendmaßwerk neben dem großen Turmfenster tritt zum ersten Mal der Dreistrahl auf. Er geht von einer kleinen Nabe in der Mitte aus. Seine Flügel sind mit Nasen verziert. Der Dreistrahl kommt auch im Erdgeschoß des Entwurfs B vor, und zwar in den Wimpergen des Blendmaßwerks an den Stirnseiten der Strebepfeiler. Leider ist die Zeichnung hier im Laufe der Zeit so stark verblasst, daß man Einzelheiten nicht mehr erkennen kann. Der Straßburger Riß B übernimmt aus dem Formengut seiner Entstehungszeit die Tendenz zur reichen Ausschmückung des Maßwerks mit kleinen Einzelfiguren. Er ist aber nicht als eine einfache Steigerung der gleichzeitig in Deutschland vorhandenen Maßwerkkompositionen anzusehen, vielmehr bringt er eine so große Fülle neuer Formen mit sich, daß er für die deutsche Entwicklung des Maßwerks von zentraler Bedeutung ist.'[434]

Das Postulat einer Entstehung ex nihilo ersetzt hier die Herleitung und Einordnung der verschiedenen Maßwerkformen. In der ‚Fülle neuer Formen' erscheint der Dreistrahl an untergeordneter Stelle auf dem Riß B und als Blendmaßwerk auf den den Mittelteil der Fassade einfassenden Strebepfeiler; ebenso unvermittelt avanciert der Dreistrahl in Straßburg dann um 1300 zum Würdemotiv in den Wimpergen des Grabes Conrads von Lichtenberg[435] und erscheint schließlich als späte Rezeption in den Wimpergarkaden des Kölner Chorobergadens. Mit der Frühdatierung des Kölner Domchores aber steht am Beginn der Verwendung des Dreistrahls seine herausragende Stellung am Kölner Domchor, der wie der von ihm bekrönte freie Vierpaß der östlichen Chorobergadenfenster hier aus der gegebenen Grundform der Zwickelfläche entstanden gedacht werden muß, dann folgt seine motivische Aufnahme auf dem Riß B und der Straßburger Fassade und seine Rezeption als vom Kölner Domchor nobilitierten Würdeform im Lichtenberg-Grabmal.

Daß etwa um 1280 eine exponentielle Häufung neuer Einzelformen zu beobachten ist und in eben diese Zeit auch das Maßwerk nicht mehr primär eine Form der Fensterunterteilung bleibt, sondern auf alle anderen Bereiche des Bauwerks ausgreift, dies wurde von der Forschung stets mit guten Gründen hervorgehoben,[436] folgenschwer aber war ihre einseitige Fixierung auf Straßburg, wie sie noch Binding postuliert:

‚Für die weitere Entwicklung des Maßwerks nach 1280 ist das Formengut der Straßburger Münsterbauhütte von entscheidender Bedeutung. Sie zählt neben den Hütten von Köln, Regensburg und Wien zu den vier Haupthütten des deutschen Sprachraumes im

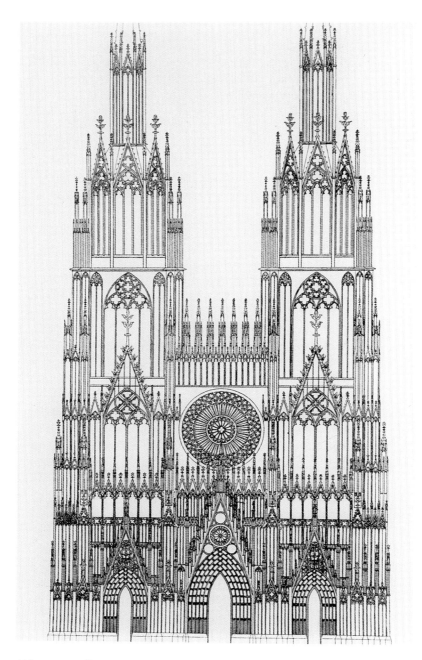

Abb. 121   Straßburg, Münster. Planriß B.

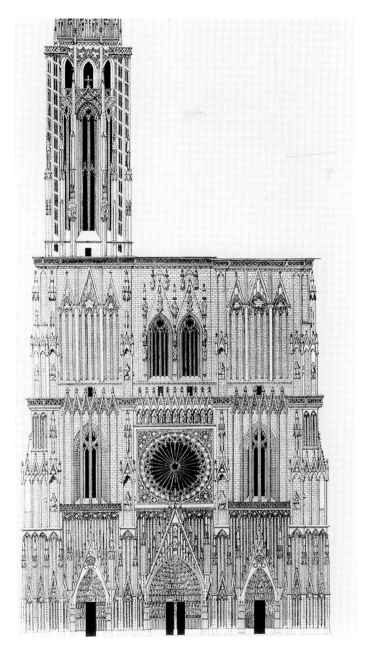

Abb. 122 Straßburg, Münster. Westfassade.

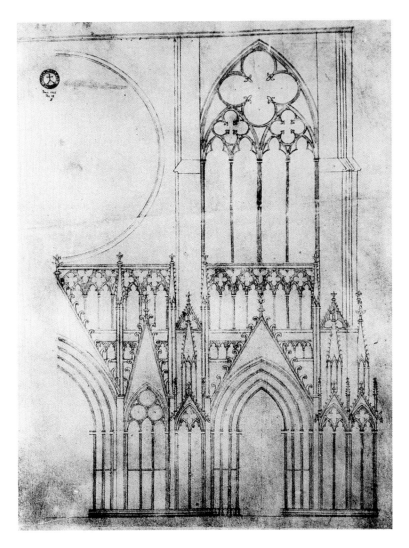

Abb. 123　Straßburg, Münster. Planriß A.

Abb. 124   Straßburg, Münster. Planriß A1.

13. und 14. Jh. Durch sie finden die neuesten Entwicklungen der französischen Kathedralarchitektur Eingang in die deutsche Baukunst.'[437]

Zu den Straßburger Neuerungen zählt Binding die Lilien der ungerahmten Vierpässe auf dem Riß A, eine Form, die aber schon in Köln in den östlichen Chorobergadenfenstern der 70er Jahre erscheint.[438] Der bei Binding abgebildete als Riß A bezeichnete Plan ist indes eine seitenverkehrte Abbildung vom Riß A1, (Abb. 124) einer späteren Kopie von Riß A, (Abb. 123) die durch eine reichere Ornamentierung gekennzeichnet ist. Was wissen wir von den Plänen A und A1? Riß A setzt die Kenntnis des ab ca. 1245 von Jean de Chelles begonnenen Nordquerhauses der Pariser Kathedrale voraus;[439] er zeigt weder die ausgeführte Straßburger Fassade, (Abb. 122) noch läßt sich dieser Plan mit dem Straßburger Langhaus sinnvoll verbinden.[440] Weiterhin gehört dieser Plan zum erhaltenen Planbestand im Straßburger Frauenhausmuseum, der nur einen Bruchteil des ehemaligen Bestandes darstellt und auch nicht mit Straßburg im Zusammenhang stehende Pläne umfaßt. Die erhaltene Auswahl ist zufällig, es wurde niemals bewußt ‚aussortiert'.[441] Wortmann hält eine Datierung des Risses A um 1250 für möglich und führt aus:

‚*Er wurde nicht konkret für die Westfassade des Straßburger Münsters gefertigt. Vermutlich ist er auch nicht in Straßburg entstanden, sondern wahrscheinlich in Paris, möglicherweise als „Studienblatt" eines Wandergesellen der Straßburger Hütte. Es muß auch offen bleiben, ob es sich um einen Entwurf für ein konkretes Bauvorhaben handelt oder vielmehr um den „unverbindlichen" Versuch, die Ideen der einschiffigen Pariser Querhausfronten auf eine Doppelturmfassade zu übertragen. Mit diesen Überlegungen scheidet jedoch der Riß A nicht völlig aus der Straßburger Baugeschichte aus. Er bleibt wichtig für die Vermittlung Pariser Ideengutes.*'[442]

Der Straßburger Riß A ist folglich weder in noch für Straßburg angefertigt worden. Wann genau und unter welchen Umständen er nach Straßburg gelangte, ist völlig offen. Wäre der Plan in der Kölner Plansammlung gefunden worden, man hätte ihn hinsichtlich der Fenstermaßwerke als jenen ‚sehr alten Plan' deuten können, wie ihn Wolff für die Kölner Risse E und E1 rekonstruiert.[443] (Abb. 94) Anders der Riß A1, eine Kopie von Riß A mit ‚Zufügung einiger „moderner" Schmuckformen', die ‚in das Umfeld des Risses B und der weiteren Fassadenplanung' weisen, ‚das heißt in die Zeit um 1290'.[444]

Ein ganz anderes Fassadenkonzept, eine andere stilistische Haltung und eine andere Handschrift zeigt der nach Wortmann um 1274/77 gezeichnete Riß B,[445] (Abb. 121) und seine Neugliederung durch rechteckig gerahmte Felder am ausgeführten Westbau.[446] (Abb. 122) Der grundlegende Wandel zwischen Riß B und ausgeführter Fassade, Wortmann spricht von ‚Vielheit im Miteinander' gegenüber ‚Einheit im Gegeneinander', wird mit einem Meisterwechsel wenige Jahre nach der Grundsteinlegung um 1277 erklärt, und dieser Meisterwechsel wiederum wird in Verbindung gebracht mit der zwischen 1282 und 1286 erfolgten Übernahme der Münsterpflegschaft durch die Stadt.[447] Und in eben diese Zeit fällt der Vertrag mit Meister Erwin:

‚1284, am 16. Oktober, schließen Heinrich Wehelin, der Lohnherr, und Meister Erwin, der Werkmeister, für die Münsterfabrik einen Vertrag mit dem Straßburger Spital ab. Da der Name Erwins in der Urkunde in Rasur steht, wird die Echtheit von einigen Autoren angezweifelt; doch gibt es keinen triftigen Grund dafür, eine Fälschung anzunehmen. Einleuchtender ist die Erklärung, daß der Name Erwins berichtigend eingefügt worden sei, weil er gerade erst das Werkmeisteramt an Stelle eines anderen angetreten habe. Und es wird vermutet, daß der Meisterwechsel eine Folge des in diesen Jahren vollzogenen Übergangs der Münsterpflegschaft an die Stadt gewesen sein könnte.'[448]

1318 stirbt Erwin und die Leitung der Bauhütte geht an seinen Sohn Johannes über.[449] Soweit die wichtigsten Daten nach der jüngsten kritischen Bilanz durch Reinhard Wortmann, in der er sich nachdrücklich und überzeugend gegen Reinhard Liess wendet, der in einer Reihe von Aufsätzen eine Planungskontinuität konstatiert und als später Nachklang des Goethe-Hymnus[450] sämtliche Pläne einem einzigen Meister, eben jenem Erwin von Steinbach zuschreibt, beginnend mit Riß A1.[451] Eine nachträgliche Überhöhung Meister Erwins ist auch bei Heinrich Klotz deutlich, der die erstmals 1508 belegte Inschrift: ‚Anno domini millesimo ducentesimo septuagesimo septimo in die beati Vrbani hoc gloriosum opus inchoavit magister Erwinus de Steinbach', noch in Stein gehauen am Hauptportal wähnte.[452] Robert Will konnte indes auf neuer Quellenbasis nachweisen, daß diese Inschrift erst 100–150 Jahre nach Baubeginn am nördlichen Seitenportal aufgemalt worden ist.[453]

Dieser kurze Diskurs zeigt die Fülle der Schwierigkeiten, die einer Chronologie des Straßburger Münsters hinsichtlich der Einordnung ihrer Maßwerkformen entgegenstehen. Gesichert ist das Jahr der Grundsteinlegung, 1277, und gesichert ist auch, daß 1280 die Fundamentarbeiten noch nicht abgeschlossen waren,[454] alles andere beruht auf der jeweiligen Interpretation des erhaltenen Planmaterials, von der allein die zeitliche Einordnung von Riß B als unmittelbar vor Baubeginn entstanden, also 1275/77, breite Akzeptanz findet. Damit aber ist zumindest die Gleichzeitigkeit von Köln und Straßburg gesichert und die einseitige Fixierung auf Straßburg, die ja zu einem Zeitpunkt festgeschrieben wurde, als der Kölner Obergaden noch ins 1. Viertel des 14. Jahrhunderts datiert wurde, hinfällig. Eben durch diese späte Datierung Kölns fiel es ja aus den entwicklungsgeschichtlichen Darstellungen zur Geschichte des Maßwerks in Deutschland von Behling (1931) und Kiesow (1956) heraus. Und als sich in der Folgezeit eine frühe Datierung des Kölner Domchores abzeichnete, schnürte man das ‚Sammlungspaket' nicht etwa wieder neu auf, sondern konstatierte eine ‚parallele Entwicklung', so bei Binding (1989):

Abb. 125   Naumburg, Dom. Westchor nach W.

‚Parallel zu der Straßburger Entwicklung werden die Obergadenfenster des Kölner Domchores und dessen bekrönende Wimperge unter Meister Arnold (1271–1299) ab etwa 1277 reich gestaltet: der beherrschende Vierpaß ist genast und hat Lilienenden, die Kreise in den überfangenen Doppelbahnen haben genaste liegende Fünfpässe [gemeint ist eine fünfteilige Dreipaßbogenrose, L.H], im krabbenbesetzten Wimperg befindet sich ein Dreistrahl, der mit zwei Lanzetten und einem Dreipaß gefüllt ist, in den Zwickeln ebenfalls Dreipässe. In der nach 1277 begonnenen Sakristei der Marburger Elisabethkirche wird das Couronnement wie im Straßburger Riß A und im Triforium des Kölner Domchores (wohl nach 1265) durch einen beherrschenden liegenden Dreipaß gefüllt, der in den oberen Fenstern und auf dem gemalten Fenster mit dreiblättrigen Lilien an den *spitzauslaufenden Nasen und an den genasten Spitzbogen der Fensterbahnen bereichert wird; Gestaltungselemente, die an dem nach der Weihe von 1283 eingesetzten sechsbahnigen Westfenster der Elisabethkirche fortgeführt werden.*'455

Deutlich wird hier in ein bestehendes Sammlungsgefüge ein für das Maßwerk in Deutschland zentrales Bauwerk, der Kölner Dom, nachträglich eingeschoben; und umgekehrt Straßburger Formen angeführt, die dort gar nicht zu finden sind: Auf Riß A und A1 dominieren stehende Vierpässe, ein Couronnement mit beherrschendem liegenden Dreipaß, wie Binding unterstellt – sucht man dort vergebens. Und das Westfenster der Elisabethkirche ist eine direkte Nachbildung Kölner Formen, einschließlich Laibungsprofil, und nicht eine ‚Weiterentwicklung' des gemalten Sakristeifensters. Noch deutlicher tritt dieses Mißverhältnis beim Freiburger Münsterturm hervor:

‚*Eines der großartigsten Maßwerkgebilde ist der Helm des Westturms des Freiburger Münsters, der städtischen Pfarrkirche, der mit insgesamt 115 m Höhe der einzige in einem Baufortgang zu Ende geführte deutsche gotische Turm ist; Vorbild war der Straßburger Riß B. Der Turm ist in drei Abschnitte gegliedert: der untere ist quadratisch, massiv, mit mächtigen getreppten Eckstrebepfeilern (um 1250–1280), der zweite ist ein kühner, ganz durchbrochener Baldachin (1280/90) über einer zwölfeckigen Maßwerkgalerie; auf dem Oktogon sitzen die acht leicht konvexen, krabbenverzierten Helmgrate neben Ecktürmchen und außerdem Wimperge als Vermittlung (um 1320 vollendet). (...) Auch die fragmentierten oder verschmolzenen Paßformen im Helmmaßwerk und die acht dreibahnigen Fenster des Oktogons sind ohne Straßburg nicht denkbar. Die Fenster sind auf dreierlei Weise gestaltet: die erste Art (West- und Ostfenster) zeigt ein erstmalig an zentraler Stelle eingefügtes sphärisches Viereck mit einbeschriebenem stehenden Vierpaß, in dessen Mitte sich ein Kreis mit einem weiteren stehenden Vierpaß befindet und dessen einzelne Pässe mit einem Dreipaß gefüllt sind. Zwei von der Seite schräg nach unten einstoßende, mehrfach genaste Spitzbogen zeigen einen beginnenden Wandel in der Auffassung vom Aufbau, der bisher immer additiv von unten nach oben gesehen wurde. Ebenfalls Straßburger Einfluß entstammt die überaus reiche Verzierung mit einzelnen Schmuckelementen wie z. B. den Nasen. (...) Die zweite Art besteht aus einem auf dem Kopf stehenden spitzbogigen Dreistrahl...*'456

Sämtliche hier aufgeführten Formen des Freiburger Münsterturms sind signifikante Hauptformen nach dem Planwechsel in Köln: neben dem durchbrochenen Turmhelm (Riß F) sind dies das große Bogenviereck mit stehendem Vierpaß (Riß F), die genasten Pässe (östliche Chorobergadenjoche) und der Dreistrahl (östliche Chorobergadenjoche). In Straßburg hingegen erscheinen sie an ganz untergeordneter Stelle und völlig unabhängig voneinander. Umgekehrt finden sich die Hauptformen der Straßburger Fassade, neben der großen Westrose sind hier vor allem die vielteiligen Fenstercouronnements zu nennen, nur ganz selten. Die überragende Bedeutung, die Straßburg hinsichtlich des Maßwerks zugemessen wird, beruht also gar nicht auf spezifisch Straßburgischen, sondern auf den Kölner Formen! Und diese Kölner Formen aber konnten, ja mußten als Straßburgische gedeutet werden, weil der Baubeginn der Straßburger Westfassade mit der Grundsteinlegung im Jahre 1277 eben rund ein halbes Jahrhundert vor der für den Kölner Domchor überlieferten feierlichen Schlußweihe im Jahre 1322 lag. Aus dem gleichen Grund behandelt Lottlisa Behling ja anstelle des Kölner Domchores dessen Rezeption in Oppenheim, oder leitet sie die ‚Kölner Radfenster' in der Westfront des Braunschweiger Domes in einem abenteuerlichen Abstraktionsprozeß vom Langhausfenster des Halberstädter Doms (ebenfalls eine Rezeption des Kölner Domes) ab.[457]

Dies stützt die eingangs aufgestellte These einer frühen Aufnahme Kölner Formen auf dem Straßburger Riß B (Dreistrahl, genaste Pässe) und damit auch die Frühdatierung des Kölner Chorobergadens und von Riß F (sphärisches Viereck). Die Neuerungen im Maßwerk, nach Behling die sogenannte ‚*nachklassische Stufe um 1270 bis um 1300*' mit einer ‚*zunehmenden Bereicherung der Urform*' werden damit weniger durch den Genius Erwin von Steinbach, als vielmehr durch den beschriebenen Planwechsel im Kölner Domchor eingeleitet.

4. Die Zäsur um 1271

Nach Branner wird mit der Kathedrale von Amiens (Abb. 116) erstmals das Maßwerk bestimmend für die gesamte Oberflächengestalt eines Bauwerks, worin er ein signifikantes Merkmal des Hofstils König Ludwigs erkennt: ‚The surface patterns seem to originate in the window tracery and to flow freely across triforium and dado, pier, portal and gable, uniting the surfaces of the edifice in an all-embracing skein of shafts and arches.'[458]

In Deutschland ist der Kölner Dom das erste Bauwerk, dessen Oberflächengestalt ganz von Maßwerk bestimmt wird, genauer: der Chorobergaden des Kölner Domes. (Abb. 115) Denn im Chorerdgeschoß bleibt das Maßwerk noch auf die Fenster beschränkt; in deutlichem Kontrast zum Obergaden. Der grundlegende Wechsel erfolgt, wie aufgezeigt werden konnte, vom ersten zum zweiten westlichen Chorobergadenjoch in den 70er Jahren des 13. Jahrhunderts. Grundlegend ist dieser Wechsel, weil nun ein anderes technisches Know How Anwendung findet, wie Maren Lüpnitz herausgestellt hat, und weil nun in ganz neuer Weise die Maßwerkfenster aufgebaut werden: das Aufbrechen der strengen Abfolge von erster, zweiter und dritter Ordnung. Vor allem aber ist neu, daß nun nicht allein die Arkade Ausgangsfigur einer progressiven Durchgliederung ist, sondern eine Paßfigur, hier ist es der genaste freie Vierpaß, mit seinem

Abb. 126   Meißen, Dom. Chor nach O.

Divisionprozeß ad infinitum. Das Maßwerk gewinnt hier eine ganz neue Eigenständigkeit gegenüber der architektonischen Einbindung, es löst sich von der Fensterarkade. Stand mit dem Beginn der Ausbildung des Maßwerks in Reims stets die Einbindung der Fensterarkade in das Aufrißsystem im Vordergrund, so nutzt man nun das Maßwerk auch zur geometrischen Aufteilung von Flächen. Hier erst beginnt die Geschichte des Maßwerks als ‚Schmuckform'.

Da hier auf ganz neue Weise gedacht und konstruiert wird, muß mit diesem Wechsel auch ein Meisterwechsel verbunden sein. Dies stand auch für Rosenau und Wolff außer Frage, aber ausgehend von einer späteren Datierung des Domchores und der Vorzeitigkeit der Straßburger Westfassade, hatten sie diesen Meisterwechsel noch mit dem

Abb. 127 Meißen, Dom. Querschiff und Langhaus nach SW.

Namen des dritten Dombaumeisters Johannes verbunden, *„der nach Beendigung seiner Ausbildung die neuesten Formen frisch aus Straßburg mitbrachte"*.[459] Tatsächlich ist ein Straßburg-Aufenthalt von Johannes nirgends belegt, er wird allein aus seinem Werk geschlossen, voraussetzend, daß der Kölner Obergaden später datiert und Straßburg zeitlich vorangeht. Johannes ist 1296 und 1299 urkundlich als Sohn des Kölner Dombaumeisters Arnold belegt, *‚Johannes filius magistri Arnoldi operis majoris ecclesie',*[460] erst 1308 und 1310 in der Eigenschaft als Dombaumeister ‚magister operis de summo'.[461] Der Meisterwechsel zwischen Arnold und Johannes erfolgte somit irgendwann in den Jahren zwischen 1299 und 1308, da aber schon die von Schütz nachgewiesene Rezeption der neuen Kölner Formen in Oppenheim vor 1299 einsetzt, muß die Planänderung im Chorobergaden auf einen früheren Meisterwechsel bezogen werden, eben jenen vom ersten Dombaumeister Gerhard, ‚initiator nove fabrice maioris ecclesie', auf den zweiten Dombaumeister Arnold. Arnold wird 1271 erstmals als Dombaumeister erwähnt,[462] und muß noch 1299 im Amt gewesen sein, wie die oben angeführte Nennung Johannes als Sohn des Dombaumeisters Arnold belegt. Das Todesjahr von Meister Gerhard ist unbekannt.[463] Wenn Arnold Wolff den 23. April 1258 als frühesten, den 24. April 1261 als spätesten Todestag angibt,[464] so ist dies der Verlegenheit geschuldet, irgendwie das völlig einheitlich ohne jede Planänderung hochgeführte Chorerdgeschoß unbedingt auf zwei Baumeister verteilen zu müssen, eine Verlegenheit, die durch die Zuschreibung des Planwechsels im Chorobergaden an Arnolds Nachfolger Johannes bedingt war.[465] (Abb. 112–114)

Aber nicht die Zuschreibung als solche ist von Interesse, sondern die Konsequenzen für die Datierung des Chorobergadens: wenn Arnold noch 1299 im Amt war, die Rezeption des Kölner Domchors aber schon vor 1299 nachgewiesen ist, dann kann die Planänderung im Chorobergaden nicht auf die Übernahme des Amtes durch Johannes zurückgeführt, sondern muß Arnold zugeschrieben werden. Und Arnold steht nachweislich 1271 der Hütte vor. Ein sicherer terminus post quem ist mit 1264, der Einwölbung des Chorobergadens von Amiens gegeben, dessen Bautechnik und neue Formensprache in Köln rezipiert werden. Doch ist ein früheres Jahr als 1271 ganz unwahrscheinlich, denn 1265 waren ja gerade erst die Chorarkaden geschlossen,[466] und nun wurde in einem eigenen Bauabschnitt erst das gesamte Triforium hochgeführt und daran anschließend die beiden westlichen Obergadenfenster. Bei diesem Bauvolumen ist ein früheres Datum als 1271 kaum vorstellbar. Unter Arnold werden somit ab 1271 die östlichen Langchorjoche hochgeführt, das vorangehende westliche Eingangsjoch spätestens um 1270 vom ‚wiederauferstandenen' Meister Gerhard.

Das Jahr 1271 markiert damit eine Zäsur in der Geschichte des Maßwerks in Deutschland, da mit diesem Jahr das Maßwerk nicht mehr allein der Unterteilung der Fensterarkade dient, sondern nun alle nur denkbaren Flächen gliedern kann: Einer progressiven Durchgliederung des Stützsystems folgt eine progressive Zergliederung der Flächen. In Köln führt dies zu einer inflationären Verwendung des Maßwerks. Neben der von Frankl hervorgehobenen Innovation des Dreistrahls für die steilen Arkadenwimpergen sind hier an erster Stelle die Glasflächen zu nennen: die Obergadenfenster des Chores zeigen einen ‚musivischen Maßwerkteppich' auf einem in Grisaille ausgeführten engmaschigen Flechtwerkmuster, im Fenster N VI ist es ein Rapport von sphärisch gerahmten stehenden Vierpässen,[467] eine ‚Architektur in Architektur'.[468] Die Chorschranken variieren in ihrem Blendmaßwerk umgangsseitig die Formen der Chorobergadenfenster, zum Binnenchor hin ist es die gemalte alternierende Folge von dreiteiligen Maßwerkretabeln und Wimpergarkaden mit genasten Fünfpaßbögen. Auch das Chorgestühl wird mit Maßwerk überzogen, aufwendig gestaltet sind die Wangen des Kaiserplatzes mit dreiachsiger Balkenfigur und einer Verbindung von Dreistrahl und Zwickelstrahl.[469] Je bedeutsamer der Ort, desto aufwendiger scheinen die Maßwerke gestaltet. Bis hin zu den Flächen des bleiernen Chordachs reichten die Maßwerkformen, hier durch flache Zinnlötung und vielfach vergoldet, neben den in großen Buchstaben festgehaltenen Versen auf die Heiligen Drei Könige.[470]

Zu diesem rasanten Aufstieg und der schnellen Verbreitung des Maßwerks scheinen nicht wenig die homolog-hierarchischen Strukturen beigetragen zu haben, die es erlaubten, schon über wenigen Zirkeleinstichpunkten eine Vielzahl ganz unterschiedlicher geometrischer Figuren auf jede beliebige Flächengröße in jedwelchem Material zu transponieren. Es war die erfolgreichste, aber nicht die einzige ‚Grammatik'. So

Abb. 128   Meißen, Dom. Maßwerk im Chorpolygon.

zeigen die wandbreiten Maßwerkfenster des um die Mitte des 13. Jahrhunderts[471] begonnenen Meissner Domchores ein anderes Bildungsprinzip, das weder von der Fensterarkade noch von einer Teilfläche, sondern von den Kapitellen der Fensterpfosten seinen Ausgang nimmt und die Bogenschenkel über die Scheitel hinaus diagonal fortschreibt. (Abb. 126,128,129) In den vierbahnigen Meissner Vorchorfenstern sind die Bahnen durch einfache Spitzbögen geschlossen, deren Bogenschenkel geradlinig in 45° weitergeführt ein rektagonales Rautennetz ergeben. In den dreibahnigen Polygonfenstern aber schließen die einzelnen Bahnen mit einem Dreipaßbogen. Aus der diagonalen Fortschreibung dieses Dreipaßbogens über den Bogenscheitel hinaus resultiert hier ein Netz aus sogenannten Falchions, die wie die Rauten in den Maßwerkfenstern der

Abb. 129   Meißen, Dom. Maßwerk im Vorchorjoch.

Vorchorjoche als teppichartiges Muster erscheinen, das den Fenstern nicht eingepaßt, sondern hinterlegt wurde. Entscheidend ist, daß dieses teppichartige Muster hier aus der diagonalen Weiterführung des Stabwerks zur Bogenlaibung gedacht werden muß und nicht umgekehrt als eine Addition von Flächen. Den Unterschied verdeutlicht ein Blick auf das bei Binding irrigerweise als Paradebeispiel für das „*Aneinander- und Übereinanderreihen gleicher Figuren als fortlaufendes Muster im Couronnement*"[472] aufgeführte Nordfenster (Abb. 130) der vor 1326 begonnenen Lady Chapel der Kathedrale von Wells[473]: was als Stapelung von Dreipässen in sphärischen Dreiecken erscheinen mag, und auch so beschrieben wird,[474] ist in der ersten Ordnung eine konsequente diagonale Fortschreibung aller Teilungspfosten, deshalb sind nur zwei der drei Schenkel

Abb. 130 Wells, Kathedrale. Lady Chapel, Fenster der Nordseite.

des vermeintlichen Bogendreiecks ausgebildet und bei den äußeren gar nur einer, da nur die Teilungspfosten fortgeführt werden, nicht aber jene der Fensterlaibung. Erst in einer zweiten Ordnung folgt dann der Dreiblattrapport. Mit großem Raffinement sind in Wells somit beide denkbaren Lesarten des Meissner Fensters in zwei Ebenen hintereinandergestellt,[475] eine erste auf die ‚Kreuzung paralleler Bogenscharen' (Behling) zurückgehende Ebene, das sogenannte Intersecting-Maßwerk, hier wie in Meissen in rektagonaler Verlängerung, vor einer zweiten Ebene mit Dreiblättern im Rapport, das sogenannte Retikulat-Maßwerk.[476]

Nun sind die Meissner Domchorfenster über ein halbes Jahrhundert vor der Lady Chapel in Wells entstanden. Selbst das früheste Beispiel für das Retikulat-Maßwerk in England, das fünfbahnige Chorfenster der Kathedrale von Exeter (beg. 1275)[477] datiert immer noch ein Vierteljahrhundert später als jene in Meissen. Doch wird man sich schwerlich einen Steinmetzen der Meissner Dombauhütte vorstellen wollen, der unmittelbar nach Fertigstellung des Domchores im Jahre 1268 nach England auswandert und dort eine Flechtwerkeuphorie auslöst, während in Deutschland das Meissner Maßwerk bis auf seine Rezeption im Kapitellsaal des Zisterzienserklosters Marienstern (Lausitz) ohne Nachfolge blieb. Im umgekehrten Falle, bei einer Nachzeitigkeit Meissens, wäre gewiß nicht allein ‚englischer Einfluß' in Meissen konstatiert worden, sondern man hätte hinsichtlich des Maßwerks mit Naumburg, Schulpforta und Meissen auch gleich den Radius seines Wirkens abgesteckt[478]: im Naumburger Dom die ‚merkwürdig altertümlich' (Schubert) erscheinenden Plattenrosetten im freien Vierpaß in den beiden östlichen Eingangsseiten des Westchors,[479] in Schulpforta die freie Form gegenständiger Herzen[480] auf der Südseite des Chores und schließlich in Meissen das Flechtwerk des Domchors sowie das in Deutschland einzigartige Maßwerkfenster im Südquerhaus des Domes (Abb. 127) mit einander überschneidenden Bahnen und hyperbelartigem Bogen (Donath).[481] Die Aufzählung der ‚Besonderheiten' macht deutlich, daß hier nicht auf etwas späteres vorausgegriffen wird, sondern mit dem neuen Medium des Maßwerks auch ganz traditionelle spätromanische Motive weitergeführt werden können. Die Meißner Fenster sind eben nur anders in Hinblick auf die homolog-hierarchischen Fenster mit dem ihnen eigenen Aufbau, man möchte sagen, sie sind *noch* anders, im Gegensatz zur Spätgotik, deren gesuchte Durchbrechung des Formenkanons dann wiederum zu ähnlichen Ergebnissen führt. Gerade die Singularität der Meissner Lösung zeigt die überragende Bedeutung der ‚Kölner Grammatik', sie ist nicht die einzige ‚Grammatik', aber ihre auf homolog-hierarchischen Strukturen basierende progressive Flächengliederung durch Maßwerk ab 1271 im Kölner Chorobergaden die bei weitem erfolgreichste.[482] Da aber nun ausgerechnet dieses wichtigste Zentrum für die Ausbildung von Maßwerk in Deutschland durch die vermeintliche Spätdatierung des Domchores in das erste Viertel des 14. Jahrhunderts aus dem Blick geriet, entstand in den Darstellungen zur Geschichte des Maßwerks in Deutschland von Behling bis Binding eben an Stelle des Zentrums dieses dichte Geflecht von gegenseitigen Einflüssen und parallelen Entwicklungen.

IX. Oben und unten – vorne und hinten – links und rechts

Ein Ausblick. Hans Sedlmayr hatte im 20. Kapitel seines Kathedralbuches unter der Überschrift ‚Das Größte und das Kleinste – Gradualismus und Kumulation' darauf hingewiesen, daß in der gotischen Kathedrale eine Besonderheit hervortritt, die keine andere Stilsprache der europäischen Kunstgeschichte eigen ist: hier *‚erreichen die gleichen Formen, die im kleinen die großen wiederholen, Maße von Verkleinerungen – oder, von den kleinen her gesehen, die großen Maße der Vergrößerungen – wie an keiner anderen Architektur. (…) Es gibt Kreuzblumen, deren Plattform vielen Menschen Raum bietet, und solche – noch ebenso fest mit dem Bau verbundene – die man mit zwei Fingern umspannen kann. Vor den größten Formen fühlt man sich winzig wie in Brobdingnag, vor den kleinsten riesig wie in Liliput. Zahlenmäßig hält sich die Spannweite der gleichen Motive am Bau in dem relativ bescheidenen, fürs Auge aber überwältigenden Verhältnis von ungefähr 1:100. Nimmt man dazu aber Kleinformen der Ausstattung, welche die großen Formen wiederholen, z. B. Monstranzen, Reliquiare, Bücher, so dürften Spannungen bis zu 1:1000 und noch größere vorkommen. Diese Formen verraten eine Ausweitung des Dimensions-Gefühls, die der Antike ganz fremd ist. Sie fordern den Beschauer auf, es mitzumachen (…) Dabei wird der Geist und das Auge vom Größten zum Kleinsten über vermittelnde Stufen geführt. (…) Überall vermitteln mittlere Stufen zwischen den Extremen; und indem sie unter den kleinsten, von einem bestimmten Standpunkt her noch voll sichtbaren, noch kleinere ahnen lassen, setzen sie das geistige Sehen über das körperliche hinaus fort. Ein Beziehen der Kathedrale auf das Maß der menschlichen Gestalt, wie es der Klassizismus versucht hat, widerspricht ihrem Wesen.*'[483]

Sedlmayr *erklärt* hier nicht das Phänomen des Verkleinerns und Vergrößerns gleicher Formen ad libitum, sondern er *deutet* es von der Betrachterseite her, als eine Aufforderung zur geistigen Schau und stellt es in den Dienst seiner ‚Mythologisierung' (Kurmann) der Kathedrale. Demgegenüber konnten mit der vorliegenden Untersuchung der homolog-hierarchischen Strukturen des Maßwerks die historischen und konstruktiven Voraussetzungen dieses Phänomens dargelegt werden. Peter Kurmann verunklärt das Phänomen, wenn er zwischen *Kathedrale* und *Gotik* nicht deutlich trennt: nie habe die Kunstgeschichte versucht, so Kurmann, *‚ein Erklärungsmodell für die richtig gesehene Tatsache zu liefern, daß die Gotik die gleichen Formen ad libitum vergrößert*

Abb. 131   Minden, Dom. Langhaus nach S.

und verkleinert hat. Über einem solchen zum System erhobenen Ausdehnungs- und Reduktionskoeffizienten verfügte keine andere Stilsprache der europäischen Kunstgeschichte in diesem Ausmaße, obwohl vor allem im Bereich der Schatzkunst auch die Romanik, die Renaissance und der Barock Hervorragendes in Sachen Miniaturisierung architektonischer Konzepte geleistet haben.'[484] Kurmann übersieht, daß diese Besonderheit ein Spezifikum der Kathedralbauten des französischen Kronlandes Ile-de-France und den von ihnen abhängigen Werken ist und nicht einfach auf die ganze Epoche übertragen werden kann. Sie ist das Resultat einer systematischen progressiven Durchgliederung dieser Bauwerke, aber nicht allgemein kennzeichnend für *die Gotik*.

Keinesfalls läßt sich hieraus auf eine vermehrte Anwendung von Architekturmodellen schließen, wie dies Kurmann unterstellt: *‚Die massenhafte Verwendung architekto-*

Abb. 132   Minden, Dom. Langhaus nach N.

nischer Formen in Kunstwerken kleinen Maßstabes wurde dadurch gefördert, daß bei der Planung von Bauvorhaben das Architekturmodell eine größere Rolle als früher zu spielen begann.'[485]

Tatsächlich ist nördlich der Alpen kein einziges mittelalterliches Architekturmodell nachgewiesen, nach Binding ist das früheste gesicherte Architekturmodell der Umbauvorschlag für den Perlachturm in Augsburg, den der Augsburger Goldschmied Jörg Seld 1503 schuf.[486] ‚Kleinarchitekturen' etwa in Baldachinen gehören ebensowenig in den Zusammenhang der Bauplanung wie Votiv- oder Stiftermodelle,[487] die Bauplanung bleibt nördlich der Alpen bis zum Ausgang des Mittelalters im zweidimensionalen Medium der Zeichnung. Schon die Formulierung ‚*massenhafte Verwendung architektonischer Formen*' ist mißverständlich, denn beobachtet werden kann in der zweiten Hälfte des 13. Jahrhunderts eine zunehmende Geometrisierung, eine ‚Vermaßwerkung' *aller* Kunstgattungen, bis hin zur Buchmalerei.[488] Zu beobachten ist also eine enorme Aufwertung

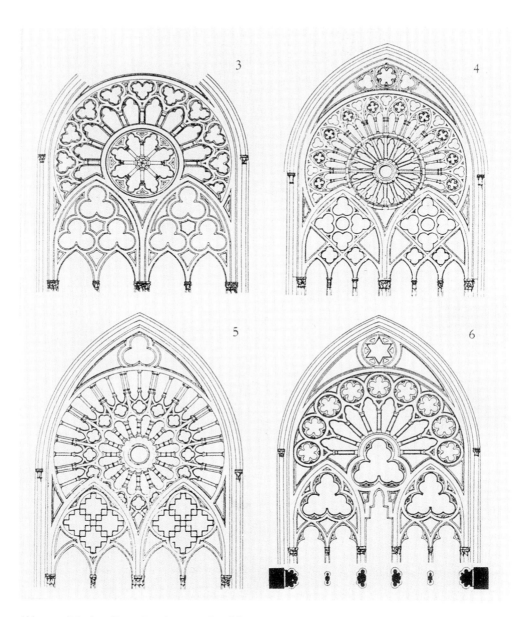

Abb. 133   Minden, Dom. Langhaus, Maßwerkfenster.

Abb. 134 Köln, Rathaus. Hansesaal nach N.

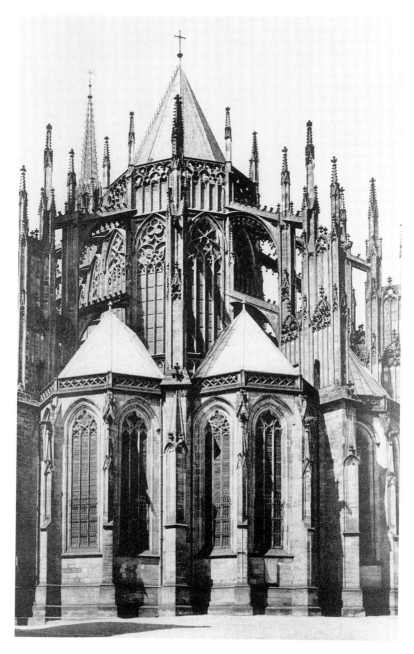

Abb. 135   Prag, Kathedrale. Chor von OSO.

des Maßwerks, ihr Aufstieg von einer architektonisch determinierten Gliederung zu einer auf alle Kunstgattungen übertragbaren Gliederungs- und Würdeform.

Während man in Köln einen homolog-hierarchischen Aufbau der Maßwerkfenster zur Differenzierung von Nord- und Südseite der Kathedrale, von Fenster und Blendfenster, von Polygon und Langchor und von Seitenschiff und Obergaden nutzt, dient das Maßwerk etwa in den sogenannten ‚Prachtfenstern' des 1267 datierten Langhauses des Mindener Domes[489] augenfällig primär dem Schmuck des Bauwerks. (Abb. 131–133) Verbunden allein durch die zentrale Idee der Verbindung von Rose- und Fenstermaßwerk, zeigt ein jedes Fenster eine andere Rosengliederung und ein anderes Lanzettenmaßwerk. Mal als ‚altertümliches' Plattenmaßwerk, mal als ‚modernes' Stabmaßwerk, werden so ziemlich alle bis dahin bekannten Maßwerkformen immer neu kombiniert und variiert. Die Palette der Vorbilder reicht von Reims, Laon, Paris, Amiens, Semur-en-Auxois, Limburg und Köln bis zum Minden benachbarten Bistum Paderborn. Die Ausführung der Mindener Fenster aber läßt erkennen, daß kein an den französischen Bauten geschulter Architekt tätig war: die dicken Stäbe und die eckig gestuften Fenstergewände belegen dies; sie gleichen den Profilen des Paderborner Domlanghauses und der Stiftskirche in Lippstadt. Deshalb nimmt Fiebig ganz zurecht an, daß hier *‚eine westfälische Werkstatt das Maßwerk nach vorliegenden Zeichnungen ausgeführt hat.'*[490] Hätte man bei einer vergleichbaren Faktenlage um 1200 noch nach den aufgezählten Vorbildern noch das Itinerar des Architekten erstellen können, so zeigt das Beispiel der Mindener Prachtfenster, daß grundsätzlich alle zeitgenössischen Maßwerkformen im Medium der Zeichnung über die großen Dombauhütten verfügbar waren; ein leitender Architekt konnte, aber er mußte diese Bauten nicht zuvor gesehen haben. Und die großen Probleme, die sich mit der architektonischen Einbindung der Fenster in den Aufriß bei *wandbreiten* Fenstern einstellen, sind bei der Ausführung als *Einsetzfenster* irrelevant. Für die Rezeption dieser großen neuen Maßwerkfenster benötigte man nur eine möglichst große Wandfläche, in die das Fenster dann mit seitlichen Wandstreifen *eingesetzt* werden kann. Um diese große Wandfläche zu erhalten, wurden im letzten Drittel des 13. Jahrhunderts in Paderborn, in Minden, in Meissen, basilikal begonnene Bauwerke dann in Hallenquerschnitt weitergeführt. Die Rezeption der neuen großen Maßwerkfenster, nicht eine neue Raumvorstellung, führte zu der nun zu beobachtenden großen Zahl von sogenannten Hallenkirchen,[491] die vielleicht treffender ‚Hochwandkirchen' genannt zu werden verdienten.

Mit der Ausbildung der Maßwerkfenster als Einsetzfenster sind dem Architekten alle Freiheiten hinsichtlich der Binnengliederung des Fensters, als auch hinsichtlich der Maßwerkfolgen und der ‚Verortung' am Bauwerk gegeben, was zu einer Fülle unterschiedlicher Anordnungen führte, Charlotte Knobloch nennt einen ganzen Katalog von Gestaltungsprinzipien: die Verkleinerung, die Wiederholung, die Lageänderung, die Vergrößerung, die Überlappung, der Richtungsausgleich, die geraden Teile, dann zum ‚Streifenmaßwerk' die Translation, die Gleitspiegelung, die fortgesetzte Vertikalspiegelung, das Parkett, der Bezug zur Begrenzung und schließlich bei den Maßwerkfolgen die formalen Folgen, die korrespondierenden Folgen und die motivischen Folgen.[492] Bis zu den 1374 ausgeführten Obergadenfenstern des Prager Domchores (Abb. 135) aber hält man an dem tradierten Formenschatz fest, wenn auch in wechselnden Variationen und Formkombinationen. Erst in diesen Prager Obergadenfenstern wird dieser Formenkanon mit den neuen Fischblasenformen, die sich zu Rotationsformen vereinigen, aufgebrochen.[493] Durch die asymmetrische Form der Fischblase erhalten die Maßwerke ein Drehmoment, sie scheinen sich je nach Anordnung nach links oder nach rechts zu drehen. Ein Vergleich mit dem Blendmaßwerk aus dem frühen 14. Jahrhundert[494] im Hansesaal des Kölner Rathauses verdeutlicht die neue Qualität: im Hansesaal werden auf vielfältige Weise signifikante Formen des Kölner Domchores – die sechsteilige Rose, der Dreistrahl – über acht Blendbahnen neu gruppiert, das Ganze bleibt jedoch statisch, weil es trotz seines Reichtums an Einzelformen letztlich ‚nur' aus einer Häufung punktsymmetrischer Figuren besteht. Mit großem Raffinement aber wurde die zentrale sechsspeichige Rose so gedreht, daß sie nach links zu kippen scheint, wenn man den Blick auf ihre genasten Bögen fokussiert, oder nach rechts, wenn man die Speichen ins Auge faßt. Damit sind die Möglichkeiten aber auch schon ausgereizt. Erst die Asymmetrie der Fischblasen ermöglicht eindeutige Rotationsfiguren. Welche neuen Möglichkeiten damit für die Verortung der Maßwerke am Bauwerk verbunden waren, soll aber einer eigenen Untersuchung vorbehalten bleiben.

Anmerkungen

I. Einleitung

1   Jacob und Wilhelm Grimm, *Deutsches Wörterbuch*, Bd. 6, Leipzig 1885, Sp. 1751.
2   Paul Booz, *Der Baumeister der Gotik*, München/Berlin 1956, 14 f.
3   Fialenbüchlein von Hans Schmuttermeyer, Germanisches Nationalmuseum Nürnberg, Inc. 8°36045; hier zitiert nach Ulrich Coenen, *Die spätgotischen Werkmeisterbücher in Deutschland: Untersuchung und Edition der Lehrschriften für Entwurf und Ausführung von Sakralbauten*, München 1990, 353.
4   Georg Hoeltje, Zeitliche und begriffliche Abgrenzung der Spätgotik innerhalb der Architektur von Deutschland, Frankreich und England, Weimar 1930, 1.
5   Hoeltje 1930.
6   Hoeltje 1930, 74.
7   Lottlisa Behling, Gestalt und Geschichte des Maßwerks, Halle 1944.
8   Behling 1944, 6.
9   Behling 1944, 56.
10 Behling 1944, 55 f.
11 Günther Binding, *Maßwerk*, Darmstadt 1989, 1.
12 Gottfried Kiesow, *Das Maßwerk in der deutschen Baukunst bis 1350*, MS Diss., Göttingen 1956.
13 Binding 1989, 3.
14 Kiesow 1356, Einleitung, o.S.
15 In seiner Zusammenfassung schreibt Kiesow: ‚*In der Geschichte des Maßwerks von den Anfängen bis 1350 ergaben sich sechs Hauptphasen, die sich parallel bei Rosen und Fenstern beobachten lassen. Im Mittelpunkt der Entwicklung, der zugleich ihr Höhepunkt ist, stehen der Straßburger Entwurf B und die beiden unteren Geschosse der ausgeführten Westfassade. Sie sind mit dem Namen Erwin von Steinbauch verbunden. (…) Herr Prof. Rosemann wies in seinem Aufsatz über Erwin von Steinbach (Die Großen Deutschen, Seite 232–245) zum erstenmal auf den inneren Zusammenhang zwischen dem Entwurf B, dem Erdgeschoss und dem Mittelteil des zweiten Geschosses der ausgeführten Fassade hin. Damit ist die künstlerische Einheit dieser Fassadenteile betont worden. Die Veränderungen gegenüber dem Riß B erklären sich aus der Entwicklung Erwins, der von der überschwänglichen Formensprache seines ersten Entwurfs zu einer Beschränkung auf das Wesentliche heranreift. Diese Entwicklung Erwins konnte auch in der vorliegenden Arbeit bei den Rosen und den Maßwerkfenstern aufgezeichnet werden. (…) Diese überragende Stellung Erwins wird nicht allein bei der Betrachtung der großen Bauformen sichtbar, sondern ist auch im Maßwerk zu spüren.*' Kiesow 1956, 189.

II. Das Maßwerkfenster der Kathedrale von Reims

16 Binding 1989, 43; Kimpel/Suckale 1985, 291. Hamann-Mac Lean 1993, I (1), 343–352, dagegen erkennt auf der Grundlage seiner Interpretation des ehemaligen, spätestens 1285 fertiggestellten Reimser Labyrinths in Gaucher de Reims den ersten Architekten der Reimser Kathedrale und damit den Entwerfer der ersten Maßwerkfenster. Nach seiner approximativen Datierung der vier Hauptperioden folgen Gaucher de Reims (1211–1218) Jean le Loup (1219–1234), Jean d'Orbais (1236–1251) und Bernard de Soissons (1252–1286). Unter Jean d'Orbais – so Hamann-Mac Lean – wären die Chorgewölbe eingezogen worden, hierauf beziehe sich die Angabe, er hätte die ,coiffe' (was als ,Chorhaupt' oder aber als ,Eindeckung' gedeutet wurde) begonnen, und die Darstellung seiner Person mit einem Zirkel, der einen 5/10 Chorschluß beschreibt. Ungewöhnlich bleibt es dennoch, daß ausgerechnet der Architekt mit einer Darstellung des Grundrisses nicht der erste Architekt gewesen sein soll, sondern ausgerechnet jener, von dem es heißt, er habe die ,Portale' geschaffen. Zudem fußt die vorgeschlagene Reihenfolge auf der Überzeugung, die vermeintliche Herkunft des Gaucher de Reims erkläre die Übereinstimmungen mit den Vorbildern St.-Remi, Soissons und Châlon (347), Hamann-Mac Lean verkennt somit die historisch-politischen Absichten bei der Wahl der Vorbilder, wie sie bei Kunst/Schenkluhn 1988 überzeugend dargelegt sind. Ich folge daher der Interpretation von Louis Demaison 1894 und Kimpel/Suckale 1988 und erkenne in Jean d'Orbais den ersten Architekten und den Entwerfer der ersten Maßwerkfenster.

17 Binding 1989, 43.
18 Kiesow 1995, 50.
19 So auch Kimpel/Suckale 1985, 291.
20 Hahnloser 1972, 56–58, 162–169, Taf. 20, 60–62.
21 Hahnloser 1972, Taf. 20. Zur Verdeutlichung fügt Villard hier den Pfostenquerschnitt hinzu.
22 Vgl. die Darstellung des Reimser Maßwerkfensters bei Viollet-le-Duc 1866–1875, 386.
23 Kimpel/Suckale 1985, 86 u. 534.
24 Kunst/Schenkluhn 1988, 56.
25 In der Scheitelkapelle trägt er bei gleichem Durchmesser auch den Gurt des vorgesetzten queroblongen Joches [Am II 2 u.9].
26 Hamann-Mac Lean 1993, I (1), 51.
27 Hamann-Mac Lean 1993, 88.
28 Hamann-Mac Lean 1993, 88.
29 Hamann-Mac Lean 1993, 51.
30 Reinhardt 1963, 54 ff.; Kunst/Schenkluhn 1988, 75.
31 Aufschlußreich ist auch hier der Vergleich mit der Empore in Saint-Remi, die, von zwei Rankenfriesen aus dem Aufrißsystem hervorgehoben, als einziger Raumteil nicht auf Schildbögen verzichtet. Hamann-Mac Lean, 1993, I (1), 89.
32 Das einzige Argument für eine Deutung der Fensterbögen als Schildbögen ist das Herabführen der Stäbe bis auf die Kämpferplatte der Arkadenstützen, ebendies ist jedoch mit dem schildbogenlosen (!) Aufbau von St. Remi vorgegeben.
33 Kunst/Schenkluhn 1988, 56.
34 Hahnloser 1972, 163 f. u. Taf. 61.
35 Hierin greift Soisson der späteren, nach der Errichtung der Sainte-Chapelle nahezu kanonischen Lösung, vor, welche den ,kopflastigen' Fenstern, besonders augenfällig im Neubau der Abteikirche von St.-Denis um 1231, nachfolgt.
36 Nach Kimpel/Suckale 1985, 528, steht die Errichtung der Chorobergeschosse vermutlich in engem Zusammenhang mit einer Schenkung von Graf Thibault III. von Champagne (1197–1201). Zur Baugeschichte: Villes 1977.

37 Diese zurückgesetzte Ebene mit einbeschriebenem liegenden Sechspaß entspricht der Ebene der späteren Maßwerknasen. Ihre Herkunft als zurückgestufter Teil der Restplatte erklärt, warum diese im Fensterverband keine eigenen Profilvorlagen erhalten.
38 Binding 1989, 43.
39 Nußbaum 1996, 55.
40 Entgegen Sedlmayr, 1950, 58.
41 Bezeichnenderweise gibt Villard d'Honnencourt die korrekte Anordnung der Stäbe denn auch nur in einem Fall, in seiner Außenansicht der Reimser Chorkapellen wieder. Vgl. Hahnloser 1972, Taf. 61.
42 Kimpel/Suckale 1985, 534.
43 Wolff 1968, 77–79. Bestätigung fanden seine Ergebnisse in der Untersuchung von Kimpel 1979/80, 277–292
44 Kimpel/Suckale 1985, 288.
45 Nach dem topographischen System von Richard Hamann-Mac Lean sind dies die Joche ‚EI NII', ‚EI SII', ‚WI NII', ‚WI SII'. Hamann-Mac Lean 1965, 6 f.; Hamann-Mac Lean/Schüssler 1993.
46 Kimpel/Suckale 1985, 506.
47 Kimpel/Suckale 1985, 519.
48 Bestätigt wird diese Interpretation auch durch die Veränderungen der Mittelschiffspfeiler gegenüber Chartres und Soissons: das Kapitell wird durch Friesbänder unter den Kapitellen der Vorlagen vereinheitlicht und auch die dem Mittelschiff zugewandten Pfeilervorlagen erhalten nun ein eigenes Kapitell. Vgl. Kimpel/Suckale 1985, 292.
49 Hamann-Mac Lean 1993, I (1), 51.
50 Hamann-Mac Lean 1993, 325.
51 ‚EIII NII' und ‚EIII SII'.
52 Kimpel/Suckale 1985, 535; zum karolingischen Vorgängerbau St. Peter, der unter Erzbischof Ebbon im 9. Jahrhundert entstand, vgl. Reinhardt 1963, 121 f.; über die Bedeutung bischöflicher Doppelkapellen hinsichtlich der Konzeption der Sainte-Chapelle in Paris handelt Inge Hacker-Sück 1962.
53 Im Gegensatz zur Interpretation als 7/12 Schluß und direkter Abhängigkeit mit Sainte-Chapelle, Schenkluhn 1985, 203. Unter- und Oberkirche schließen eindeutig mit einem 5/10 mit anschließendem Halbjoch. Im Gegensatz zur Sainte-Chapelle tritt auch die faktisch gegebene Verbreiterung des oberen Raumes durch die tiefen Zungenwände optisch gar nicht in Erscheinung. Die Aufrißgestaltung der Oberkapelle wiederholt vielmehr die Architektur der Chorkapellen der Reimser Kathedrale, bleibt dieser gewissermaßen zugeordnet und zugleich untergeordnet.
54 Kimpel/Suckale 1985, 400 u.535.
55 Reinhardt 1963, 121.
56 Hamann Mac-Lean 1993 I (1), 352.
57 Hamann-Mac Lean 1993, 348.
58 Hahnloser 1972, Taf. 20. Zur Interpretation der Reims-Zeichnungen im Studienbuch Villards zuletzt Ackermann 1997, 41–49, 195; Barnes 1989, 209–223; Barnes 1982; Barnes 1981, 199–206; Bechmann 1993; Branner 1958, 9–21; Bucher 1972, 37–51; Erlande-Brandenburg 1986; Lalblat 1987, 387–406; Meckseper 1983, 31–40.
59 Hahnloser 1972, 228 f.
60 Anders dagegen bei seinem zweiten Aufenthalt in Reims mit den systematischen Aufrißzeichnungen 30 v bis 32 v, auf denen er ganze Wandabschnitte, nicht nur ein einziges Fenster festhält.
61 Hahnloser 1972, 229.
62 Hahnloser 1972, 56.
63 Hahnloser 1972, 56.
64 Hahnloser 1972, 56.
65 Hahnloser 1972, 75 f.
66 Hahnloser 1972, 75. Durchaus im gleichen Sinne das heutige ‚*verrière*', die ‚*Glaswand*'.

67　Hahnloser 1972, 56f.
68　Hahnloser 1972, 56. Hahnloser führt an gleicher Stelle noch eine Rechnung des Odart de Laigny aus dem Jahre 1335 an: ‚Pour des verrières de la fourme de la chapelle Madame'. Und eine Stelle in den Gesta Gaufredi episcopi Cenomanensis: ‚fecerunt autem *formam* integram quinque vitreas continentem, in quibus ipsi per officia depinguntur'.
69　Binding 1989, 12.
70　Binding 1989, 12.
71　Hahnloser 1972, 57. An gleicher Stelle gibt sich Hahnloser verwundert darüber, daß Villard für die ‚travée', das ‚Joch', keinen eigenen Ausdruck besitze. Diese Verwunderung unterstellt einen direkten Zusammenhang von dreidimensionalen Raumvorstellungen und Planungsfindung, die bis heute weiterwirkt, während die Textstelle bei Villard nur in der zweidimensionalen Ebene bleibt. Dies ist keine Ausnahme, es ist die Regel, wie Werner Müller und Norbert Quien 1997 nachweisen konnten. Ihre These lautet, daß der zweidimensional entwerfende Architekt die Wirkung seines Entwurfs in der dritten Dimension nur in reduzierter Form habe voraussehen können. Dagegen wendet sich Norbert Nußbaum in seiner Rezension im *Journal für Kunstgeschichte* 3 (1999), 14–18.
72　Hahnloser 1972, 162.
73　Hahnloser 1972, 162f.
74　Bezeichnenderweise rückt man nur bei den ‚unsichtbaren' Blendfenstern von dieser Regel ab, vereinfacht die Figur und läßt auch den Fensterbogen mit dem Okulus verschmelzen.
75　Kunst/Schenkluhn 1988, 52.
76　Kunst/Schenkluhn, 54.
77　Katharina Corsepius irrt, wenn sie in ihrer vergleichenden Untersuchung von Notre-Dame-en-Vaux in Châlons-sur-Marne und St.-Remi in Reims ausführt, daß im Chor ‚Triforium und Obergaden […] bei beiden Bauten durch Herunterziehen der Schildbögen auf die Sockelzone der Triforien miteinander verbunden' werden. Der Bogen faßt nicht die Schildwand ein, sondern umgreift die Fenster, ist also ein Fensterbogen. Und nur die mittleren keilförmigen ‚Pfosten' enden auf der Sockelzone des Triforiums, die äußeren Stäbe führen hinab auf die Deckplatte des Mittelschiffpfeilers. Corsepius 1997, 163; als Beispiel für ein dreiteiliges Gruppenfenster unter einem Schildbogen sei auf das Südquerhaus der Kathedrale Saint-Gervais-et-Protais (nach 1176) verwiesen. Schild- und Fensterbogen bleiben hier auf die Schildwand beschränkt und greifen nicht über das Triforium hinweg. Im Langhaus von Notre-Dame-en-Vaux erkennt Peter Kurmann im Heraufziehen der dort zweiteiligen Gruppenfenster bis an den Gewölbeansatz eine wichtige Neuerung in Richtung auf das gotische Maßwerkfenster. Kurmann 1977, 142f.
78　Kimpel/Suckale 1985, 540; zur Baugeschichte der Kathedrale von Sens im 12. Jahrhundert siehe Henriet 1982, 81–174.
79　Henriet 1982, 92, Fig.6.
80　Zuletzt Helten 1992, 25.
81　Prache 1978, Taf. 43, Abb. 105.
82　Sauerländer 1990, 15f.; Bony 1983, 68.
83　Corsepius 1997; Kimpel/Suckale 1985, 510f.

III. Die ‚Fenêtre-Châssis' der Pariser Kathedrale

84　Eine Zusammenstellung der wichtigsten Baudaten geben Kimpel/Suckale 1985, 527f.
85　Viollet-le-Duc stützt diese Datierung mit seiner Behauptung, der Umbau sei die Folge eines großen Brandes gewesen, von dem er Spuren entdeckt habe. Hierzu Erlande-Brandenburg 1991, 154;
86　Robert Branner, ‚Paris and the origins of Rayonnant Gothic Architecture down to 1240', *Art Bulletin* 44 (1962), 48f.; Branner 1965, 15f.

87 Branner 1965, 153.
88 Die unterschiedlichen Nivellierungen der Vorlagen im Chorrund sprechen nach Kimpel und Suckale dafür, ‚daß die Außenmauern nicht durchgingen, sondern von Kapellen unterbrochen waren'. Kimpel/Suckale 1988, 152. Vermutlich also wie später in Bourges ein doppelter Chorumgang mit drei Radialkapellen. Diese Vermutung schon bei Viollet-le-Duc 1859-1868, II, 286.
89 Erlande-Brandenburg 1992, 74.
90 Erlande-Brandenburg 1992, 153.
91 Stephen Murray, ‚Notre-Dame of Paris and the Anticipation of Gothic', in: *Art Bulletin* LXXX (1998), 247.
92 Murray 1998, 237, Abb. 11; Erlande-Brandenburg 1992, 74.
93 Erlande-Brandenburg 1992, 73.
94 Insbesondere der Abschluß der Emporenfenster durch einen sogenannten ‚Falschen Bogen', der also nicht aus Keilsteinen gemauert, sondern durch zwei große Formsteine gegeben ist.
95 Kimpel/Suckale 1985, 152.
96 Kimpel/Suckale 1985, 163.
97 Kimpel/Suckale 1985, 164.
98 Vgl. Michler 1974, 83, Anm. 58.
99 Branner 1965, 17.

IV. Die Maßwerkfenster der Liebfrauenkirche in Trier

100 Nußbaum 1985, 34; Binding 1989, 195; in die Nachfolge der Kathedrale von Reims gestellt von Branner 1971, 27. Zuletzt Marion Niemeyer-Tewes, *Das Dekagon von St. Gereon in Köln*, Köln 2000, 170: ‚*Die Plattenmaßwerkfenster des Dekagons scheinen in Zusammenhang mit den frühgotisch-französischen Bauten um 1200 zu stehen. Innerhalb der niederrheinisch-maasländischen Sakralarchitektur finden die Plattenmaßwerkfenster der Gereonskirche weder Nachfolge noch Weiterentwicklung. Als schließlich um 1235/40 in Trier und Marburg die ersten gotischen Maßwerkfenster in Deutschland Verwendung finden, sind diese Fenster „unmittelbar von französischen Formen abhängig". Die Plattenmaßwerkfenster des Dekagons sind folglich nicht als Vorstufe der Trierer und Marburger Fenster zu verstehen.*'
101 Seeger 1997, 132.
102 Nußbaum 1985, 52.
103 Seeger 1997, 152.
104 Brucher 1990, 16–17.
105 Nußbaum 1985, 52.
106 Zur Baugeschichte: Hermann Bunjes, Nikolaus Irsch u.a., *Die kirchlichen Denkmäler der Stadt Trier. Mit Ausnahme des Domes* (Die Kunstdenkmäler der Rheinprovinz 13, 3. Abt.: Die Kunstdenkmäler der Stadt Trier 3), Düsseldorf 1938, 124–203; Theodor Konrad Kempf, ‚Erläuterungen zum Grundriß der frühchristlichen Doppelkirchenanlage in Trier mit den Bauperioden bis zum 13. Jahrhundert', in: *Der Trierer Dom = Jahrbuch des Rheinischen Vereins für Denkmalpflege und Landschaftsschutz* 1978/1979, Neuss 1980, 47–58; Nußbaum 1985, 52–57; Schenkluhn/Van Stipelen 1983, 19–53; Borger-Keweloh 1986; Helten 1992; Frank G. Hirschmann, ‚Civitas Sancta – Religiöses Leben und sakrale Ausstattung im hoch- und spätmittelalterlichen Trier', in: Hans Hubert Anton u. Alfred Haverkamp (Hgg.), *Trier im Mittelalter* (2000 Jahre Trier, Bd. 2) Trier 1996, 399–476.
107 Theodor Konrad Kempf, ‚Die vorläufigen Ergebnisse der Ausgrabungen auf dem Gelände des Trierer Domes', in: *Germania* 29 (1951), 47–58.
108 Klein 1984, 231.
109 Götz 1968, 70.

110 Borger-Keweloh 1986, 120 f.
111 Klein 1984, 232 f.
112 Eichlers Vortrag auf dem Deutschen Kunsthistorikertag 1948 (Kunstchronik 1, Heft 10, 1948, 1–21) erschien unter dem Titel ‚Ein mittelalterlicher Grundriß der Liebfrauenkirche in Trier', in: *Beiträge zur Kunst des Mittelalters. Vorträge der ersten Deutschen Kunsthistorikertagung auf Schloß Brühl 1948*, Berlin 1950, 171–174; die überarbeitete und erweiterte Fassung folgte drei Jahre später unter dem Titel ‚Ein frühgotischer Grundriß der Liebfrauenkirche in Trier', in: *Trierer Zeitschrift für Geschichte und Kunst des Trierer Landes und seiner Nachbargebiete* 22 (1953), 145–166. Gegen Eichlers These Leonhard Helten, ‚Eine mittelalterliche Grundrißzeichnung der Liebfrauenkirche in Trier', in: Leonhard Helten (Hg.): *Streit um Liebfrauen. Eine mittelalterliche Grundrißzeichnung und ihre Bedeutung für die Liebfrauenkirche zu Trier*, Trier 1992, 47–50.
113 Schenkluhn und Van Stipelen 1983, 34.
114 Nußbaum 1985, 56; im Anmerkungsteil führt Nußbaum weiter aus: ‚In der Ostansicht lassen die Autoren den Vergleich mit Braine gelten und leiten aus der typologisch zwangsläufigen Ähnlichkeit der allgemeinen baukörperlichen Disposition ohne Umschweife die These ab, hier gewänne ein „Reformprogramm des Trierer Erzbischofs architektonische Gestalt". (…) Gemeint ist der Einsatz Dietrichs für eine klosterähnliche Gemeinschaft der Kanoniker, die östlich des Chores ihre neue Klausur erhielten. Hierfür soll das Prämonstratenserstift in ideeller wie in architektonischer Hinsicht Pate gestanden haben. Als Beleg für die Bedeutung der Brainer Chorlösung als „Reformarchitektur" wird auf Xanten, die einzige Prämonstratenserkirche in der stattlichen Braine-Nachfolge verwiesen.' Nußbaum 1985, 324 (Anm. 116).
115 Nußbaum 1985, 56.
116 Nußbaum 1985, 57.
117 Nußbaum 1985, 57; zu Metz zuletzt Christoph Brachmann, *Gotische Architektur in Metz unter Bischof Jacques de Lorraine (1239–1260). Der Neubau der Kathedrale und seine Folgen*, Berlin 1998 (Diss. Berlin 1994).
118 So auch Borger-Keweloh: ‚Daß die Kapellen in Braine rund und nicht polygonal geschlossen sind, ist als Unterschied kaum wichtig, da man hier die zeitliche Differenz und damit die Änderung der stilistischen Grundhaltung berücksichtigen muß.' Borger-Keweloh 1986, 120.
119 In allgemeiner Form beschrieben bei Borger-Keweloh 1986, 36 f.: ‚Seit der Mitte des 12. Jahrhunderts setzte eine erneute umfassende Bautätigkeit ein. Sie begann mit dem Ostchor des Domes, wobei dieser, nachdem er immer nur reduziert worden war, zum ersten Mal wieder erweitert wurde. Mit der Einwölbung wurde der Dom dem Geschmack der Zeit angepaßt. Danach wurde der Neubau von Liebfrauen in Angriff genommen. Noch während der Bauzeit der Kirche wurde der Umbau des Claustrums sowie die Umwandlung des Verbindungsgangs zwischen Liebfrauen und Dom in das ‚Paradies' in der heutigen Gestalt begonnen.'
120 Schenkluhn und Van Stipelen 1983, 29.
121 Jochen Zink, ‚Die Baugeschichte des Trierer Domes von den Anfängen im 4. Jahrhundert bis zur letzten Restaurierung', in: Franz J. Ronig (Red.), *Der Trierer Dom*, Neuss 1980, 52; Zink wendet sich damit gegen die Darstellungen von Theodor Konrad Kempf, ‚Grundrißentwicklung und Baugeschichte des Trierer Domes', in: *Das Münster* 21 (1968), 16, und Ernst Gall, ‚Über die Maße der Trierer Liebfrauenkirche', in: Hans Wentzel (Hg.), *Form und Inhalt. Kunstgeschichtliche Studien. Otto Schmidt zum 60. Geburtstag*, Stuttgart 1950, 97–104.
122 Werner Müller und Norbert Quien, *Von deutscher Sondergotik. Architekturfotografie – Computergrafik – Deutung*, Baden-Baden 1997; Rezension von Norbert Nußbaum in: *Journal für Kunstgeschichte* 3 (1999), 14–18.
123 Borger-Keweloh 1986, 65 u. 67.
124 In den anschließenden Kapellen des zweiten Bauabschnitts hingegen wird die untere Fensterreihe mit liegenden Sechspässen weitergeführt, was eine bewußte Abstufung zum Chor suggeriert.

125 Zur Baugeschichte und Nachfolge der Kathedrale St. Étienne in Toul: Rainer Schiffler, *Die Ostteile der Kathedrale von Toul und die davon abhängigen Bauten des 13. Jahrhunderts in Lothringen*, Köln 1977; Alain Villes, *La Cathédrale de Toul. Histoire et Architecture*, Metz 1983 [Rez. v. Bruno Klein in: *Kunstchronik* 38 (1985), 233–236; Helten 1992, 34–37; Brachmann 1998, 148 f.
126 Borger-Keweloh 1986, 53.
127 Es ist ein spezifisches Problem der dickwandigen Mauer mit Laufgang; wegen des Laufgangs kann das Fenster nicht mittig in der Mauer versetzt werden, sondern rückt entweder ganz nach außen (Reims, Untergeschoß) oder ganz nach innen (Reims, Obergeschoß). Bei der Pariser ‚mur mince' stellt sich dieses Problem erst gar nicht.
128 Jürgen Michler, ‚Studien zur Marburger Schloßkapelle', in: *Marburger Jahrbuch* 19 (1974), 70.
129 Michler 1974, Anm. 55.
130 Kunst/Schenkluhn 1988, 52.
131 Eine Zusammenstellung dieser unterschiedlichen Maßwerksysteme gibt Michler 1974, Abb. 47.
132 Schenkluhn/Van Stipelen 1983, 30.
133 Schiffler 1977, 210 f.
134 Schiffler 1977, 117–125; Helten 1992, 34–37.
135 Villes 1972, 182.
136 Schenkluhn/Van Stipelen 1983, 32.
137 Kimpel/Suckale ²1995, 293f, 527.
138 Kimpel/Suckale ²1995, 294.
139 Bunjes 1938, 131, vermutet, daß die Werkstatt, die den Kreuzgang errichtete auch den Vierungsturm hochgeführt habe, wohl wegen der Verwendung des Rund- anstelle des Spitzbogens. Keweloh 1986, 130.
140 Adalbert Kurzeja, ‚Topographisches zu Dom und Kreuzgang', in: Franz Ronig (Red.), *Der Trierer Dom*, Neuss 1980, 193–204; ein wenig veränderter Nachdruck aus: Adalbert Kurzeja, Der älteste Liber Ordinarius der Trierer Domkirche (London, Brit. Mus., Harley 2958, Anfang 14. Jahrhundert). Ein Beitrag zur Liturgiegeschichte der deutschen Ortskirchen. Liturgiewissenschaftliche Quellen und Forschungen 52, Münster 1970, 229–239.
141 Franz Ronig, ‚Was der Liber Ordinarius des Trierer Domes über die Einbeziehung der Kunstwerke in die Liturgie aussagt', in: Franz Kohlschen u. Peter Wünsche (Hg.), Heiliger Raum. Architektur, Kunst und Liturgie in mittelalterlichen Kathedralen und Stiftskirchen (Veröffentlichung des Abt-Herwegen-Institus der Abtei Maria Laach, Bd. 82), Münster 1998, 100–116.
142 Albert Tuczek hatte seine Argumentation in seiner Arbeit über ‚Das Maßwesen der Elisabethkirche in Marburg und der Liebfrauenkirche in Trier', in: *Hessisches Jahrbuch für Landesgeschichte* 21, 1–99, noch darauf aufgebaut, daß die Marburger Elisabethkirche und die Liebfrauenkirche in Trier ein gemeinsames Fußmaß verbinde, eben der Trierer Land- und Werkfuß (29.375 cm); so argumentiert auch Nußbaum: ‚Im Zusammenhang mit Trier wurde schon immer die Elisabethkirche in Marburg gesehen, und tatsächlich ist sie nach dem Grundmaß des Trierer Fußes erbaut.' Nußbaum 1985, 57. Tatsächlich wurde die Marburger, nicht aber die Trierer Kirche nach dem Trierer Land- und Werkfuß errichtet. Dieter Ahrens konnte 1993 nachweisen, daß Liebfrauen nach dem Fußmaß des Trierer Domes, dem römisch-capitulinischen Fuß (29.617 cm) konzipiert worden ist: Dieter Ahrens, ‚Die Geometrie von Trierer Kirchengebäuden', in: G. Gaffa (Hg.), *Trierer Museums-Seminare*, Trier 1993, 172–174. Hierzu Leonhard Helten, ‚Metrologie, Ideologie und Ikonologie', in: *Bouwen en Duiden. Studies over Architectuur en Iconologie*, 93–110.
143 Schiffler 1977, 18–27; Brachmann 1998, 67.
144 Borger-Keweloh 1986, 131.
145 Borger-Keweloh 1986, 94.
146 Borger-Keweloh 1986, 124.
147 Hans-Josef Böker, ‚Zur Datierung der Stiftskirche St. Arnual in Saarbrücken', in: *Bericht der Staatlichen Denkmalpflege Saarland. Abteilung Kunstdenkmalpflege* 22 (1975), 39–43; Emanuel Roth, ‚Die

Stiftskirche St. Arnual in Saarbrücken. Die vorgotischen Anlagen nach dem Stand der Grabungen Ende 1985', in: *Deutsche Kunst und Denkmalpflege* 44 (1986), 109–118; Hans Caspary, u.a. (Bearb.), Rheinland-Pfalz, Saarland (Handbuch der Deutschen Kunstdenkmäler), Darmstadt ²1985, 898–902.

148 B. Jaspert, ‚Die Kirche der Tholeyer Benediktinerabtei im Wandel der Jahrhunderte (I u. II). Forschungsbericht und Beschreibung des heutigen Baues', in: *Erbe und Auftrag* 46 (1970), 276–296 u. 359–380; J. De Mahuet, ‚La résurrection de l'abbaye bénédictine de Tholey', in: *Mémoires de l'Académie Stanislas Nancy* 5 (1976/77), 355–363; Jürgen Michler, ‚Zur Stellung von Bourges in der gotischen Baukunst', in: *Wallraf-Richartz-Jahrbuch* 41 (1980), 27–86, zu Tholey 73–75; F. J. Reichert, ‚Die Baugeschichte der Abteikirche Tholey. Grabungen und Funde, Beobachtungen und Folgerungen', in: *Studien und Mitteilungen zur Geschichte des Benediktiner-Ordens und seiner Zweige* 96 (1985), 342–356; Hans Caspary, u.a. (Bearb.), Rheinland-Pfalz, Saarland (Handbuch der Deutschen Kunstdenkmäler), Darmstadt ²1985, 1014–1017.

149 Christoph Bellot, ‚Matrix est in Bocheim ecclesia: die ehemalige Pfarrkirche von Buchheim', in: *Colonia Romanica* 9 (1994), 15–32; Holger Kempkens, ‚St. Mauritius', in: Uta Vogtt, Kölner Kirchen und ihre mittelalterliche Ausstattung, Bd. 2, = *Colonia Romanica* 11 (1996), 145–154; Käthe Menne-Thomé, ‚Der Bezirk St. Pantaleon-St. Mauritius im Wandel der Jahrhunderte', in: *Colonia Romanica* 6 (1991), 106–120;

V. Die Maßwerkfenster der Elisabethkirche in Marburg

150 Binding 1989, 197.
151 Behling 1944, 18.
152 Behling 1944, 18.
153 Branner 1965, 17.
154 Behling 1944, 19.
155 Kiesow 1956, 110.
156 Kiesow 1956, 111.
157 Kiesow 1956, 189.
158 Michler 1984, 25, Anm. 38.
159 Schenkluhn / Van Stipelen 1983, 19–53.
160 Nußbaum 1985, 52–62.
161 Matthias Müller, *Der zweitürmige Westbau der Marburger Elisabethkirche: die Vollendung der Grabeskirche einer ‚königlichen Frau'; Baugeschichte, Vorbilder, Bedeutung.* Marburg 1997.
162 Binding 1989, 199.
163 Binding 2000, 126, 215 u. 236.
164 Georg Dehio, *Geschichte der Deutschen Kunst*, I, Berlin und Leipzig 1919, 294.
165 Kurt Gerstenberg, *Deutsche Sondergotik*, München 1913; 2. veränderte Auflage Darmstadt 1969.
166 Reiner Haussherr, ‚Überlegungen zum Stand der Kunstgeographie', in: *Rheinische Vierteljahrblätter* 1965, 358.
167 Hans-Joachim Kunst, ‚Zur Ideologie der deutschen Hallenkirche als Einheitsraum', in: *Architectura* 1 (1971), 38–53.
168 Wolfgang Schenkluhn, ‚Die Erfindung der Hallenkirche in der Kunstgeschichte', in: *Marburger Jahrbuch für Kunstwissenschaft* 22 (1989), 193–202, hier 193.
169 Arnt Cobbers, ‚Zur Entwicklung des Hallenumgangschors', in: Ernst Badstübner und Dirk Schumann (Hg.), *Hallenumgangschöre in Brandenburg*, Berlin 2000, 20.
170 Cobbers 2000, 27.
171 Leonhard Helten, *Kathedralen für Bürger. Die St. Nikolauskirche in Kampen und der Wandel architektonischer Leitbilder städtischer Repräsentation,* Amsterdam 1994, 161.

172 Cobbers 2000, 18–66.
173 Vgl. den Artikel ‚Architekturmodell' von Ludwig Heinrich Heydenreich im RDK I, Sp. 918–939; Andres Lepik, ‚Das Architekturmodell der frühen Renaissance. Die Erfindung eines Mediums', in: Bernd Evers, Architekturmodelle der Renaissance. Die Harmonie des Bauens von Alberti bis Michelangelo, München / NewYork 1995, 10–20; Elisabeth Lipsmeyer, The Donor and his Church Model in Medieval Art from Early Christian Times to the Late Romanesqe Period, Phil.Diss. New Jersey 1981.
174 Werner Müller und Norbert Quien, *Von deutscher Sondergotik. Architekturfotographie – Computergrafik – Deutung*, Baden-Baden 1997; Rezension von Norbert Nußbaum in: *Journal für Kunstgeschichte* 3 (1999), 14–18, 18.
175 Jan A. Aertsen, ‚Zur Einleitung', in: Jan A. Aertsen und Andreas Speer (Hg.), *Raum und Raumvorstellungen im Mittelalter*, Berlin / New York 1998, XII.
176 Müller 1997, 250–259.
177 Müller 1997, 250 f.
178 Müller 1997, Anm.792.
179 Nußbaum 1985, 58. Ähnliche Lösungen erkennt Nußbaum in den Chören von St-Léger in Soissons und der Zisterzienserkirche Villers-la-Ville in Brabant.
180 Nußbaum 1985, 58.
181 Helmut Fußbroich, ‚St. Pantaleon', in: Hiltrud Kier und Ulrich Krings (Hg.), *Köln: Die Romanischen Kirchen. Von den Anfängen bis zum Zweiten Weltkrieg*, Bd. 1, Köln 1984, 451.
182 Lukas Clemens, ‚Zum Umgang mit der Antike im hochmittelalterlichen Trier', in: Hans Hubert Anton u. Alfred Haverkamp (Hg.), *Trier im Mittelalter, 2000 Jahre Trier*, Bd. 2, Trier 1996, 201 f.
183 Eberhard Zahn, *Die Basilika in Trier. Römisches Palatium – Kirche zum Erlöser*, Trier 1991, 12.
184 Kimpel/Suckale 1985, 164.
185 Jürgen Michler, *Die Elisabethkirche in ihrer ursprünglichen Farbigkeit*, Marburg 1984, 24.
186 Michler 1984, 14.
187 Michler 1984, 20 f.
188 Binding 1989, 199.
189 Binding 1989, 196.
190 Jürgen Michler, ‚Studien zur Marburger Schloßkapelle', in: *Marburger Jahrbuch für Kunstwissenschaft* 19 (1974), 33–84, hier 70 f.
191 Michler 1974, 71.
192 Hans-Joachim Kunst, ‚Die Elisabethkirche in Marburg und die Bischofskirchen', in: *Elisabethkirche 1983*, 69–75. 72 f.
193 Kunst 1983, 73.
194 Matthias Donath, *Die Baugeschichte des Doms zu Meissen*. 1250–1400, Beucha 2000, 234.
195 Edgar Lehmann und Ernst Schubert, *Der Dom zu Meißen*, Berlin 1971, 25.
196 Donath 2000, 246 u. 303.
197 Hans-Joachim Kunst, ‚Die Elisabethkirche in Marburg und die Kollegiatsstiftskirchen', in: *Elisabethkirche 1983*, 77–80; Wolfgang Schenkluhn, ‚Die Auswirkungen der Marburger Elisabethkirche auf die Ordensarchitektur in Deutschland', in: *Elisabethkirche 1983*, 81–101; Reinhard Lambert Auer, ‚Landesherrliche Architektur. Die Rezeption der Elisabethkirche in den hessischen Pfarrkirchen', in: Elisabethkirche 1983, 103–123.
198 Binding 1989, 200.
199 Binding 1989, 200; Handbuch der deutschen Kunstdenkmäler: Rheinland Pfalz/Saarland, Berlin ²1984, 393.
200 Ernst Schubert, *Der Westchor des Naumburger Domes*, Berlin 1965; ders., ‚Der Westchor des Naumburger Doms, der Chor der Klosterkirche in Schulpforta und der Meißener Domchor', in: Friedrich Möbius und Ernst Schubert (Hg.), Architektur des Mittelalters. Funktion und Gestalt, Weimar 1984, 160–183; Ernst Schubert, *Der Naumburger Dom*, Halle 1996; Willibald Sauerländer: ‚Die Naumburger

Stifterfiguren. Rückblick und Fragen', in: *Die Zeit der Staufer.* Supplementband 5 zum Ausstellungskatalog. Stuttgart 1979, 169–245; Nußbaum 1985, 83 f.
201 Schubert 1996, 75; Schubert 1984, 164–166; Nußbaum 1985, 84.

VI. Der Umbau der Abteikirche St.-Denis um 1231

202 Robert Branner, *St. Louis and the Court Style in Gothic Architecture*, London 1965, 45–51; Caroline Astrid Bruzelius, *The 13th-Century Church at St.-Denis*, London 1985; Kimpel/Suckale 1985, 384–393; Jan van der Meulen, *Die fränkische Königsabtei Saint-Denis: Ostanlage und Kultgeschichte*, Darmstadt 1988.
203 Branner 1965, 46 f.; Kimpel/Suckale ²1995, 536.
204 Kimpel/Suckale ²1995, 536.
205 Branner 1965, 48.
206 Norbert Nußbaum erkennt in den verspringenden Kämpferhöhen und der Sonderung eine neue Wertschätzung des Bogens: ‚*Seit dem zweiten Viertel des 13. Jahrhunderts lebte inmitten der kronländischen Gotik das Thema der verspringenden Kämpferhöhen wieder auf, das mit dem konsequenten Einsatz des Spitzbogens im Chorumgang von St.-Denis ein für allemal aufgegeben schien. Dies geschah an bedeutendem Ort, nämlich in der nordwestlichen Langhauskapelle der Pariser Notre-Dame, mit der um 1225 die lange Reihe der zwischen die Strebepfeiler gesetzten Kapellen begann. Hier liegen die Kapitelle der Fenstermaßwerke, der Fensterarchivolten und der Scheid- und Rippenbögen jeweils auf einem individuellen Niveau, so als sei ein besonderer Wert darauf gelegt, nicht etwa den Zusammenhalt des Ganzen, sondern die Diversität der Teile hervorzuheben. An den Fensterwänden des Chores von Notre-Dame in Chambly/Oise (1259 im Bau) wiederholt sich diese Staffelung der Bogenanfänger, obwohl Fenstergewände und Gewölbedienste ganz im Sinne des Rayonnant in einem vielsträngigen Bündel annähernd gleich dimensionierter Stabglieder zusammengefaßt sind. Inmitten dieser fenstertrennenden Bündel erzeugt das Auf und Ab der kleinen vereinzelten Kapitelle Diskontinuität zugunsten einer neuen Wertschätzung des Bogens.*' Norbert Nußbaum u. Sabine Lepsky, Das gotische Gewölbe: Eine Geschichte seiner Form und Konstruktion, Darmstadt 1999, 171.
207 Bruzelius 1985, 97.
208 Bony 1983, 369.
209 Bruzelius 1985, 120.
210 Die Grundform mit abgetrepptem Pfeilerkern entspricht dem romanischen Kreuzpfeiler mit seinen eingestellten Gewölbevorlagen. Dort bleibt aber stets der Pfeiler als eigenständige Stütze erhalten, in St.-Denis ist diese Eigenständigkeit einer Summe unterschiedlicher Arkaden gewichen.
211 Nach Dieter Kimpel und Robert Suckale ²1995, 178 u. 479, kannte man im Pariser Raum schon um 1210 das verglaste Triforium. Das angeführte Beispiel Moret-sur-Loing zeigt allein im Chor ein durch drei große Okuli beleuchtetes Triforium. Die Langseiten sind dagegen geschlossen, wegen der dahinterliegenden Bedachung der Seitenschiffe. Da dies im Chorhaupt nicht gegeben war, konnte man dort die Apsiswand durchbrechen. Mit der Durchbrechung des Triforiums in St.-Denis haben solche Lösungen nichts gemein.
212 Viollet-le-Duc, *Dictionnaire*, 5, 391. Ich erinnere mich dankbar an die Diskussionen mit stud. phil Bernhard Kloss über die Maßwerkfenster von St.-Denis im Rahmen meines Trierer Hauptseminars 1994 über kathedrale Maßwerksysteme.
213 Viollet-le-Duc, *Dictionnaire*, 6, 322 f.
214 Zitiert nach Michel Bouttier, ‚La reconstruction de l'abbatiale de Saint-Denis au XIIIe siecle', in: *Bulletin Monumental* 145 I (1987), 361.
215 Viollet-le-Duc, *Dictionnaire*, 5, 394.

216 Viollet-le-Duc, *Dictionnaire*, 5, 390. Die fehlerhafte Zeichnung des Maßwerkfensters Viollet-le-Ducs erscheint in dieser Form kommentarlos auch in Günther Bindings ‚Maßwerk' (1989) und ‚Was ist Gotik' (2000).
217 Binding 1989, 54.
218 Viollet-le-Duc, *Dictionnaire*, 5, 392.
219 Viollet-le-Duc, *Dictionnaire*, 5, 393.
220 Branner 1965, 39–55; Kimpel/Suckale 1995, 393–398; Bruzelius 1985, 110–113.
221 Bouttier 1987, 358–365.
222 Bouttier 1987, 373 f.
223 Bouttier 1987, 158 f., unterscheidet vier Bauetappen: 1231–1236 Seitenschiffe von Querschiff und Chor, Abtragung der oberen Teile des Suger-Chores, Hochführen der Chorwände und des Querschiffs (ohne Rosengeschoß), dann Verlagerung auf die Chorsüdseite und Einwölbung der Apsis und der beiden östlichen Vorchorjoche. 1236–1246 Südquerschiff, drittes Vorchorjoch und Einwölbung Nordquerschiff. 1247–1250 Südseite Südquerschiff und Mönchschor. 1250–1255 Einwölbung des Mönchschores und Untergeschoß der fünf westlichen Langhaustraveen. In eine zweite Kampagne fällt dann 1275–1281 die Vollendung der westlichen Langhausjoche.
224 Robert Suckale, ‚Neue Literatur über die Abteikirche von Saint-Denis', in: *Kunstchronik* 43 (1990), 62–80, 76.
225 Suckale 1990, 76.
226 Kimpel/Suckale ²1995, 404.
227 Bouttier 1987, 370–372.
228 Bouttier 1987, 372.
229 Bouttier 1987, 372.
230 Kimpel/Suckale ²1995, 32.
231 Stephen Murray, Notre Dame: Cathedrale of Amiens, Cambridge 1996, 64.
232 Murray 1996, 63: ‚*The sequence of work on the Amiens upper nave was probably as follows: The triforium level (with or without its inner skin of tracery) was completed at an early date (before 1230) – this height was necessary to allow the aisles to be roofed, creating a permanent shelter. The Triforium of the south side of the nave and western arm of the south transept went up before the triforium in the equivalent bays on the north side. The main supports were then brought to their full height (up to the clerestory wall), the enclosing arches of the clerestory windows were installed between these supports, and the upper wall of the clerestory completed, providing the continuous base for the main roof.*' Binding 1989, 50, setzt den Obergaden um 1245; dendrochronologische Untersuchungen von in der Konstruktion verwendeten Hölzern legen eine Fertigstellung des Obergadens bald nach 1240 nahe. P. Hoffsummer, ‚La datation des bois', *Mon patrimoine, la cathédrale d'Amiens*, 12–13–14 Juin, 1992 (Ministère de la Culture, 1992),17.
233 Kimpel/Suckale ²1995, 507.
234 Norbert Bongartz, Die frühen Bauteile der Kathedrale in Troyes. Architekturgeschichtliche Monographie, Stuttgart 1979, 256 f.; Rupert Schreiber, Reparatio Ecclesiae Nostrae. Der Chor der Kathedrale in Tours, Meßkirch 1997, 69; Kimpel/Suckale ²1995, 306, 530, 537.
235 Kimpel/Suckale ²1995, 348.
236 Kimpel/Suckale ²1995, 348.
237 Branner 1965, 43.
238 Bongartz 1979, 234–244.
239 Bongartz, 242 f.
240 Erwin Panofsky, *Gothic Architecture and Scholasticism*, Pennsylvania 1951; die deutsche Ausgabe mit einem Nachwort von Thomas Frangenberg: *Gotische Architektur und Scholastik. Zur Analogie von Kunst, Philosophie und Theologie im Mittelalter*, Köln 1989,
241 Panofsky 1989, 33 f.

242 Ernst Gall, Rez. Panofsky 1951, *Kunstchronik* 6 (1953), 43.
243 ‚*Eben so war der gothische Bau die lapidarische Uebertragung der scholastischen Philosophie des 12. und 13. Jahrhunderts.*' Gottfried Semper, Die textile Kunst für sich betrachtet und in Beziehung zur Baukunst (Der Stil in den technischen und tektonischen Künsten, oder praktische Aesthetik. Ein Handbuch für Techniker, Künstler und Kunstfreunde, 2 Bde., Frankfurt/M. 1860, München 1863, Bd.1), Frankfurt/M. 1860, XIX.
244 Frangenberg 1989, 126.
245 Panofsky 1989, 53 f.
246 Hahnloser 1972, 198; Schon Ernst Gall hat dies in seiner Rezension treffend herausgestellt: ‚Dies „inter se disputando" genügt P., um die scholastische Denkart des Schreibers zu erweisen. Wer aber hat diesen Satz in der Tat geschrieben? Nicht Villard, sondern ein späterer Besitzer des Albums! Villard selbst erläutert in seinem pikardischen Dialekt die Zeichnung „ke Vilars de Honecort trova et Pieres de Corbie", also nichts von der scholastischen „Disputation"!' Ernst Gall, *Kunstchronik* 6 (1953), 43.
247 Kimpel/Suckale ²1995, 75.
248 Frangenberg 1989, 117.
249 Panofsky 1989, 18.
250 Dieter Kimpel, ‚Die Entfaltung der gotischen Baubetriebe. Ihre sozio-ökonomischen Grundlagen und ihre ästhetisch-künstlerischen Auswirkungen', in: Friedrich Möbius und Ernst Schubert (Hg.), *Architektur des Mittelalters: Funktion und Gestalt*, Weimar 1984, 246–272;
251 Robert Branner, Villard de Honnecourt, ‚Reims and the Origin of Gothic Architectural Drawing', in: Gazette des Beaux-Arts 61 (1963), 129–146; Kimpel/Suckale 1995, 227.
252 Kimpel/Suckale ²1995, 227.
253 Kimpel/Suckale ²1995, 228: ‚Die Planzeichnung gab den Architekten mehr Mobilität. Der Baumeister war teilweise entbehrlich, wenn seine Pläne vorlagen. Denn vor Ort wirkte als Vertreter nun der „apparator" (von apparatus = Mauerverband), der die Entwürfe des Architekten in praktikable Fugenschnitte umsetzte. Auch das entsprechende deutsche Wort „Polier" bezeichnet die vermittelnde Funktion; es kommt vom französischen „parler" (=sprechen). Der Architekt zeichnet, der Polier erläutert den Steinmetzen den Plan. Die Baumeister konnten deshalb mehrere, auch weit voneinander entfernte Baustellen betreuen. Ihre Pläne konnten auch nach ihrem Tod oder Weggang realisiert werden, wofür ein Beispiel in den Chorkapellen von Notre-Dame in Paris haben, die lange nach dem Tod des Baumeisters Jean de Chelles nach seinen Plänen weitergebaut wurden.'
254 Kimpel/Suckale ²1995, 229; Otto Kletzl, ‚Ein Werkriß des Frauenhauses von Straßburg', in: *Marburger Jahrbuch für Kunstwissenschaft* 11/12 (1938/39), 103–158.
255 ‚Robert de Luzarches ist zur Verwendung des Eisens für Zuganker im Chor (von Amiens) übergegangen, als er die Probleme des (Amienser) Langhausobergadens bewältigt hatte. In der Sainte-Chapelle in Paris […] ist der Einsatz des Eisens noch umfassender. In Straßburg ist der Schmied der wichtigste Helfer des Architekten'. Kimpel/Suckale ²1995, 43; Binding 2000, 127.
256 Kimpel/Suckale ²1995, 227.
257 Vgl. die Angaben des European Monetary Institute, 1997, und der European Central Bank, 1998 unter http://www.asccomp.com/euro/20.htm.
258 Kimpel/Suckale ²1995, 525.
259 Kimpel/Suckale ²1995, 528; Binding 1989, Abb. 45 u. 46, verweist in diesem Zusammenhang auch auf Rouen und Semur-en-Auxois.
260 Branner 1965.
261 Kimpel/Suckale ²1995, 380.

VII. Maßwerk, Glasmalerei und Licht

262 Wolfgang Kemp, *Sermo corporeus. Die Erzählung der mittelalterlichen Glasfenster*, München 1987, 16 f.

263 Kemp 1987, 13. Zur Glasmalerei der Sainte-Chapelle: Marcel Aubert und Louis Grodecki, *Les vitreaux de Notre-Dame et de la Sainte-Chapelle de Paris*, Paris 1959 (CVMA France I).

264 Louis Grodecki, ‚Le vitrail et l'architecture au XIIe et XIIIe siècles‘, in: *Gazette des Beaux-Arts* 36 (1949), 4–24; Peter Kurmann, , „Architektur in Architektur": der gläserne Bauriß der Gotik‘, in: Hiltrud Westermann-Angerhausen (Hg.), *Himmelslicht. Europäische Glasmalerei im Jahrhundert des Kölner Dombaus (1248–1349)*, Köln 1998, 35–42.

265 Eva Frodl-Kraft, *Die Glasmalerei. Entwicklung – Technik – Eigenart*, Wien/München 1970, 79 f.

266 Laut einer Rechnung aus dem Jahre 1351 für den Ankauf von Glas für die St. Stephens Chapel im Westminster Palace ‚kostete weißes Glas ca. 8 Pence, rotes Glas 2 Shilling 2 Pence (also mehr als das dreifache), während für blaues Glas 3 Shilling 7 Pence (d. h. mehr als fünfmal so viel wie für weißes Glas) bezahlt werden mußte‘. Eva Frodl-Kraft, ‚Zur Frage der Werkstattpraxis in der mittelalterlichen Glasmalerei‘, in: *Glaskonservierung. Historische Glasfenster und ihre Erhaltung* (Arbeitshefte des Bayerischen Landesamtes für Denkmalpflege 32), München 1985, 18 f.; zuletzt Ivo Rauch, ‚Anmerkungen zur Werkstattpraxis in der Glasmalerei der Hochgotik‘, in: Hiltrud Westermann-Angerhausen (Hg.), *Himmelslicht. Europäische Glasmalerei im Jahrhundert des Kölner Dombaus (1248–1349)*, Köln 1998, 105.

267 Rüdiger Becksmann (Hg.), *Deutsche Glasmalerei des Mittelalters. Voraussetzungen, Entwicklungen, Zusammenhänge*, Berlin 1995, 18 f.

268 Den Vortrag hielt Hans Jantzen bei der Jahresfeier der Freiburger Wissenschaftlichen Gesellschaft am 5. November 1927. Hans Jantzen, *Über den gotischen Kirchenraum*, Freiburger Wissenschaftliche Gesellschaft, Heft 15, Freiburg 1928. Nachdruck in: *Über den gotischen Kirchenraum und andere Aufsätze*, Berlin 1951, 17–20.

269 Hans Sedlmayr, *Die Entstehung der Kathedrale*, Zürich 1950, 524.

270 Willibald Sauerländer, ‚Hans Jantzen als Deuter des gotischen Kirchenraumes. Versuch eines Nachworts‘, in: Hans Jantzen, *Die Gotik des Abendlandes*, Köln 1997, 212.

271 Der Begriff ist ebenso evident, wie er sich einer diskursiven Ausdeutung entzieht. Wilhelm Messerer bezeichnete die Jantzenschen Begriffe in dieser Hinsicht als ‚lapidar‘. Wilhelm Messerer, ‚Reichenauer Malerei – nach Jantzen‘, in: Helmut Maurer (Hg.), *Die Abtei Reichenau. Neue Beiträge zur Geschichte und Kultur des Inselklosters*, Sigmaringen 1974, 291 f.

272 Ulrich Kuder, ‚Jantzens kunstgeschichtliche Begriffe‘, in: Hans Jantzen, Über den gotischen Kirchenraum und andere Aufsätze, Berlin 2000, 176.

273 Überzeugend herausgestellt durch Willibald Sauerländer, ‚Die Raumanalyse in der wissenschaftlichen Arbeit Hans Jantzens. Ein Vortrag von 1967 und ein Nachwort von 1994‘, in: Bärbel Hamacher u. Christl Karnehm (Hgg.), *pinxit / sculpsit / fecit. Kunsthistorische Studien. Festschrift für Bruno Bushart*, München 1994, 361–369.

274 Rüdiger Becksmann, ‚Architekturbedingte Wandlungen in der deutschen Glasmalerei des 13. Jh.‘, in: *Akten des 10. Internationalen Colloquiums des Corpus Vitrearum Medii Aevi*, Stuttgart 1977, 19.

275 Sauerländer 1994, 368.

276 Erwin Panofsky, *Abbot Suger on the Abbey Church of St.-Denis and Its Art Treasures*, Princeton 1946; ausführlich vorgestellt und im historischen Kontext analysiert bei Bruno Reudenbach, ‚Panofsky und Suger von St.-Denis‘, in: Bruno Reudenbach (Hg.), Erwin Panofsky. Beiträge des Symposions Hamburg 1992, Berlin 1994, 109–122.

277 Reudenbach 1994, 110 f.

278 So schon in der Rezension von Otto Lehmann-Brockhaus kritisch angemerkt, Kunstchronik 1 (1948), Heft 12, 11–13.
279 Andreas Speer u. Günther Binding (Hgg.), *Abt Suger von Saint-Denis. Ausgewählte Schriften. Ordinatio – De consecratione – De administratione*, Darmstadt 2000; eine kommentierte Studienausgabe von *De Consecratione* erschien bereits fünf Jahre zuvor: Günther Binding und Andreas Speer, Abt Suger von Saint-Denis. De Consecratione, Köln 1995.
280 Arthur Kingsley Porter, *Medieval Architecture*, New Haven 1912, II, 158, 194–199.
281 Ernst Gall, *Die gotische Baukunst in Frankreich und Deutschland*, Leipzig 1925, I, 93–101, 103 f.
282 Otto von Simson, *Die gotische Kathedrale. Beiträge zu ihrer Entstehung und Bedeutung*, Darmstadt 1968 (engl.: *The Gothic Cathedral. Origins of Gothic Architecture and the Medieval Concept of Order*, New York 1956).
283 Hans Sedlmayr, Die Entstehung der Kathedrale. Mit einem Nachwort von Bernhard Rupprecht, Graz 1988 (Photomechanischer Nachdruck; Erstausgabe: Zürich 1950).
284 Reudenbach 1994, 115 f.
285 So Sedlmayr 1961 in seinem Beitrag zur Festschrift für Walter Heinrich in der Zeitschrift für Ganzheitsforschung, der unter dem Titel ‚Die Entstehung der Gotik und der Fortschritt der Kunstgeschichte' der Neuauflage von Sedlmayr 1950, 597 f., nachgestellt wurde.
286 Martin Gosebruch, Rezension zu H. Sedlmayr, Die Entstehung der Kathedrale, Zürich 1950 bzw. G. Bandmann, Mittelalterliche Architektur als Bedeutungsträger, Berlin 1951, in: GGA 208 (1954), 232–277; auch in: J. Poeschke (Hg.), *Unmittelbarkeit und Reflexion. Methodologische Beiträge zur Kunstgeschichtswissenschaft*, München 1979, 9–40.
287 Hans Jantzen, Kunst der Gotik, Hamburg 1957, 67.
288 John Gage, ‚Gothic Glass: Two Aspects of a Dionysian Aesthetic', in: *Art History* 5 (1982), 36–58; Kuder 2000, 177, Anm. 17.
289 Kimpel/Suckale 1985, 532.
290 Kimpel/Suckale 1985, 90.
291 Andreas Speer, ‚Vom Verstehen mittelalterlicher Kunst', in: Günther Binding und Andreas Speer (Hgg.), *Mittelalterliches Kunsterleben nach Quellen des 11. bis 13. Jahrhunderts*, Stuttgart 1993, 43 f.
292 Christoph Markschies, ‚Gibt es eine „Theologie der gotischen Kathedrale"? Nochmals: Suger von St.-Denis und Sankt Dionys vom Areopag (Abhandlungen der Heidelberger Akademie der Wissenschaften, Philosophisch-Historische Klasse, 1995, 1), Heidelberg 1995. Hierzu auch Martin Büchsel, ‚Ecclesiae symbolorum cursus completus', in: Städel-Jahrbuch NF 9 (1983), 69–88;
293 Bruno Reudenbach, ‚Ein Werk der Dunkelheit. Sugers Entmythologisierung: Hat es eine Theologie der gotischen Kathedrale gegeben?', in: Frankfurter Allgemeine Zeitung, 3.1.1996.
294 Binding/Speer 1995.
295 Andreas Speer, ‚Stand und Methoden der Suger-Forschung', in: Binding/Speer 1995, 13 f.
296 Ingo Pagel und Jochen Schröder, ‚Kategorien Sugerscher Bauerfassung', in: Binding/Speer 1995, 114 f.
297 Martin Büchsel, Die Geburt der Gotik. Abt Sugers Konzept für die Abteikirche Saint-Denis, Freiburg 1997, 181.
298 Hanns-Peter Neuheuser, Ars-aedificandi – ars celebrandi. Zum pulchritudo-Verständnis in den Kirchweihbeschreibungen des Abtes Suger von St.-Denis, in: Ingrid Craemer-Ruegenberg und Andreas Speer (Hgg.), *Scientia und ars im Hoch- und Spätmittelalter* (Miscellanea Medievalia 22/2), Berlin / New York 1994, 981–983; ders. ‚Die Kirchweihbeschreibungen von Saint-Denis und ihre Aussagefähigkeit für das Schönheitsempfinden des Abtes Suger', in: Günther Binding und Andreas Speer (Hgg.), *Mittelalterliches Kunsterleben nach Quellen des 11. und 13. Jahrhunderts*, Stuttgart 1993, 116–183.
299 Ernst Gall, *Die gotische Baukunst in Frankreich und Deutschland*, I, Leipzig 1925, 89.
300 Dieter Kimpel, ‚Le développement de la taille en série dans l'architecture médiévale et son role dans l'histoire économique', in: *Bulletin monumental* 135 (1977), 195–222; ders., ‚Die Versatztechniken des Kölner Domchores', in: *Kölner Domblatt* 44/45 (1979/80), 277–292; ders., ‚L'apparition des éléments

de série dans les grands ouvrages', in: *Histoire et archéologie*, Dossiers 47 (1980), 40–59; ders., ‚Ökonomie, Technik und Form in der hochgotischen Architektur', in: Karl Clausberg u.a. (Hgg.), *Bauwerk und Bildwerk im Hochmittelalter*, Gießen 1981, 103–125; ders., ‚Die Entfaltung der gotischen Baubetriebe. Ihre sozio-ökonomischen Grundlagen und ihre ästhetisch-künstlerischen Auswirkungen', in: Friedrich Möbius und Ernst Schubert (Hgg.), Architektur des Mittelalters. Funktion und Gestalt, Weimar 1984, 246–272.

301   Günther Binding, ‚Die neue Kathedrale. Rationalität und Illusion', in: Georg Wieland (Hg.), *Aufbruch – Wandel – Erneuerung. Beiträge zur „Renaissance" des 12. Jahrhunderts. 9. Blaubeurer Symposion vom 9. bis 11. Oktober 1992*, Stuttgart 1995, 230. Die zitierte Passage bereits in Binding, 1989, 6. Abgedruckt auch in: Günther Binding, Beiträge zum Gotik-Verständnis (53. Veröffentlichung der Abteilung Architekturgeschichte des Kunsthistorischen Instituts der Universität zu Köln), Köln 1995, 11–43. Ebendort auch Günther Binding, ‚Der gotische Pfeiler. Genese einer Formfindung', 45–84, eine überzeugende Studie, die sehr genau die epochale Neuerung von Reims gegenüber Chartres am Beispiel des sogenannten kantonierten Pfeilers, richtig ‚Gliederpfeilers', herausarbeitet; sein Ergebnis: ‚Wenn man die Vorstufen und die Entwicklung der gotischen Arkadenstütze vorurteilslos betrachtet, so ergibt sich für die Chartreser Stütze keine erkennbare Besonderheit, die es rechtfertige, hier eine die Zukunft bestimmende „Erfindung" zu sehen, sondern Chartres steht ganz in der traditionellen Entwicklung, freilich mit einer besonders ausgewogenen Ausformung der mit Vorlagen versehenen Säule. Erst in Reims (1211–33) wird stufenweise der Schritt vollzogen, der die dicke Kernsäule mit den auf vier Seiten vorgelegten Säulen zu einer Einheit verschmilzt. Jetzt ist aus der Kombination einzelner Formen eine geschlossene Form geworden: die bestimmende Arkadenstütze der Hochgotik. Die in Reims zum Abschluß kommende Entwicklung sollte jedoch nicht mit dem Terminus „kantonierter Pfeiler" bezeichnet werden; denn dieser Fachausdruck muß – wenn überhaupt – dem an den Kanten betonten Rechteckpfeiler vorbehalten bleiben, wenn unsere baugeschichtliche Terminologie sinnvoll bleiben soll. […] Mögen diese Ausführungen dazu beitragen, daß in Zukunft der irrtümlich eingeführte und in den letzten 50 Jahren im deutschen Schrifttum immer mehr verbreitete Begriff „kantonierter Pfeiler" durch einen angemesseneren Terminus ersetzt wird: die auf der Reimser Entwicklungsstufe (noch nicht Chartres) stehende Stütze muß als Rundpfeiler mit Diensten und Blattkranzkapitell (oder Kämpferkapitell) bezeichnet werden, am besten wohl als gegliederter Pfeiler oder Gliederpfeiler, aus dem sich der Bündelpfeiler entwickelt.' ebd, 83 f.

302   Binding 1995, 212.

303   Erwin Panofsky, ‚Note on a Controversial Passage in Suger's *de consecratione ecclesiae Sancte Dionysii*', in: *Gazette des Beaux Art* 36 (1944), 95–114.

304   Willibald Sauerländer, Gothic Art reconsidered: New Aspects and Open Questions', in: Elizabeth C. Parker (hg.) *The Cloisters. Studies in Honor of the Fiftieth Anniversary*, New York 1992, 27.

305   Venantius Fortunatus (um 530–609), *De ecclesia Parisiaca*, II, XIV.

306   Binding 1989, 8.

307   Binding 1989, 9.

308   Nußbaum 1985, 65–67.

309   Stellvertretend für andere Jacques Le Goff, der unter der Überschrift ‚Ein Jahrhundert lichtvoller Geistigkeit' die Leistungen der ‚Blütezeit' von 1180–1270 bilanziert. Jacques Le Goff, *Das Hochmittelalter* (Fischer Weltgeschichte 11), Frankfurt 1965, 256 ff.

310   Lexikon des Mittelalters VI, Sp. 372 f.

311   Binding 2000, 52.

312   Becksmann 1977, 19.

313   Robert Suckale, ‚Thesen zum Bedeutungswandel der gotischen Fensterrose', in: Karl Clausberg u.a. Hgg.), *Bauwerk und Bildwerk im Hochmittelalter*, Gießen 1981, 259–294; in dem grundlegenden Artikel zur Fensterrose von Friedrich Kobler ist Suckales Arbeit berücksichtigt, Friedrich Kobler, ‚Fensterrose', in: Reallexikon zur deutschen Kunstgeschichte, VIII, München 1987, Sp. 66–203.

314 Zu den Abweichungen der Chartreser Rose in den Aufzeichnungen des Villard d'Honnecourt vgl. Hahnloser 1972, 75 f. und Kiesow 1956, 12 f.
315 Über diese Rose und ihre Rezeption: Suckale 1981, Anm. 4.
316 Suckale 1981, 259–263.
317 Suckale 1981, 263.
318 Becksmann 1995, 26; erstmals hierzu: Hans Wentzel, ‚Glasmaler und Maler im Mittelalter', in: Zeitschrift für Kunstwissenschaft 3 (1949), 53–62;
319 Ivo Rauch, ‚Anmerkungen zur Werkstattpraxis in der Glasmalerei der Hochgotik', in: Hiltrud Westermann-Angerhausen (Hg.), *Himmelslicht. Europäische Glasmalerei im Jahrhundert des Kölner Dombaus (1248–1349)*, Köln 1998, 106. Zuvor bereits dargelegt bei Eva Frodl-Kraft, ‚Zur Frage der Werkstattpraxis in der mittelalterlichen Glasmalerei', in: *Glaskonservierung. Historische Glasfenster und ihre Erhaltung* (Arbeitshefte des Bayrischen Landesamtes für Denkmalpflege 32), München 1985, 10–22; siehe auch: Sebastian Strobl, *Glastechnik des Mittelalters*, Stuttgart 1990.
320 Zitiert Nach Frodl-Kraft 1985, 11.
321 Rauch 1998, 105.
322 Rauch 1998, 106.
323 Suckale 1981, 270 f.
324 Suckale 1981, 271.
325 Suckale 1981, 278.
326 Suckale 1981, 278.
327 Datierung und Zuschreibung nach Michael T. Davis, ‚The Choir of the Cathedral of Clermont-Ferrand: The Beginning of Construction and the Work of Jean Deschamps', in: *The Journal of the Society of Architectural Historians* 40 (1981), 181–202.
328 Zur Deutung des Wimpergreliefs vgl. Karl August Wirth, ‚Von mittelalterlichen Bildern und Lehrfiguren im Dienste der Schule und des Unterrichts', in: Bernd Moeller, Hans Patze und Karl Stackmann (Hgg.), *Studien zum städtischen Bildungswesen des späten Mittelalters und der frühen Neuzeit*, Göttingen 1983, 256–370.
329 Wirth 1983, 356.
330 Michael W. Evans, *Personifications of the ‚artes' from Martianus Capella up to the end of the fourteenth century* (Thesis Ph. D.), London 1970, 181.
331 Wolfgang Stammler, ‚Aristoteles und die Septem Artes Liberales im Mittelalter', in: Der Mensch und die Künste (Festschrift für Heinrich Lützeler), Düsseldorf 1962, 202.
332 Wirth 1983, 356 f.
333 Neben den sich aufdrängenden Verweisen auf Platos ‚Staat' und Aristoteles ‚Metaphysik' weist Wirth in diesem Zusammenhang darauf hin, daß die ‚Qualifizierung der Geometrie im Spätmittelalter in hohem Maße auf ihrer Einschätzung als Wissenschaft, die unmittelbar aus ihren ersten Prinzipien hervorgeht und von deren Prinzipien sichere Erkenntnis erwerbbar ist' beruhe. Wirth 1983, Anm. 304.
334 Paul von Naredi-Rainer, *Architektur und Harmonie. Zahl, Maß und Proportion in der abendländischen Baukunst*, 2. Aufl., Köln 1984, 2.
335 Kurt Gerstenberg, *Die deutschen Baumeisterbildnisse des Mittelalters*, Berlin 1966, 33 f.
336 Gerstenberg 1966, 126 f.
337 Gerstenberg 1966, 209 f.
338 Reiner Hausherr (Hg.), *Bible moralisée. Faksimile-Ausgabe im Originalformat des Codex Vindobonensis 2554 der Österreichischen Nationalbibliothek. Commentarium*. Graz 1972, 40; Simson 1968, 55f; Adelheid Heimann, ‚Three Illustrations from the Bury St. Edmunds Psalter and Their Prototypes', in: *Journal of the Warburg and Courtauld Institutes* 29 (1966), 52; Hans-Walther Storck, *Die Wiener französische Bible moralisée Codex 2554 der österreichischen Nationalbibliothek*, St. Ingbert 1992, 115–117, mit weiterführenden bibliographischen Angaben zur Bildformulierung des mit dem Zirkel messenden Baumeisters, ebd., Anm. 11.

339 Schrade 1967, 38–41; Erffa 1989, 49; Storck 1992, 116.
340 Wirth 1983, 357. Weitere Beispiele für diese Disposition gibt Wirth unter Anm. 310.
341 Wirth 1983, Anm. 310. Mit Verweis auf die 1277 datierte ms. 2200 der Bibliothèque Ste-Geneviève in Paris, in: Bulletin de la Société Française de reproductions de manuscrits à peintures 5 (1921) 47–59, bes. 55 zu fol. 115v.
342 Suckale 1981, 263.
343 Wirth 1983, Anm.310.
344 Wirth 1983, 357. Vgl. auch die Kontroverse in der Frage, ob der Form der *rota* gar schon *per se* inhaltliche Bedeutung zukomme, Wirth 1983, 343f. u. Anm. 258.
345 Suckale 1981, 265.
346 Suckale 1981, 265.
347 Willibald Sauerländer, ‚Abwegige Gedanken über frühgotische Architektur', in: *Études d'art médiéval offertes à Louis Grodecki*, Paris 1981, 167–184. Über die frühe Fensterrose als Bedeutungsträger führt Suckale aus: ‚*In den mittelalterlichen Schriftquellen Frankreichs werden Rosen entweder ronde verrière oder nach dem vierten Vokal O genannt, in Italien zuweilen rota=Rad, spätestens ab 1400 Rose. Gemessen an den tiefschürfenden uns mystischen Deutungen vieler Kunsthistoriker ist dies eine ernüchternde Betrachtungsweise. Wir dürfen jedoch davon ausgehen, daß die Fensterrosen immer primär als Fenster gesehen und behandelt wurden. Nicht nur das einfache Volk, fast niemand außerhalb des Klerus dürfte die vielfältigen Bedeutungen und Programme verstanden haben, die man diesen Fenstern unterschob. Doch standen diese wohl jedermann faszinierenden Gebilde freier Bedeutungsassoziation offen, sei es als Sonne, als Weltenrad, als Gloriole Christi usw. […] Es ist wahrscheinlich, daß dieses Architekturmotiv erst allmählich zum Gegenstand einer Allegorese gemacht wurde, die einmal in ihr die Gloriole der Majestas Domini sah, ein anderes Mal das Rad der Fortuna usw.; mit der Zeit gewann vor allem die Deutung des Rades als Bild des Kosmos an Boden, eine Deutung, die sich Ende des 12. Jahrhunderts in der Ile-de-France fast ausschließlich durchsetzte. Die wechselseitige Befruchtung kosmologischer Programmgestaltung und architektonischer Erfindung machen dort für ein halbes Jahrhundert die eigentliche Blütezeit der gotischen Fensterrose aus. Entgegen den Meinungen von Mersmann, Sedlmayr und Dow hat die Radform also keine universal geltende Bedeutung.*' Suckale 1981, 264.
348 Behling 1944, 10.
349 Joseph Sauer, *Symbolik des Kirchengebäudes und seiner Ausstattung in der Auffassung des Mittelalters*, Münster 1964, 87. Anschaulich macht dies auch das große Bedeutungsspektrum etwa der Zahl Drei, die sich durch ‚vielfach geheimnisvollen Sinn' (Augustinus) auszeichne, Sauer führt hierzu aus: ‚*Drei ist eine heilige Zahl: Symbol des dreieinigen Gottes. […] In der Dreizahl befinden sich die Fremden, die zu Abraham kommen, die Söhne Noes, die Jünglinge, welche Nabuchodonosor in den Feuerofen werfen ließ, die auf Gott sich beziehenden Gebote der ersten Gesetzestafel, die Marien der biblischen Geschichte, die Magier und ihre Geschenke, die Persönlichkeit Christi hinsichtlich ihrer Zusammensetzung, auf dem Gebiete der sittlichen Ordnung sind die dreifache Konkupiscenz, die drei Stadien der Buße (contritio, confessio, satisfactio), die drei theologischen Tugenden, auf dem Gebiete der Natur und Psychologie die drei Weltteile (Asia, Africa, Europa) sowie die Bestandteile des Menschen und seines Geistes, ferner die dreifache Zeit der göttlichen Heilsordnung (tempus ante legem, sub lege, sub gratia) und die drei Stände unter den Christen zu nennen. Wo sich in den Gebräuchen und Texten der Liturgie irgend eine Dreizahl konstatieren ließ, da wurde ein Zusammenhang zwischen ihrem Inhalt und den eben aufgeführten Sinnbildern, insbesondere mit der allerheiligsten Dreifaltigkeit herzustellen gesucht. Die drei Psalmen in den Laudes, die nach dem Benedicite der drei Jünglinge nur mit einem Gloria abgeschlossen werden, bezeichnen entweder das einmütige und einträchtige Lob Gottes, das aus dem Munde von Christen, Heiden und Juden, oder von Noe, Job und Daniel kommt, oder aus der ganzen den drei Weltteilen angehörenden Kirche, oder aber die Mahnung, daß das Lob des Dreieinigen gesungen werden soll. Die drei Geschenke der Magier symbolisieren* entweder die dreifache Huldigung vor dem König, vor Gott und vor dem Menschen in Christo, oder die Dreiteilung der Philosophie,

Physik und Logik, oder den dreifachen Schriftsinn (historisch, tropologisch und allegorisch), oder Glaube, Gebet und gute Werke. Die drei Nokturnen der Matutin, die dreimal fünfzig Psalmen des Psalteriums weisen hin auf die Dreiteilung der menschlichen Heilsgeschichte; die drei Sprachen, die im Text der heiligen Messe verwendet sind (Latein; Griechisch: Kyrie; Hebräisch: Amen, Sabaoth, Alleluja, Hosanna), die drei Ductus beim Incensieren u.a.m., auf das Geheimnis der allerheiligsten Dreifaltigkeit. Bei diesen vielfachen geheimnisvollen Beziehungen behielt die Dreizahl ihre Auszeichnung und Bedeutung als heilige Zahl, die sie schon in der griechischen Philosophie gehabt hatte, auch in der christlichen Literatur schon von frühester Zeit an bei: sie ist die Zahl der Vollkommenheit.' Ebd., 71f. Zur Zahlenallegorese im Mittelalter: Heinz Meyer, *Die Zahlenallegorese im Mittelalter, Methode und Gebrauch*, München 1975; Heinz Meyer u. Rudolf Suntrup, *Lexikon der mittelalterlichen Zahlenbedeutungen*, München 1987 [Nachdruck München 1999].

350 ‚Wie kaum eine andere Kunstgattung, abgesehen vielleicht von der Wandmalerei, ist die Glasmalerei des Mittelalters an einen bestimmten Ort gebunden, nämlich an das Fenster, genauer gesagt, an das Kirchenfenster. Dieses ist in jeder Hinsicht maßgeblich, denn seine Größe und seine Form bestimmen unerbittlich Abmessungen und Gestalt, sein Ort innerhalb des Kirchengebäudes wirkt auf den Inhalt der Darstellungen ein, seine Höhenlage beeinflußt den Grad der Durchgestaltung. Ein mittelalterliches Glasgemälde entsteht niemals als frei handhabbares Kunstwerk. Es wird stets ausschließlich für eine einzige Stelle in Auftrag gegeben, entworfen und ausgeführt.' Arnold Wolff, ‚Die Kathedrale', in: Westermann-Angerhausen 1998, 17. Anders dagegen die bewußte Zweitverwendung von hochgeschätzten Glasfenstern: so wurden für die um 1100 oder nach 1132 geschaffenen Prophetenfenster des Augsburger Domes – die, neben den bekannten Fragmenten in Lorsch und Schwarzach, ältesten erhaltenen Beispiele einer monumentalen Farbverglasung eines Kirchenbaues – im gotischen Umbau des Domes (Einwölbung des Langhauses zwischen 1334 und 1343) eigens rundbogige Fensteröffnungen geschaffen, um diese Glasfenster in den Neubau zu integrieren, was für die hohe Wertschätzung dieser Glasfenster spricht. Siehe Becksmann 1995, 39–41, mit ausführlichen Literaturhinweisen. Der gleiche Beweggrund könnte beim 1316 geweihten Chorneubau der Barfüßerkirche in Erfurt zur ungewöhnlichen Verbreiterung der jeweils mittleren Fensterbahnen im Polygon ausschlaggebend gewesen sein. Auch hier galt es, die um 1235/40 datierten spätromanischen Scheiben des Vorgängerbauses mit der Wurzel Jesse (Achsfenster) und dem Franziskuszyklus – der frühesten Darstellung der Franziskuslegende nördlich der Alpen – in den Neubau zu integrieren; daher wurde die mittlere der drei Bahnen – auf Kosten der beiden seitlichen – auf die gegebene Breite der Glasscheiben verbreitert, um die kostbaren Scheiben auch im neuen Chor ausstellen zu können. Die Ornamentverglasung im Vorchor indes wurde bezeichnenderweise wieder in dreibahnige Maßwerkfenster mit gleich breiten Bahnen eingesetzt. Stephanie Eißing u.a. (Bearb.), *Thüringen* (Georg Dehio, Handbuch der Deutschen Kunstdenkmäler), Berlin 1998, 351–355; Erhard Drachenberg, u.a., *Die mittealterliche Glasmalerei in den Ordenskirchen und im Angermuseum zu Erfurt* (CVMA, DDR 1,1), Berlin 1976; Karsten Horn, *Barfüßerkirche Erfurt*, Lindenberg 1999, 30 f., beschreibt auch, wie die Fenster ‚gestreckt' wurden, um die größere Höhe der neuen Fenster zu erreichen, indem die Medaillons getrennt und die Zwischenräume mit Ornamenten ausgestaltet wurden.

351 Wolff 1998, 20.

352 Hiltrud Westermann-Angerhausen, ‚Glasmalerei und Himmelslicht – Metapher, Farbe, Stoff', in: Westermann-Angerhausen 1998, 95 f.

353 Westermann-Angerhausen 1998, 95.

354 Wolfgang Kemp, ‚Parallelismus als Formprinzip', in: Kölner Domblatt 56 (1991), 282.

355 Kemp 1991, 259; Herbert Rode, Die mittelalterlichen Glasmalereien des Kölner Domes, (CVMA Deutschland IV,1) Berlin 1974.

356 Ulrike Brinkmann, ‚Der typologische Bilderkreis des Älteren Bibelfensters im Kölner Dom', in: Honnefelder 1998, 181.

357 Brinkmann 1998, 181–183.

358 Eine Auflistung verschiedener – von ihm aber zurückgewiesenen – Erklärungsmöglichkeiten für diese Anordnung gibt Lauer 1998, 193: ‚*Das Mittelfenster der Achskapelle ist als einziges, gerahmt von der Mittelarkade des Binnenchores, schon vom Mittelportal der Westfassade her und weiter auf der gesamten Mittelachse des Domes bis in den Binnenchor als farbiges Band zu sehen, nicht aber inhaltlich lesbar. Es wäre also denkbar, daß man damit den Dombesuchern, die den Chorumgang nicht hätten betreten können, suggerieren wollte, daß alle Kapellenfenster farbig verglast seien. Die Grisaillescheiben wären dann eine „Sparausführung" gewesen, wie dies für eine vergleichbare Fensteranordnung in der Marienkapelle von Saint-Germain-des-Prés in Paris vermutet wurde. Außerdem wurde auch auf eine allgemein in der Mitte des 13. Jahrhunderts aufkommende Tendenz hingewiesen, die Beleuchtung in den Kirchenräumen zu verbessern und deshalb auf Farbfenster zu verzichten. Möglich wäre aber auch, daß das Mittelfenster der vornehmsten, Maria geweihten Kapelle durch ein farbiges Fenster mit mariologischem Bezug ausgezeichnet werden, und die Kombination von Grisaille- und Bildfenster eine Rangabfolge bezeichnen sollte.*' Zu Ornamentverglasungen, Monochromie und Grisaille zuletzt: Hartmut Scholz, ‚Ornamentverglasungen der Hochgotik', in: Westermann-Angerhausen 1998, 51–62; Jürgen Michler, ‚Materialsichtigkeit, Monochromie, Grisaille in der Gotik um 1300', in: Ute Reupert u.a. (Hgg.), Denkmalkunde und Denkmalpflege. Wissen und Wirken. Festschrift für Heinrich Magirius zum 60. Geburtstag, Dresden 1995, 197–221.

359 Rolf Lauer, ‚Bildprogramme des Kölner Domchores vom 13. bis zum 15. Jahrhundert', in: Honnefelder 1998, 185–232; Ulrike Brinkmann und Rolf Lauer, ‚Die mittelalterlichen Glasfenster des Kölner Domchores', in: Westermann-Angerhausen 1998, 23–34; die zentrale These vom Wechsel des ‚Ausstattungsprogrammes' zuerst bei Rolf Lauer, ‚Zur Geschichte der Bischofskataloge', in: Rolf Lauer (Hg.), *Erzbischöfe von Köln. Portraits – Insignien – Weihe*, Köln 1989, 22 f.

360 Herbert Rode, *Die mittelalterlichen Glasmalereien des Kölner Domes* (CVMA, Deutschland 4,1), Berlin 1974, 27.

361 Brinkmann 1998, 151.

362 Zur unterschiedlichen Rezeption von Bildfenstern führt Wolfgang Kemp eine Predigtstelle des Kardinals Eudes de Chateauroux (gest. 1237) über ein Glasfenster mit der Darstellung des barmherzigen Samariters an: ‚>*Es war ein Mensch, der ging von Jerusalem hinab nach Jericho und fiel unter die Räuber.*< […] *Immer wenn ich an diese Stelle komme, werde ich daran erinnert, wie ich ein Junge war und ein Fenster betrachtete, in dem diese Parabel oder Geschichte dargestellt war; und wie ich so gar nicht erkennen konnte, was das alles bedeutete, da trat ein junger Mensch neben mich, ein Laie, den ich nicht kannte, und sagte zu mir: Diese Malereien haben die Kleriker und Geistlichen stark verwirrt, weil beim Vergleich mit den Laien herauskommt, daß sie kein Mitleid mit den Armen und Notleidenden haben, umgekehrt die Laien aber sehr wohl. Und dann legte er mir die Erzählung des Evangeliums aus.*' Kemp 1987, 96; Kemp merkt hier an, ‚*daß der enorme theologische und erzählerische Aufwand um den bescheidenen Parabelstrang herum möglicherweise von einem buchstäblichen Verständnis des Gleichnisses ablenken soll, das immer zu Ungunsten der Kleriker geht.*' Kemp 1987, 96 f.; nach Lauer bleibt es jedoch offen, ‚*ob man daraus schließen darf, daß Heiligenviten, bei denen Erzählinhalte und Erzählweise eher dem Bereich des „volgare" zuzuordnen sind, in den der Geistlichkeit vorbehaltenen Räumen des Kölner Domchores dem intellektuellen Anspruchsniveau der Kleriker widersprachen und deshalb unerwünscht waren*'. Lauer 1998, 194.

363 Lauer 1998, 202.

VIII. Die Maßwerkfenster des Kölner Domes

364 Zur Baugeschichte des Kölner Domchores grundlegend und mit älteren Literaturverweisen: Arnold Wolff, ‚Chronologie der ersten Bauzeit des Kölner Domes 1248–1277', in: *Kölner Domblatt 28/29* (1968), 7–230.

365 Herbert Rode, ‚Ernst Friedrich Zwirners Planentwicklung für den Ausbau des Kölner Domes 1833–1844', in: *Kölner Domblatt 20* (1961/62), 45–98; Thomas Schumacher, *Großbaustelle Kölner Dom. Technik des 19. Jahrhunderts bei der Vollendung einer gotischen Kathedrale*, Köln 1993. Am 8. März 1841 verfaßte Zwirner sein *Gehorsamstes Promemoria den Neubau des südlichen Portals betreffend*, in dem er zur Problematik der Gestaltung des südlichen Querhauses ausführt: ‚*Bekanntlich existiert nur von den beiden vorderen Thürmen der Originalplan und von der Domkirche selbst fehlt er. Zwar ist der hohe Chor ganz vollendet und auch der übrige Theil des Domes mit Ausnahme der beiden Seitenportale soweit aufgemauert, daß man hiernach einen vollständigen Plan entwerfen kann. So hat daher auch Herr Sulpiz Boisserée in seinem schönen Prachtwerk über den hiesigen Dom eine Seitenansicht von dem ganzen Dome nach Süden zu, mit dem in Rede stehenden Portal dargestellt, welches dem vorderen Portal zwischen beiden westlichen Thürmen nachgebildet erscheint. Ohne hier seine Behandlung der Einzelheiten näher zu beleuchten, muß angeführt werden, daß die Anlage der Seiteneingänge nicht dem, bereits auf der Nordseite in Höhe von circa 12 Fuß vorhandenen, von den Alten angelegten Portal entspräche, indem in diesem der Seiteneingang 9 Fuß 9 Zoll breit ist, während Boisserée nur 8 Fuß dafür angenommen hat, wodurch die Breite des mittleren Haupteingangs zu groß wird und daher auch das überschlanke Verhältnis der Seitenthüren ungünstig erscheint. Daher hat der Unterzeichnete in seinem den theilwesen Ausbau des Doms betreffenden Plane von 1834 die Dimensionen und die Grundform nach den auf der Nordseite vorhandenen Mauerresten festgehalten, andererseits einige Vereinfachungen in dem krönenden Bildwerk gegen das des westlichen Hauptportals vorgenommen, ohne jedoch dem Charakter des Ganzen zu nahe zu treten. Es ist überhaupt noch zweifelhaft, ob dem Urplane gemäß die Seitenportale in demselben Reichthum gehalten werden sollen, wie das Hauptportal inmitten der überaus reich geschmückten Thürme, die einer späteren Periode angehören, als der Bau des hohen Chores mit seinem ganz einfachen 65 Fuß hohen Unterbau. In gleicher Weise ist auch der Bau der vorderen Kirchen-Umfassungsmauer auf der Nordseite sowie auch der unvollendet gebliebene Theil auf der Südseite ganz glatt behandelt. Einen seltenen Contrast bilden gegen diesen fast rustiquen Unterbau die Hauptthürme, welche über ihrem 5 Fuß hohen Sockel mit den zierlichsten und feinsten Profilierungen anheben und in äußerst reichem Gliederwerk und zahlreichen Ornamenten dem Auge keine Ruhe lassen, ja fast an Überladung grenzen; kein Wunder, daß der so reich begonnene Thurmbau unvollendet liegen blieb. Es entsteht demnach die wichtige Frage: sollen inmitten des einfach gehaltenen Unterbaus des ganzen Domes die Seitenportale auf der Süd- und Nordseite in verhältnismäßiger Einfachheit oder in dem großen Reichthum der vorderen innerhalb der Thürme angebrachten Portale erbaut werden?*' Litt. F Vol. II, Bl. 182–201; Litt. F Vol. III, Bl. 12–31, Dombauarchiv Köln, zitiert nach Rode 1961/62, 70–72. Das grundsätzliche Problem bestand also darin, ob sich Zwirner beim Entwurf der Querhausfassaden vom relativ schmucklosen Unterbau der Chor- und Langhausseiten oder von den deutlich schmuckfreudigeren Westfassade des Domes leiten lassen solle. Arnold Wolff zählt die beiden Querhausfassaden zu den bedeutendsten Leistungen der Epoche: ‚*Sie sind klassisch und romantisch zugleich: klassisch in der Strenge und Konsequenz der architektonischen Entwicklung, romantisch in der Wahl eines stilistischen Vorbildes aus längst ver*gangener Zeit.' Arnold Wolff, ‚Wie baut man eine Kathedrale', in: Arnold Wolff (Hg.), *Der gotische Dom in Köln*, Köln 1986, 27; die gleiche Wertschätzung schon bei Willy Weyres anläßlich des 150. Geburtstages des Dombaumeisters Zwirner: ‚*Man betrachte nur den herrlichen Innenraum des Querschiffes. Es ist nicht mittelalterlich, es ist 19. Jahrhundert, aber es ist große Baukunst.*' Willy

Weyres, ‚Zum 150. Geburtstag des Dombaumeisters Ernst Zwirner', in: *Kölner Domblatt* 6/7 (1952), 132.

366 Behling 1944, 20.
367 Kimpel/Suckale 1985, 505; die in Amiens perfektionierte serielle Vorfertigung war nach Kimpel/Suckale die Ursache für die verschiedenen Nachbesserungen der Maßwerke: ‚*Daß noch die letzten Maßwerke der dritten Kampagne derart vorgefertigt wurden, erkennt man daran, daß dieses vorab ausgemessene „Maßwerk" oft nicht genau paßte und mit Hilfe von Stelzen und Paßstücken ajustiert werden mußte. Es hat den Anschein, daß die ökonomische Rationalisierung des Bauens in Amiens ihren Höhepunkt erreicht hat.*' Ebd.
368 Die Datierung der Kathedrale von Auxerre und des Salle synodale in Sens nach Kimpel/Suckale 1985, 506 u. 542.
369 ‚*Das westlichste Fenster des Hochchores zeigt auf beiden Seiten, eine Anregung der unteren Vorchorfenster aufnehmend, zwei Fünfpässe, darüber in einer auffällig seltenen Anordnung ein Radfenster mit sechs blasenförmig gebogenen Speichen. Das Motiv entwickelt sich aus der Fassadenrose, kommt häufig an Westfenstern vor, ist aber in Deutschland auch an dieser Stelle relativ selten. In England ist es öfter zu finden, z. B. an der Vierung der Kathedrale von Ely. Die Chorfenster des Domes von Regensburg zeigen ein ähnliches Muster mit vier Speichen, wohl auch dort aus der Fassadenrose entwickelt. Der Riß B der Straßburger Fassade hat ebenfalls als Füllung seines mittleren Portal-Wimperges eine Rose. Das Kölner Fenster steht in engstem Verband mit dem Wimperg über ihm, der an dieser Stelle mit dem Radmotiv geschmückt ist. Es liegt hier also neben der Anknüpfung an das Untergeschoß des Chores doch auch eine Einwirkung der Wimpergzone auf das Fenstermaßwerk vor, das also, trotz seiner einfachen Fünfpässe, relativ spät zu datieren ist.*' Helen Rosenau, *Der Kölner Dom. Seine Baugeschichte und historische Stellung*, Köln 1931, 58 f.
370 Georg Dehio, *Handbuch der deutschen Kunstdenkmäler*, Berlin ²1928, 253.
371 Kiesow leitet die drei gestapelten Dreipässe der Kölner Chorkapellen von Amiens und der Pariser Sainte-Chapelle ab, behandelt die nachfolgenden Beispiele dieser Maßwerkfigur in Haina, Altenberg, Wetter, Paderborn und Maulbronn aber unabhängig von Köln, in Haina vermutet er eine direkte Abhängigkeit von Amiens: ‚*Das Motiv der drei gestapelten Dreipässe tritt in Frankreich in den Chorkapellenfenstern der Kathedrale zu Amiens, in den Chorpolygonfenstern der Sainte-Chapelle zu Paris und in den Obergadenfenstern des Chores der Kathedrale zu Le Mans auf. In allen drei Fällen liegt die Entstehungszeit der Fenster um 1240–50. In Deutschland ist das Motiv zum erstenmal in den Chorkapellenfenstern des Kölner Domes, also bald nach 1248 zu beobachten. Wahrscheinlich ist es direkt von Amiens übernommen worden. Vielleicht hat aber der Kölner Meister auch die Fenster der Sainte-Chapelle in Paris gekannt. Dafür sprechen die Nasen in den Bahnen, die in dieser Zeit in Deutschland noch nicht vorkommen, und die auch in Amiens und Le Mans noch nicht vorhanden sind. Die oberen Langhausfenster der Zisterzienserkirche in Haina sind wahrscheinlich unmittelbar von den Chorkapellenfenstern der Kathedrale zu Amiens abgeleitet worden, ohne daß eine Vermittlung durch Köln vorausgesetzt werden muß.*' Kiesow 1956, 130.
372 Der Kölner Domchor erhielt am 27. September des Jahres 1322 bei Gelegenheit einer Provinzialsynode durch Erzbischof Heinrich von Virneburg die feierliche Schlußweihe. Wolff 1968, 226.
373 Wolff 1968, 69 u. 226; Borger 1980, I, 22.
374 Maren Lüpnitz, ‚Der mittelalterliche Ringanker in den Chorobergadenfenstern des Kölner Domes', in: *Kölner Domblatt* 62 (1997), 66. Und sie fügt an, daß die Daten 1270 und 1285 in ihrer Dissertation näher behandelt werden sollen.
375 ‚*Der Amienser Einfluß zeigt sich also am stärksten im Osten, wird nach Westen zu immer schwächer. Denn während das Fenstermuster des Polygons ganz von dieser Kathedrale abzuleiten ist, hat der Vorchor eine Verbindung von Amienser und Straßburger Motiven; das letzte Chorjoch aber wird ausschließlich aus Reminiszenzen des Untergeschosses und Einwirkungen des Straßburger Kunstkreises zusammengefügt.*' Rosenau 1931, 60. Ihr nachfolgend auch Maria Geimer, *Der Kölner Domchor und*

die rheinische Hochgotik, Bonn 1937, 31 f.: ‚Straßburger Anregungen können bei den Kölner Hochchorfenstern festgestellt werden, vermittelt durch den von Straßburg beeinflußten dritten Baumeister Johannes, der am Hochchor tätig war. Das Maßwerk der Hochchorfenster des Polygons steht wieder in Beziehung zu den Maßwerkgliederungen des Chorpolygons der Kathedrale zu Amiens, weist aber auch auf den Straßburger Riß B und den Riß der inneren Turmhalle hin.'

376 Paul Frankl, *Gothic Architecture*, Harmondsworth 1962.
377 Arnold Wolff, ‚Die vollkommene Kathedrale. Der Kölner Dom und die Kathedralen der Ile-de-France', in: Honnefelder 1998, 16 f.
378 Wolff 1998, 17.
379 Wolff 1998, 34, Anm. 34.
380 Sedlmayr 1950, 444. Zum Wandel der Wertschätzung des Kölner Domes vgl. Herbert Rode, ‚Zwirner über Nordfranzösische Gotik', in: Joseph Hoster und Albrecht Mann (Hgg.), Vom Bauen, Bilden und Bewahren. Festschrift für Willy Weyres, Köln 1964, 277–285, 277: ‚Die Kunstgeschichte anerkennt zwar die hohe Reife des Kölner Domes, ist aber bestrebt, ihn eher als ein Glied einer von Frankreich ausgehenden Entwicklung zu sehen und stellt insbesondere den Beginn, den Ansatz der gotischen Kathedralarchitektur sowie ihre Wachstumsphasen heraus. Ein Buch wie „Die Entstehung der Kathedrale" von Hans Sedlmayr ist wesenhaft für unsere Zeit. Als Entwicklungsglied gesehen mußte der Kölner Dom seine im 19. Jahrhundert unangetastete Vorrangstellung einbüßen. Zwangsläufig ergab sich aus der Sicht der älteren französischen Kathedrale eine Abwertung, am schärfsten wohl präzisiert von Werner Groß, der das Systematisierende des Kölner Dombaumeisters Gerhard betont. Dieser habe aus den französischen Kathedralen „ein exemplarisches Muster" abgezogen, „so erscheint sein Bau in den Einzelheiten noch beinahe so kraftvoll und frisch wie ein klassisch-französischer, während allerdings die Anlage im ganzen einen Geist der Kühle und Glätte verrät". Aus diesem methodischen Blickfeld wurde jüngst auch das Strebewerk des Kölner Domes beurteilt und als „zur Maßlosigkeit gesteigert" bezeichnet. Wilhelm Pinder hat – nach mündlicher Überlieferung – einmal gesagt, der vollendete Kölner Dom sei „wie ein gewichster Stiefel", d. h. auf ihn wirkte die Perfektion als zu bewußt auf Hochglanz gebracht.'
381 So Arnold Wolff in der Einleitung der von ihm übersetzten auf den Dom bezogenen Passagen aus dem Werk Franklś, in: Kölner Domblatt 28/29 (1968), 241–247.
382 Frankl 1962, 131.
383 Frankl 1962, 128.
384 Wolffs apodiktisches Resumee: ‚Auf der ganzen Linie zeigt sich ein Streben nach Vollkommenheit, das nicht ruht, bis das von vielen Generationen angestrebte Ideal erreicht ist. Ein sorgfältiges Studium des Bauwerkes unter Ausklammerung aller sachfremdem Elemente kann daher nur zu dem Schluß führen, daß der Kölner Dom den absoluten Höhepunkt des Kathedralbaues, also der anspruchsvollsten Entwicklungslinie der mittelalterlichen Baukunst darstellt. Gleichzeitig ist er aber auch deren Endpunkt, denn anders als seine großen Vorbilder in Frankreich hat er keine adäquate Nachfolge mehr gefunden. Ein Versuch, das in Köln Erreichte nochmals zu steigern, wurde nie mehr gewagt.' Wolff 1998, 47.
385 Frankl 1962, 126.
386 Immer noch grundlegend: Hans Kauffmann, ‚Die Kölner Domfassade. Untersuchung zu ihrer Entstehungsgeschichte', in: Der Kölner Dom. Festschrift zur Siebenhundertjahrfeier 1248–1948, Köln 1948, 78–137.
387 Die ganz wenigen Ausnahmen scheinen eher zeichnerischer Not geschuldet zu sein, dann nämlich, wenn die Formen so klein sind, daß der Zeichner sie nicht mehr mit dem Zirkel ausführen kann und sie mit der freien Hand einfügt.
388 Eine bei Grabungsarbeiten am 14.4.1994 vier Meter unter dem Fußboden des Südturmes gefundene Goldmünze konnte zweifelsfrei in die Zeit des Kölner Erzbischofs Willem van Gennep (1349–1362) datiert werden. Dieser Fund bestätigte die stilistischen Datierungen der Bauplastik. So datiert Rolf Lauer, ‚Köln', in: Anton Legner (Hg.), *Die Parler und der schöne Stil 1350–1400. Europäische Kunst unter*

den Luxemburgern, Handbuch zur gleichnamigen Ausstellung des Schnütgen-Museums in der Kunsthalle Köln, Bd. 1, Köln 1978, 155 f. u. 158, die Standfiguren der Baldachine und die Figürchen der zugehörigen Wimperge um das Jahr 1360 und den Wasserspeier am Kranzgesims des Südturmerdgeschosses ‚kurz vor 1380'. Die ca. 3m höher liegende Konsolfigur des ersten Turmobergeschosses oberhalb der südlichen Galerietür nach Westen setzt Rainer Palm, ‚Die Konsolfigur von 1388 am Rheinturm in Zons', in: Kölner Domblatt 42 (1977), 310–313, um 1388 an. Somit wurde nach der Chorweihe im Jahre 1322 kontinuierlich von Osten nach Westen weitergebaut, um 1360 das Erdgeschoß des Südturmes und zwischen 1375 und 1410 das Turmobergeschoß errichtet. Doch sind auf der Langhaussüdseite die Fenster nur bis Kapitellhöhe ausgeführt, über das Couronnement läßt sich keine Aussagen treffen. Greifbar wird dieses Fenster erst mit dem Riß F, dann im 1360 hochgeführten Südturm und erst im frühen 16. Jahrhundert im nördlichen Seitenschiff des Langhauses.

389 Palm 1977, 310–313.
390 Arnold Wolff, ‚Der Kölner Dom in der Spätgotik', in: *Beiträge zur Rheinischen Kunstgeschichte und Denkmalpflege II*, Festschrift Verbeek zum 65. Geburtstag, Düsseldorf 1974, 143.
391 Die Umdeutung des Domes in ein Bauwerk des 14. Jahrhunderts durch Zwirner wird schon bei Helen Rosenau beschrieben: ‚Nach dem im Jahre 1833 erfolgten Tode Ahlerts wurde Ernst Zwirner 1834 Dombaumeister in Köln. Auch er war vom Vorbild Schinkels, dessen persönlicher Schüler er war, beeinflußt. Aber schon sein Entwurf vom Jahre 1842 im Rheinischen Museum der Stadt Köln war deutlich gegen seinen Lehrer gerichtet. Wohl verzichtet auch er auf Strebebögen, doch deutet er den Dom in eine stilistisch spätere Phase, die Mitte des 14. Jahrhunderts um. Es ergibt sich also eine Abwandlung in der Richtung des Reichtums, der Schmuckfreude, der Vielgestaltigkeit. War für die Gotik das Gerüst bestimmend gewesen, die Ornamentik ihm eingefügt, so ist bei Zwirner der Zierrat Selbstzweck geworden.' Helen Rosenau, *Der Kölner Dom. Seine Baugeschichte und historische Stellung*, Köln 1931, 174 f.
392 Sulpiz Boisserée, *Ansichten, Risse und einzelne Teile des Doms von Köln*, neu hrsg. v. Arnold Wolff, Köln 1979, Pl. IV u. V. Damit ignorierte Boisserée den Baubefund auf der Langhausnordseite, sein Interesse galt dem ursprünglichen Plan des Meisters Gerardus.
393 Rosenau 1931, 59 f. u. Anm. 102.
394 H. Crombach, Primitiae Gentium, Köln 1654.
395 Vgl. die Umzeichnung bei Boisserée im Anhang seines monumentalen Kupferstichwerkes, Wolff 1979.
396 Vgl. hierzu Herbert Rode, ‚Ernst Friedrich Zwirners Planentwicklung für den Ausbau des Kölner Domes 1833–1844', in: *Kölner Domblatt* 20 (1961/62), 72 f. u. Abb. 12.
397 Rode 1961/62, Abb. 10.
398 Wolff 1979, Pl. IV. Hier allerdings nicht mit einer Angleichung, sondern mit einer Wiederholung der Maßwerkfigur des westlichen Chorhalsjoches, dem dann westlich wieder jene Maßwerke folgen, wie sie die östlichen Chorhalsjoche zeigen.
399 Viollet-le-Duc, *Dictionnaire*, 5, 392.
400 Kimpel/Suckale 1985, 442.
401 Kimpel/Suckale 1985, 546.
402 Hahnloser 1972, 111 f.; zu den Fialenbüchlein vgl. Hubertus Günther, *Deutsche Architekturtheorie zwischen Gotik und Renaissance*, Darmstadt 1988, 31–56.
403 Anders beschrieben von Lottlisa Behling unter dem Stichwort ‚Dreipaß' im RDK IV, München 1958, 527, Fig. c: ‚Eine häufig vorkommende Variante des Konstruktionsprinzips b ist die Anordnung eines Paßmittelpunktes auf der über die Fläche des Ausgangsdreiecks hinaus verlängerten Seitenhalbierenden; die Verlängerung beträgt zumeist ein Drittel der Seitenhalbierenden. Der Umkreisradius hat die Länge der Mittelsenkrechten und ihrer Verlängerung.'
404 Vgl. hierzu die Ausführungen zur Domsakristei von Arnold Wolff, ‚Chronologie der ersten Bauzeit des Kölner Domes 1248–1277', in: Kölner Domblatt 28/29 (1968), 169 f.: *Die Ostwand der Halle*

enthielt ursprünglich die beiden einzigen Fenster, die offensichtlich das gleiche Maßwerk hatten wie die Blenden auf der Süd- und Westwand. Jedoch sind, was bei Schmitz fehlt, in den Spitzbögen Nasen und in den Kreisen Pässe zu ergänzen. Diese Elemente, die bei den frühesten Fenstertypen des Domes, dem Chorkapellen- und dem Seitenschiffenster, nicht fehlen, dürften auch bei dem sonst entwickelteren Sakristeifenster vorhanden gewesen sein. Daß sie bei den Blendfenstern weggelassen wurden, hat andere Gründe. Im Dom selbst haben die frühen Blendfenster auch keine Nasen. Da bei den Blendfenstern die Maßwerkstufe, in der die Nasen liegen, nicht mehr ausgeführt wurde, konnten diese nicht mehr in Stein dargestellt werden. Sie wurden einfach auf die Rückwand aufgemalt.'

405 *‚Für die Datierung der nördlichen Seitenschiffgewölbe bildete bislang die Fertigstellung der dort versetzten Glasfenster in den Jahren 1508 und 1509 den entscheidenden Terminus post quem. Weiterführend zur Klärung der Frage nach der Entstehungszeit der Gewölbe ist jedoch die Beobachtung, daß die Komposition dieser prächtigen Fenster ausnahmslos jeweils unterhalb der Kapitellzone bzw. dem Gewölbeansatz endet. Sie erlaubt die Schlußfolgerung, daß die 1508/9 vollendeten Glasgemälde für einen ungewölbten Bauzustand und damit ohne Couronnement geschaffen wurden. Die spätmittelalterlichen Gewölbe der nördlichen Seitenschiffe sowie die Maßwerkfenster-Couronnements in den Gewölbezwickeln müssen folglich einer späteren Baumaßnahme angehören als die Fenstergemälde.'* Dorothea Hochkirchen, ‚Das provisorische Westportal des gotischen Domes', in: *Kölner Domblatt* 61(1996), 78. Herbert Rode, *Die mittelalterlichen Glasmalereien des Kölner Domes,* Berlin 1974, 186: *‚Die fünf Fenster im nördlichen Seitenschiff des Langhauses entstanden im Anschluß an die Vollendung der Gewölbe (…) Eingewölbt wurden von zehn Jochen sieben, jedoch nicht das beim Fenster nXXXV, das bis zum Jahre 1848 auch kein steinernes Couronnement besaß.'* Arnold Wolff, ‚Der Kölner Dom in der Spätgotik', in: *Beiträge zur Rheinischen Kunstgeschichte und Denkmalpflege II* (Festschrift Verbeek), Düsseldorf 1974, 143: *‚Von der östlich an den soeben behandelten Pfeiler F3 anschließenden Nordwand der Langhaus-Seitenschiffe waren zu Beginn des 16. Jahrhunderts die drei westlichen Strebepfeiler F4, F5, und F6 bis etwa 3 m über das Erdgeschoß-Hauptgesims aufgebaut, die drei übrigen F7, F8 und J8 bis zu den Fensterkapitellen. Auch die drei westlichen Fenster, das Hauptgesims und die Brüstung vor den zeltförmigen Seitenschiffdächern waren fertig. Der Bauconducteur Kronenberg hat 1824 den damaligen Bestand in mehreren Zeichnungen festgehalten.'* (Dombauarchiv, Mappe V, Umschl. C). In der älteren Literatur war sogar noch angenommen worden, daß die Fenster im nördlichen Seitenschiff des Langhauses das gleiche Maßwerk wie die Chorseitenschiffe hätten und von Meister Gerhard selbst hochgeführt worden seien. Max Hasak, *Der Dom des heiligen Petrus zu Köln am Rhein*, Berlin 1911.

406 Wolff 1974, 143: *‚Auch im Innern hielten sich die Erbauer der Nordhälfte des Langhauses, der Westseite des nördlichen Querhauses und des Nordturmes engstens an die vorgegebenen Strukturen der Südseite. Alle Großformen schließen sich den dort angelegten Mustern an. Verbindliches Vorbild für die Fenstermaßwerke wurde, da im Süden die Ausführung nur bis kurz oberhalb der Erdgeschoßkapitelle gediehen war, das halbe Blendfenster auf der Innenseite des nach Osten gerichteten Turmstrebepfeilers A3. Es ist das typische Domfenster des frühen 14. Jahrhunderts, das vor allem am Fassadenplan, aber auch am ausgeführten Südturm in schier endloser Wiederholung auftritt. Hier an der Nordseite haben die Profile bei gleichem Aufbau eine etwas größere Plastizität, während die Zeichnung unverändert bleibt. Nur die Lilienendungen der großen oberen Vierpässe zeigen individuell spätgotisches Laubwerk.'*

407 Der Südturm wurde nicht unmittelbar nach Vollendung des Domchores im Jahre 1322 hochgeführt, sondern etwa 30 Jahre später, wie ein Münzfund, ein Viertelfloren des Erzbischofs Wilhelm von Gennep (1349–1362), in den unteren Teilen der mittelalterlichen Verfüllung des Südturmfundaments 1994 zweifelsfrei belegen konnte. Georg Hauser setzt demnach den Abschluß der Fundamentierungsarbeiten in die zweite Hälfte der fünfziger Jahre, unmittelbar anschließend die Arbeiten am Aufgehenden bis zur Fertigstellung des Südturmerdgeschosses um 1380. Arnold Wolff, Rolf Lauer und Georg Hauser, ‚Kulturschutt aus der Domgrabung. Die Taschenuhr aus Genf – Die Weinflasche von der Ahr – Der Rheinische Viertelfloren', in: *Kölner Domblatt* 59 (1994), 282–290.

408 Freundlicher Hinweis von Marc Steinmann, *Die Westfassade des Kölner Domes. Der mittelalterliche Fassadenplan F*, Diss. Bonn 1999 (Barbara Schellewald und Arnold Wolff). Erscheint in der Reihe ‚Studien zum Kölner Dom' im Verlag Kölner Dom e.V. Zur Maßwerkentwicklung hinsichtlich der Ausstattung schreibt Steinmann: ‚*Die Binderelemente der Baldachine über den Chorpfeilerfiguren entwickeln sich entsprechend der Bauphasen der Chorpfeiler (um 1269). Mit den jüngsten dieser Baldachinelemente ist das Irmgardisgrabmal vergleichbar (um 1270). Es folgt der durch die Westfassade der Reimser Kathedrale beeinflußte Baldachin der Mailänder Madonna (1270–1280). Kurze Zeit später, aber noch vor den Aufsätzen der Chorpfeilerfiguren-Baldachine und vor dem Grabmal des Rainald von Dassel (vor 1290) muß der Riß F gezeichnet worden sein. Wohl nach dem Fassadenriß, aber noch vor dem Dasselgrabmal wurden die Chorschranken mit ihrem Maßwerk errichtet (ab 1280–1290).*' (78) Zur frühen Rezeption von Riß F, ebd., 223: ‚*Das Westfenster von Riß F bildet einen der zentralen Punkte für die Gestalt der Fassade. Dies wird durch den bewußten Verzicht auf eine Rose deutlich, die nicht einmal als untergeordnete Form im Couronnement Verwendung findet. Darüber hinaus bildet das Fenster einen wichtigen Teil des von Hans Kauffmann als Prachtmotiv bezeichneten Mittelbaus. Dieses Westfenster kann nur mit der gesamten Fassade geplant worden sein. Stand es als Vorbild in Marburg schon zur Verfügung, so muß der gesamte Fassadenplan vorher vollendet gewesen sein. Da das Fenster der Marburger Elisabethkirche vor 1283 als Zitat eingebaut wurde, ist eine Entstehung von Riß F unmittelbar um 1280 anzunehmen.*'

409 ‚*Eine besondere Bedeutung für das Verhältnis der Pläne F und E zueinander wurde dem Umstand beigemessen, daß die Strebepfeiler des zweiten Obergeschosses auf dem Ostriß nach beiden Seiten gleich weit ausladen, während sie auf dem Fassadenplan auf der Mittelschiffseite der Türme schmäler gehalten sind, um ein allzunahes Aneinanderrücken der Türme zu vermeiden. Unzweifelhaft ist dies ein Gewinn, ein Fortschritt jedenfalls gegenüber der auf Plan E angedeuteten Lösung mit gleichen Pfeilerbreiten nach allen Richtungen. Dennoch ist es kein Beweis für die Priorität dieses Planes, solange man nicht weiß, zu welchem ganz bestimmten Zweck er angefertigt wurde. Während Plan F die große, verbindliche Ausführungszeichnung war, dürfte es sich bei Plan E mehr um eine Studie, eine Skizze, vielleicht sogar – auch das kommt vor – um eine Übungsarbeit eines Musterschülers gehandelt haben. Oben wurde bereits angedeutet, daß der Plan – wenigstens in gewissen Teilen – durchgezeichnet worden ist, daß die Struktur von einer älteren Vorlage übernommen und womöglich nur das dekorative System neu entworfen wurde, vielleicht um neue Maßwerkformen zu erproben. Dabei mag es sich bei der Unterlage wirklich um einen sehr alten Plan gehandelt haben, der dem Plan F vorausging. Dies ändert aber nichts an der Tatsache, daß der vorliegende Plan E wesentlich jünger ist als der große Fassadenplan.*' Arnold Wolff, ‚Mittelalterliche Planzeichnungen für das Langhaus des Kölner Domes', in: *Kölner Domblatt* 30 (1969), Anm. 53.

410 Eva Zimmermann-Deissler, ‚Das Erdgeschoß des Südturmes vom Kölner Dom', in: *Kölner Domblatt* 14/15 (1958), 96.

411 Anton Legner (Hg.), *Die Parler und der Schöne Stil, 1350–1400. Europäische Kunst unter den Luxemburgern*, Katalog zur gleichnamigen Ausstellung des Schnütgen-Museums in der Kunsthalle Köln, Köln 1978, Bd. I, 148.

412 Bernhard Schütz, *Die Katharinenkirche in Oppenheim*, Berlin / New York 1982, 143 f. u. 240 f.

413 Schütz 1982, 241.

414 Eduard Sebald, Der Dom zu Wetzlar, Königstein/T. 1989, 30–32.

415 Arnold Wolff, ‚Wie baut man eine Kathedrale', in: Arnold Wolff (Hg.), *Der gotische Dom in Köln*, Köln 1986, 24. Die gleiche Rückführung des Normativen auf die Festschreibung der Formen im 19. Jahrhundert schon bei Hans Kauffmann, ‚Die Kölner Domfassade. Untersuchung zu ihrer Entstehungsgeschichte', in: *Der Kölner Dom. Festschrift zur Siebenhundertjahrfeier 1248–1948*, Köln 1948, 79: ‚*In der Tat haftet der Fassade etwas Fragwürdiges und eigentümlich Unwirkliches an: Trotz ihres Ausbaus ist sie doch ein Stück „ungebauter Architektur". Wie sie ist, wäre sie nicht geworden, wie sie geworden wäre, ist sie nicht. Im Vertrauen auf den Riß wähnte das 19. Jahrhundert zu wissen, wie die*

Fassade hätte werden sollen, ohne zu ahnen, wie sie tatsächlich ausgefallen wäre. Bei ununterbrochener Fortführung hätte sich wie an der Straßburger und Regensburger Doppelturmfront der gewandelte Formensinn aufeinander folgender Generationen zur Geltung gebracht und angereichert. Schon am Obergeschoß des Südturms und des Mittelabschnitts wagten sich Neuerungen hervor, und am Erdgeschoß des Nordturmes siedelte sich Fischblasenmaßwerk neben spätgotischen Kurven und Verschneidungen an. Aber diese Keime jüngeren Stilgefühls haben sich infolge der Einstellung des Baus am Ausgang des Mittelalters nicht weiter entfalten können. Das 19. Jahrhundert ist über sie hinweggegangen und hat auf den Riß, nach dem die Fassade begonnen, zurückgegriffen. In dem Ausbau verkörpert sich deshalb weniger ein geschichtlicher Vollzug, als eine retrospektive Leistung. In ihrer Rißgerechtigkeit wirkt die Fassade gleichsam wie ein ins Riesenhafte vergrößerte Modell.'

416 Arnold Wolff, ‚Chronologie der ersten Bauzeit des Kölner Domes 1248–1277', in: Kölner Domblatt 28/29 (1968), 169 f.
417 Wolff 1979, Pl. VI.
418 Wolff 1968, 216; Rosenau 1931, 63: ‚*... der Vorchor mit der Planänderung zeigt einen Formwechsel im Aufbau, gehört darum wohl einer anderen Persönlichkeit, dem Architekten Johannes an. Für Johannes wäre dann die rhythmische Anordnung der Wimperge gesichert, ebenso das stärkere Nachlassen des Amienser Einflußgebietes, im westlichsten Fenster die ausschließliche Hinwendung nach Straßburg und die Anknüpfung an das Untergeschoß des Kölner Domes.'*
419 Rosenau 1931, 62.
420 Die gleichen grundsätzlichen Probleme daher auch in einer anderen Sainte-Chapelle-Rezeption, dem Obergaden der Kathedrale von Tours, vgl. die Freiburger Dissertation von Rupert Schreiber, *Reparatio Ecclesiae Nostrae. Der Chor der Kathedrale von Tours*, 61–78.
421 Das Jahr der Dotierung des Johannes-Baptist-Altares- und Laurentiusaltares in der Johanneskapelle durch den Vikar Gerhard von Xanten. Wolff 1968, 221.
422 Wolff 1968, 224.
423 Maren Lüpnitz, ‚Der mittelalterliche Ringanker in den Chorobergadenfenstern des Kölner Domes', in: Kölner Domblatt 62 (1997), 65–84.
424 Lüpnitz 1997, 66 f.; da die Daten 1270 und 1285 an zentraler Stelle ihrer noch nicht abgeschlossenen Dissertation über den Chorobergaden stehen, wurden in diesem Aufsatz nur Teilergebnisse ihrer Untersuchung veröffentlicht. Lüpnitz 1997, 66, Anm. 5.
425 Zum Fenster vgl. Herbert Rode, *Die mittelalterlichen Glasmalereien des Kölner Domes* (CVMA Deutschland IV), Berlin 1974, 110–114.
426 Lüpnitz 1997, 80.
427 Arnold Wolff merkt hierzu an: ‚*Eine noch schlimmere Störung stellt die Teilung des östlichsten Langhausfensters der Nordseite dar, wo gar acht Bahnen untergebracht wurden, so daß man in der Schrägsicht nur noch Stein, aber kaum noch Glas vor Augen hat*'. Wolff 1998, 34, Anm. 32.
428 Lüpnitz 1997, 82 f.
429 Wolff 1998, 42 f. Kimpel differenziert die Ansicht Wolffs, ‚*daß bei den frühesten Teilen des Domes noch „gemauert" wurde*' und ‚*der Übergang zum Fertigteilbau, der etwa in Amiens dieser Zeit voll ausgebildet war,*' noch nicht vollzogen worden sei, dahingehend, daß man sich ‚*in Köln von Anfang an sehr wohl einer Fertigteilbauweise bedient*' habe, ‚*die allerdings weniger perfekt als in Amiens ausgebildet war.*' Dieter Kimpel, ‚Die Versatztechniken des Kölner Domchores', in: Kölner Domblatt 45 (1979/80), 277 f.
430 Kimpel 1979/80, 290 f. Zur neuen Stellung des Architekten führt Kimpel an anderer Stelle aus: ‚*Es läßt sich zeigen, daß der gesellschaftliche Aufstieg der Architekten und ihre Schrittmacherrolle in der Geschichte des Künstlerberufs, auf die Warnke mit berechtigtem Nachdruck hingewiesen hat, zuallererst in den Qualifikationsanforderungen begründet sind, die sich aus den Entwicklungen der Baubetriebe zunehmend ergeben hatten. In diesen Zusammenhang gehört die erstmals von Branner nachgewiesene Verwendung der exakt verkleinerten Werkzeichnung seit den 20er Jahren des 13. Jahrhunderts und ihre Vorgeschichte. Die Beherrschung dieses Mediums nobilitierte den Architekten auch insofern, als er*

sich von der Ausübung einer ars mechanica zum Kenner der Geometrie als einer ars liberalis erheben konnte.' Kimpel 1983, 270 f.

431 Rosenau 1931, 63.
432 Auf welchen bauarchäologischen Beobachtungen ihre Datierung gründet, bleibt unklar. Sie merkt nur an: *‚Die Daten 1270 und 1285 sind ein Ergebnis der Bauuntersuchung, auf die in der Dissertation über den Chorobergaden noch eingegangen wird.'* Lüpnitz 1997, 66, Anm. 5. Für unsere Argumentation ist entscheidend die überzeugende Rekonstruktion eines ursprünglich geplanten Ringankersystems mit Kämpfersprung, nach dem Vorbild der Sainte-Chapelle in Paris, und der nachfolgende Wechsel zur Bautechnik der Amienser Hütte mit nur einem durchlaufendem Ringanker ohne Kämpfersprung.
433 Robert Branner, ‚Villard de Honnecourt, Reims and the Origin of Gothic Architectural Drawing', in: Gazette des Beaux-Arts 61 (1963), 129–146.
434 Kiesow 1956, 139.
435 Kiesow 1956, 153; Rosenau 1931, 61.
436 Nußbaum 1985, 74.
437 Binding 1989, 229.
438 Binding 1989, 230.
439 Zuletzt Reinhard Wortmann, ‚Noch einmal Straßburg West', in: *Architectura* 1997, 129–172, hier 130.
440 Wortmann 1997, 136: *‚Meinungsverschiedenheit besteht in der Forschung weiterhin in der Frage, ob die A-Rißfassade überhaupt für Straßburg entworfen wurde. Dabei geht es um die Frage, ob und wie weit die Riß-Fassade mit den vorgegebenen Proportionen des Langhauses übereinstimmt. Geht man davon aus, daß die mittleren Weststrebepfeiler mit den Langhaus-Mittelschiffwänden fluchten sollten, so wäre die Rißfassade zu beiden Seiten um ca. 1,70 m schmaler ausgefallen als das Langhaus, und das Triforium wäre über 4 m tiefer zu liegen gekommen als das des Langhauses.'*
441 Vgl. die Einschätzung von Barbara Schock-Werner, *Das Straßburger Münster im 15. Jahrhundert*, Köln 1983, 214.
442 Wortmann 1997, 138.
443 Wolff 1969, Anm. 53.
444 Wortmann 1997, 139.
445 Wortmann 1997, 160.
446 Wortmann 1997, 158.
447 Wortmann 1997, 165 f.
448 Wortmann 1997, 166.
449 *‚Anno Domini MCCCXVIII XVI Kl. Februarii obiit Magister Erwin Gubernator fabrice ecclesie Argentinensis'* lautet die Inschrift auf einem Strebepfeiler der Johanneskapelle. Wortmann 1997, 166.
450 Anfang April 1770 war Goethe in Straßburg eingetroffen. Im folgenden Jahr schreibt er in einem Brief an Johann Gottfried Röderer vom Schaffen des Architekten folgendes: *‚Der Künstler muß eine so große Seele haben wie der König, für den er Säle wölbt. Ein Mann wie Erwin, wie Bramante.'* Gemeint ist Erwin von Steinbach und die Fassade des Straßburger Münsters. Über seine Wandlung handelt er zwei Jahre später in seiner Schrift ‚Von deutscher Baukunst': *‚Unter der Rubrik Gotisch (…) häufte ich alle synonymische Mißverständnisse, die mir von gestoppelten, Aufgeflicktem, Überladenem jemals durch den Kopf gegangen waren. (…) Mit welcher unerwarteten Empfindung überraschte mich der Anblick, als ich davor trat [vor das Straßburger Münster]! Ein ganzer, großer Eindruck füllte meine Seele, den, weil er aus tausend harmonierenden Einzelheiten bestand, ich wohl schmecken und genießen, keineswegs aber erkennen und erklären konnte. Sie sagen, daß es also mit den Freuden des Himmels sei, und wie oft bin ich zurückgekehrt, diese himmlisch-irdische Freude zu genießen, den Riesengeist unsrer ältern Brüder in ihren Werken zu umfassen!'* Und überwältigt vom ‚Riesengeist unsrer ältern Brüder' verkündet er ‚Das ist Baukunst, unsere Baukunst…'. Vgl. Reinhard Liess, *Goethe vor dem Straßburger Münster. Zum Wissenschaftsbild der Kunst*, Leipzig 1985. Goethe behandelt allein die Fassade des Straßburger Münsters, er geht nicht um den Bau herum, er betritt nicht das Innere des Bauwerks.

Nicht das Bauwerk als Ganzes fasziniert ihn, sondern dessen Baumeister, Erwin von Steinbach. Eine Akzentverschiebung erfolgt in seinen späteren Schriften, wenn er in ‚Dichtung und Wahrheit' über seine Straßburger Jugendzeit reflektiert, hier stand er schon in Beziehung zu Sulpiz Boisserèe und kannte dessen große Publikation über den Kölner Dom. Vgl. Harald Keller, ‚Goethes Hymnus auf das Straßburger Münster und die Wiedererweckung der Gotik im 18. Jahrhundert, 1772/1972', in: Bayerische Akademie der Wissenschaften, Philosophisch-Historische Klasse, Sitzungsberichte 1974, Heft 4.

451 ‚Die Auseinandersetzung mit den von Liess vorgenommenen zum Teil erheblich in den Bestand der Risse A1 und B eingreifenden „Rekonstruktionen" haben gezeigt, daß diese nicht haltbar sind. Die Fakten der Zeichnungen selbst sowie der historische Kontext, der Zusammenhang vor allem der A-Riss-Fassade mit Paris (Notre-Dame) und Reims (St. Nicaise), sprechen gegen die Annahme einer Zweischichtigkeit der Rosen und Turmfenster der Risse. Und auch die Rekonstruktion einer quadratischen Rahmung für die Riß-B-Rose entbehrt jeglicher Grundlage.

Damit entfallen also die von Liess konstruierten, engen formalen Verbindungen zwischen den Rissen A1 und B sowie weiter zwischen diesem und der Ausführung, und entfällt auch die These einer kontinuierlichen Entwicklung vom (angenommenen) ersten Plan bis hin zur gebauten Fassade. Ferner mußten wir die Risse C und Kreßberger Fragment, also erst im 14. Jahrhundert entstandene Zeichnungen, aus der Entwurfsentwicklung ausscheiden. Sie können also nicht als Belege dafür herangezogen werden, daß die Ausführung noch bis ins dritte Geschoß, bis gegen 1365, dem Anfangsplan von 1276/77 folge.

‚Machen wir uns noch einmal klar, was Liessens These von einer "durchgreifenden Plankontinuität – verbunden mit der Vorstellung eines einzigen Entwerfers, der für die Folge der verschiedenen Planvariationen verantwortlich war", letztlich bedeuten würde: Der Fassadenmeister (nach Liess Meister Erwin) hätte im Planungsprozeß vor Baubeginn innerhalb von etwa drei Jahren die Wandlung von Riß A1 über die Risse B, C und Kreßberger Fragment bis hin zum Ausführungsplan (Liessens Riß D recto) vollzogen, das hieße also von einer Fassade mit relativ bescheidenen Türmen (Riß A1), über eine solche mit hohen Türmen (Riß B), dann mit gedrungenem Turmgeschoß (Riß-C-Aufriß) bis zur Ausführung mit wiederum hohen Türmen, und daß hieße ebenfalls eine Wandlung von einer horizontal bestimmten Fassade (Riß A1), über eine extrem senkrecht betonte (Riß B), zur wieder beruhigten, aus Rechteckfeldern aufgebauten Ausführung. Dann aber müßte dieser bisher von Ideen nur so sprudelnde und – wir möchten sagen – unstete Geist innegehalten und 40 Jahre lang (von 1277 bis 1318) an einem Plan festgehalten haben. Ja darüber hinaus hätten auch seine Nachfolger, Meister Johannes und Meister Gerlach (immerhin der Erbauer der Katharinenkapelle mit ihrem neuartigen Gewölbesystem) noch für fast ein weiteres halbes Jahrhundert (1318 bis 1365) den Plan von 1277 befolgt, ohne wesentliche eigene Gedanken einzubringen. Diese Vorstellung erscheint uns abwegig. Sie widerspricht der allgemeinen Kenntnis vom mittelalterlichen Baugeschehen.' Wortmann 1997, 167.

452 Heinrich Klotz, *Der Name Erwins von Steinbach*, Frankfurt 1965, 12 ff.

453 Robert Will, ‚Les inscriptions disparues de la porta sertorum ou schapeltür', in: Bulletin de la Cathédrale de Strasbourg 14 (1980), 14 f.; Wortmann 1997, 165.

454 Wortmann 1997, 165.

455 Binding 1989, 239 f.

456 Binding 1989, 245–249.

457 Behling 1944, 22: ‚In der Westfront des Braunschweiger Domes, Ende 13. Jahrhundert, vereinen sich beide Erscheinungen: Der Zonenzuwachs und die senkrechte Gliederung nach der Dreizahl, im Gefolge davon der Kielbogen. Denkt man sich den Kleeblattbogenrand des Halberstädter Fensters verselbständigt in das Rund gesetzt und die einspringenden Ecken durch Radien verbunden, so entstehen die schönen Maßwerkräder des Braunschweiger Domes, sternartige Strukturen, welche die aufgebrochene Wand vergittern und den mittleren Kielbogen zwischen sich vergleiten lassen.'

458 Branner 1965, 12.

459 Wolff 1968, 216.

460 Paul Clemen, Der Dom zu Köln, Düsseldorf ²1938, 54.
461 Clemen 1938, 54f.
462 Herbert Rode, ‚Meister Arnold bereits 1271 Kölner Dombaumeister', in: Kölner Domblatt 21/22 (1963), 164; Wolff 1968, 212. Manfred Huiskes faßte 1998 zusammen: ‚Zu 1271 wird erstmals Meister Arnold, dessen Abstammung und Herkunft nicht bekannt ist, beim Kauf des Hauses "Drachenfels" in der Trankgasse als Dombaumeister erwähnt. Um diese Zeit muß er mit seiner Frau, deren Namen wir nicht kennen, verheiratet gewesen sein, die vielleicht 1274, als er das Haus wieder verkaufte, schon gestorben war. Danach lebte er, wie es scheint, mit einer vermögenen Witwe Fredeswind zusammen, die mehrere Kinder mitbrachte, von denen zwei Mönche in St. Pantaleon, ein weiteres Mönch in Kloster Kamp wurden. Arnold hatte aus seiner Ehe einen Sohn Johannes, der später sein Nachfolger werden sollte und ohne Angabe eines Standes 1296 mit seiner Frau Mechtild als Erbberechtigter an dem Haus zum Damme genannt wird. Am Erbe Fredeswinds, die vor 1297 gestorben ist, war Johannes aber nicht beteiligt. (…) Gestorben ist Meister Arnold nach 1299 und jedenfalls vor 1308, da in diesem Jahr erstmals sein Sohn als Dombaumeister auftritt.' Manfred Huiskes, ‚Die Dombaumeister', in: Ad Summum. 1248. Der gotische Dom im Mittelalter, Ausstellung des Historischen Archivs der Stadt Köln aus Anlaß der Grundsteinlegung des Kölner Doms vor 750 Jahren, Köln 1998, 70.
463 ‚Meister Gerhard war der erste Kölner Dombaumeister. Wir wissen nichts über seine Abstammung und Herkunft. Das Memorienbuch von St. Pantaleon nennt ihn „initiator nove fabrice maioris ecclesie" (…) Bereits 1257 hat ihm das Domkapitel in Anerkennung seiner Verdienste eine weiträumige Hofstatt an der Marzellenstraße in Erbpacht überlassen, auf der er sich ein großes, steinernes Haus errichtet hatte. Mit seiner Ehefrau Guda hatte Meister Gerhard vier Kinder. (…) Man hat annehmen wollen, der Dombaumeister Gerhard sei später Domkanoniker geworden und mit dem 1264 genannten Fabrikmeister Gerhard identisch. Das ist aber sicher unzutreffend. Gerhards Todesjahr ist unbekannt, er muß jedoch vor 1271 gestorben sein, da in diesem Jahr sein Nachfolger Arnold erstmals auftritt. Dagegen ist Gerhards Todestag, der 24. April, uns durch das Memorienbuch des Kölner Benediktinerklosters St. Pantaleon wohl sicher überliefert. Man glaubt ihm mehr als dem des Klosters Mönchengladbach, das den 23. April angibt.' Huiskes 1998, 69.
464 Wolff 1968, 221: ‚Das Todesjahr des ersten Dombaumeisters Gerhard ist nicht überliefert. Dafür gibt es über den Jahrestag gleich zwei Versionen. Das Nekrologium der Abtei Mönchengladbach nennt den 23., das der Abtei St. Pantaleon den 24. April. Da der Termin ziemlich früh im Jahr liegt und Gerhard 1257 noch einen Pachtvertrag mit dem Metropolitankapitel schließen kann, kommt als frühester Todestag der 23. April 1258 in Frage. Der späteste Termin wäre, wenn die Annahmen über das Begräbnis Konrads in der Dreikönigenkapelle richtig sind, der 24. April 1261, denn zumindest diese Kapelle, die zu den beiden einzigen gehört, an deren Vollendung Gerhard selbst mitgewirkt hat, dürfte bei der Bestattung des Erzbischofs fertig gewesen sein. Damit wäre der Zeitraum, innerhalb dessen der Meisterwechsel zwischen Gerhard und Arnold stattgefunden hat, von vierzehn Jahren (1257–1271) auf drei Jahre (1258–1261) reduziert.'
465 Wie es zur Erfindung des Todesjahres von Dombaumeister Gerhard kam, läßt sich im Rückblick gut nachvollziehen: für die Autoren vor Wolff (1968) gab es gar keinen Grund an der Einheitlichkeit des Chorerdgeschosses und der Zuschreibung an Meister Gerhard zu zweifeln, Rosenau läßt Gerhard noch das Triforium des Chorobergadens entwerfen, da die früheste urkundliche Erwähnung Arnolds aus dem Jahre 1280 (also nach Straßburg!) stammte. Als Herbert Rode dann aber 1963 eine ältere Urkunde vom November 1271 (also vor Straßburg!) publizierte, in dem bei einem Hauskauf Arnold eindeutig als Dombaumeister genannt ist ‚magistro Arnoldo novi operis de Summo', erkannte er auch zugleich, daß die bisherigen Annahmen über Bauverlauf und Zuschreibung nicht mehr aufrechtzuerhalten waren: ‚Das Jahr 1271 stellt jetzt von neuem die Aufgabe, den Anteil der beiden Dombaumeister Gerhard und Arnold am Dombau gegenseitig abzugrenzen.' Rode 1963, 164. Diese Abgrenzung versuchte Wolff 1968 dann durch die Zuweisung allein der Johannes- und Dreikönigenkapelle an Meister Gerhard, da dort eine der ganz wenigen Änderungen im Bauschmuck erkennbar war (Abb. 112): eine Folge von Steck-

blumen gegenüber durchlaufendem Blattwerk in den Bogenläufen der Chorkapellenfenster und die beiden älteren die Johanneskapelle einfassenden Kapitelle, die als einzige einen Halsring besitzen und eine weichere Blattbehandlung zeigen: ‚Dies ist kein nur gradueller Unterschied. Hier ist ein ganz anderes Dekorationsprinzip zu sehen, ein dynamisches gegenüber einem statischen', Wolff 1968, 213. Will man einmal davon absehen, daß diese Argumentation unterstellt, daß Meister Gerhard und Arnold noch eigenhändig die Kapitelle geschlagen haben, so war mit dieser Zuschreibung das Werk des großen Meisters Gerhard nun im Aufgehenden auf wenige Bauteile zusammengestrichen, Wolff räumt denn auch ein: ‚Auf den ersten Blick scheint es demnach nicht viel zu sein, was der berühmte erste Meister am Dom gebaut hat. (…) Die Beschränkung der Arbeiten Gerhards auf kaum zwei voll ausgebaute und fünf bis unter die Kapitellzone fertige Chorkapellen stellt jedoch durchaus keine Schmälerung seiner Verdienste dar, sobald man die Leistungen im einzelnen betrachtet.' Wolff 1968, 213. Da nun die Meister Gerhard zugeschriebene Dreikönigenkapelle spätestens zum Zeitpunkt der Beisetzung Erzbischofs Konrad von Hochstaden ebendort am 26.9.1261 fertiggestellt gewesen sein muß, diese aber einerseits die alten Steckblumen im Bogenlauf, andererseits schon die neuen Blattformen der Kapitellzier zeigte, schien mit der Vollendung dieser Kapelle schon die Hand Arnolds und mit der Beisetzung Konrads von Hochstaden ein terminus ante quem für die Tätigkeit Gerhards gegeben: vor dem 25. April 1261 (der Todestag 24. April war ja durch den Eintrag im Nekrologium von St. Pantaleon bekannt). Schließlich deutet Wolff noch den kleinen männlichen Kopf im Scheitel des Bogenlaufs des mittleren Achskapellenfensters als posthumes Bildnis Gerhards (Abb.113): ‚Die Nase ist abgeschlagen, die Züge sind weich und lebensvoll, aber der Mund ist offen und der Mann blickt nach Osten. Das ist die Art, wie man Tote darzustellen pflegte. Ein Kopf war für diese Stelle nicht von vornherein vorgesehen. Die auf dem selben Werkstück sitzende nördlich anschließende Blume ist halbiert. Der Platz auf dem Schlußstein hätte genau für zwei Blumen gereicht. Es dürfte nicht ganz abwegig sein, in diesem Kopf ein Denkmal zu sehen, das die Dombauhütte ihrem ersten Meister setzte.' Wolff 1968, 228. Dann vergleicht er es mit einem zweiten Kopf, der unweit der Kapelle, am Pfeiler B19 zwischen zwei Dienstkapitellen sitzt und in Richtung Hochaltar blickt (Abb.114): ‚Auch dieses Gesicht ist noch jung, aber es ist schmaler, pfiffiger, gotischer als das draußen. Wie dort hängen die Haare lang und wellig herab, doch der Mund ist geschlossen und setzt zu einem Lächeln an. Der Pfeiler B19 schließt südlich an die Agneskapelle an, die erste, die Arnold, der Nachfolger Gerhards, allein vollendet hat. Er könnte sich hier dargestellt haben in dem überwältigenden Gefühl, eine der größten Kathedralen der Christenheit weiterbauen zu dürfen, aber auch in der Demut des Christen, der zum Altare blickt.' Wolff 1968, 228 f. Mit dieser Zuweisung schien der unterstellte Meisterwechsel nun auch bildlichen Ausdruck gefunden zu haben. Soweit der Lösungsvorschlag Arnold Wolffs auf das Problem, das sich mit dem neuen Beleg einer frühen Tätigkeit, 1271, des zweiten Dombaumeisters Arnold stellte. Der so naheliegenden Alternative, nämlich Gerhard das einheitliche Erdgeschoß zuzuschreiben und Arnold den Obergaden, stand das damalige kunsthistorische Urteil der Nachzeitigkeit Kölns und der einseitigen Fixierung auf Straßburg und der Geniekult um Erwin von Steinbach entgegen, der Obergaden durfte nicht vor Straßburg (1277) entstanden sein. Erst später erschienen die Arbeiten etwa von Schütz über Oppenheim, die eine frühe Rezeption des Kölner Domes im letzten Viertel des 13. Jahrhunderts belegen konnten. Also blieb der Planwechsel im Obergaden mit dem Wechsel von Arnold auf Johannes verbunden und daraus resultierte die Notwendigkeit das völlig einheitliche Erdgeschoß auf die beiden ersten Meister irgendwie aufzuteilen. Und die Datierung jener Bauteile, an der diese Händescheidung festgemacht wurde, ergab zugleich das Todesjahr Gerhards wie den Beginn der Tätigkeit Arnolds. Mit diesem erfundenen Todesjahr war aber auch der eigentliche Planwechsel im Chorobergaden auf Johannes festgeschrieben, der sein Amt frühestens um 1300 von seinem Vater Arnold übernahm. Als in der Folge der Domobergaden unzweifelhaft vor dieses Datum rückte, entstand die Legende von der frühen ‚Mitwirkung' Johanns in der Kölner Dombauhütte, als Dombaumeister ist Johann gesichert erst ab 1308 tätig: ‚Meister Johann hat spätestens 1308 sein Amt vom Vater übernommen und rund ein Vierteljahrhundert den Dombau geleitet. Man schließt aus seinem Werk, daß er wohl in

Freiburg und Straßburg und unter seinem Vater schon vor 1296 am Kölner Dombau mitgewirkt hat.' Huiskes 1998, 70.

466 Wolff 1968, 193 ff.

467 Zuletzt Eva Frodl-Kraft, ‚Die Ornamentik der Chor-Obergadenfenster', in: Westermann-Angerhausen 1998, 45–50.

468 Zur Architektonisierung der Glasfenster grundlegend Rüdiger Becksmann, *Die architektonische Rahmung des hochgotischen Bildfensters. Untersuchungen zur hochgotischen Glasmalerei von 1250–1350* (Forschungen zur Geschichte der Kunst am Oberrhein IX/X), Berlin 1967; zuletzt: Peter Kurmann, „Architektur in Architektur": Der gläserne Bauriß der Gotik', in: Westermann-Angerhausen, 35–43.

469 Rainer Palm, ‚Das Maßwerk am Chorgestühl des Kölner Domes', in: *Kölner Domblatt* 41 (1976), 57–82; Ulrike BergMann, *Das Chorgestühl des Kölner Domes*, Neuss 1987.

470 Sedlmayr 1950, 28. Eine Zusammenstellung der Kölner Beispiele gibt Alexander Schnütgen, ‚Bleideckung und ihr Schmuck mit Beispielen Kölner Arbeit', in: Zeitschrift für Christliche Kunst 31 (1918) 1–10, vom Kölner Domchor die Abbildung eines erhaltenen Bleiplattenmuster mit Vierblättern ebd., 6, Abb. 8.

471 Nach Edgar Lehmann und Ernst Schubert, *Der Meißner Dom. Beiträge zur Baugeschichte und Baugestalt bis zum Ende des 13. Jahrhunderts,* Berlin 1968, 18 f. wurde der Meissner Domchor zwischen 1256 und 1260 begonnen und war 1268 vollendet; nach Matthias Donath, *Die Baugeschichte des Doms zu Meissen. 1250–1400,* Beucha 2000, 292, wurde der Chor ‚vor 1250 konzipiert'.

472 Binding 1989, 143.

473 Günther Kowa, *Architektur der englischen Gotik,* Köln 1990, 190 f.

474 Binding 1989, 143: ‚Das Fenster der Marienkapelle von Wells (vor 1326) zeigt zehn Dreipässe in sphärischen Dreiecken pyramidal aufgebaut über fünf spitzbogig abschließenden Bahnen mit eingefügten Fünfpaßbogen. Die äußeren Dreipässe sind dem Verlauf des Fensterbogens angepaßt.' Donath 2000, 216: ‚Gestapelte sphärische Dreiecke findet man in der Kathedrale von Wells, Lady Chapel…'

475 Vgl. dagegen die Beschreibung bei Bock, der im Vergleich zum Maßwerk im Bischofsthron der Kathedrale in Exeter zum Maßwerkfenster der Lady Chapel in Wells ausführt: *‚In der einfachsten Form am Bischofsthron in Exeter fehlt an den sphärischen Dreiecken jeweils der untere Schenkel. Dadurch bleibt nur noch in den eingesetzten Dreipässen eine horizontale Schichtung. Die erste Ordnung verändert sich zu einem rautenähnlichen Muster. In der Marienkapelle von Wells fehlen sogar je zwei Schenkel an den sphärischen Dreiecken, so daß nicht einmal die eindeutige Richtung der eingesetzten Dreipässe ersichtlich ist: ob sie eine geradzeilige Schichtung ist, oder ob sie nach innen oder nach außen deuten sollen (…) Noch eines kennzeichnet das dritte Muster. Es kann sich in der zur Verfügung stehenden Fläche nicht erfüllen, weil es nicht für eine begrenzte Fensteröffnung entworfen ist. Es ist nur der sichtbare Ausschnitt aus einer sich unbegrenzt fortsetzenden Reihung von Formen.'* Henning Bock, Der Decorated Style. Untersuchungen zur englischen Kathedralarchitektur der ersten Hälfte des 14. Jahrhunderts, Heidelberg 1962, 126.

476 Ein auf der Rückprojektion dieser Retikulat-Maßwerke gründende Deutung des zweibahnigen Fensters mit drei gestapelten Dreipässen gibt Binding: *‚Im Polygonchor [der Ste.-Chapelle in Paris] beherrschen in Übernahme der Fenster in der Achsenkapelle der Kathedrale von Amiens (um 1236–1240) drei liegende, ungerahmte Dreipässe das Couronnement über zweibahnigen Lanzetten mit genasten Spitzbogen. Hier ist die zentrische Form des Kreises aufgegeben zugunsten eines gestaffelten, mehrteiligen Systems, das die Tendenz zur Netzbildung in sich birgt und die Grundlage bildet für freier gestaltete Maßwerkmuster, die sich besser dem Bogenverlauf der Fensterlaibung anpassen.'* Binding 1989, 58. Dem wird man entgegenhalten müssen, daß die drei gestapelten Dreiecke ebensoviel Tendenz zur Netzbildung in sich bergen wie drei gestapelte Rundpässe, nämlich gar keine. Während in Frankreich die drei gestapelten Dreipässe ihren Ausgang nehmen von der Triforiumsgliederung der Abteikirche von St.-Denis (!) mit ihrem Dreipaß über zwei Dreipaßbögen, dann in Amiens und Le Mans, und mit genasten Bahnen dann über die Rezeption der Sainte-Chapelle in den Chorkapellen der Kölner

Kathedrale, gehen die späteren ‚Dreipaßteppiche' des Decorated Style in England zurück auf die Perpetuierung des spitzbogigen Bogenfeldes der Bahnen, deshalb sind in Wells ja auch die unteren Schenkel des Dreiecks nicht ausgeführt. Dieses Verhältnis von Bahn zu Paßfigur ist in Frankreich mit den gestapelten Dreipässen nicht gegeben.

477 Kowa 1990, 158–160. Kowa behandelt die Kathedrale von Exeter am Beginn seines *„Eine neue Vielfalt"* überschriebenen Kapitels, in dem er versucht, die *„rasante Entwicklung des englischen Maßwerks in den siebziger und achtziger Jahren des 13. Jahrhunderts (…) in einen weiteren europäischen Rahmen"* zu stellen. *„Variationen des Maßwerks waren die vorrangige Beschäftigung der Architekten der Kathedrale von Exeter, wo Bischof Branscombe um 1275 begann, den romanischen Bau teils abzureißen, teils zu erneuern."* Kowa 1990, 158.

478 Grundlegend zu dieser Bautengruppe: Ernst Schubert, ‚Der Westchor des Naumburger Doms, der Chor der Klosterkirche in Schulpforta und der Meißener Domchor', in: Friedrich Möbius und Ernst Schubert (Hgg.), *Architektur des Mittelalters. Funktion und Gestalt*, Weimar 1984, 160–183.

479 Nach Kiesow die erste freie Paßfigur in Deutschland: *„Die erste freie Paßfigur über zwei Bahnen ist in den seitlichen Fenstern am Westchor zu finden. Es ist hier ein Vierpaß mit rundbogigen Blättern. In jedes Blatt ist ein kleiner Vierpaß eingefügt, er ist aus der Fläche geschnitten."* Kiesow 1956, 128.

480 Haesler spricht von ‚weich sich rundenden Herzen in freier Zeichnung', Heinrich Bergner, Naumburg und Merseburg, 2. von Friedrich Haesler umgearbeitete Aufl., Leipzig 1926. Zitiert nach Schubert 1984, 170.

481 *„Aus den Vergleichen ergibt sich, daß das Maßwerk des Südquerhaus-Fensters in der gotischen Architektur einzigartig ist. In Deutschland findet man weder vergleichbare Überschneidungsmotive noch einen vergleichbaren mittleren Bogen mit hyperbelförmigen Seiten. Verwandte Strukturen weisen nur die Maßwerke in Beverly, Howden und Patrington, die zum englischen Decorated Style gehören. Allerdings entstanden diese Fenster erst um 1300 bzw. in der ersten Hälfte des 14. Jahrhunderts."* Donath 2000, 221. Schubert 1984, 173, gibt auch eine mögliche zisterziensische Herkunft zu bedenken; dies beruht einzig auf vielleicht vergleichbaren Schweifformen im späteren (!) Zisterzienserkloster Heiligenkreuz, wie Edgar Lehmann und Ernst Schubert, *Der Meißner Dom. Beiträge zur Baugeschichte und Baugestalt bis zum Ende des 13. Jahrhunderts*, Berlin 1968, 63, darlegen: *„Es soll hier gleich noch auf das Maßwerk des großen Meißner Querschiffensters eingegangen werden. Die seltsam eigenwillige Aufteilung des Fensters in Bahnen ungleicher Breite ist mir nirgends wieder begegnet. Darin liegt ein gewisser manieristischer Zug. Das Maßwerk selbst ist mit dem großen krönenden Achtpaß klassischer, französischer als die Muster im Chor. Aber auch hier fallen zwei Eigenheiten auf, die spätgotische Tendenzen vorausnehmen: Das Fehlen der Kapitellchen an den Fensterstäben, die im Chor noch beibehalten waren, und das hyperbelförmige Ineinandergleiten von Bogensegmenten. Diese im 15. Jahrhundert so beliebte Form ist mir aus etwa der gleichen Zeit nur noch aus Heiligenkreuz bekannt, wo im Chor und an den dekorativen Maßwerkverkleidungen des Sockels in der Brunnenkapelle vor bzw. um 1295 ähnliche Schweifformen in Erscheinung treten. Es ist bemerkenswert, daß wir auch damit wieder auf den Bereich der Zisterzienser-Architektur verwiesen werden."*

482 Zur Rezeption des Kölner Domes siehe Maria Geimer, *Der Kölner Domchor und die Rheinische Hochgotik*, Bonn 1937; Hans-Joachim Kunst, ‚Der Domchor zu Köln und die hochgotische Kirchenarchitektur in Norddeutschland', in: *Niederdeutsche Beiträge zur Kunstgeschichte* VIII (1969), 9–40; Norbert Nußbaum, Deutsche Kirchenbaukunst der Gotik, Köln 1985, 78–83; Leonhard Helten, ‚"Überleitung zur Form": Rezeptionsformen und Bedeutungsebenen am Beispiel der Nachfolgebauten des Kölner Domchores', in: Hallesche Beiträge zur Kunstgeschichte 1(1999), 107–122.

483 Sedlmayr 1950, 82 f.

IX. Oben und unten – vorne und hinten – links und rechts

484 Peter Kurmann, ‚Gigantomanie und Miniatur. Möglichkeiten gotischer Architektur zwischen Großbau und Kleinkunst', in: *Kölner Domblatt* 61 (1996), 123–146, hier 124.
485 Kurmann 1996, 130 f.
486 Günther Binding, Baubetrieb im Mittelalter, Darmstadt 1993, 189 f.
487 Binding 1993, 189.
488 Kurmann bringt hier das anschauliche Beispiel des Ludwigs-Psalters mit seinen 78 in Maßwerke gefaßten Miniaturen. Kurmann 1996, 145 f.
489 Datierung nach Annette Fiebig, ‚Das Hallenlanghaus des Mindener Doms – Neue Beobachtungen zu Datierung und architekturgeschichtlicher Stellung', in: *Niederdeutsche Beiträge zur Kunstgeschichte* 30 (1991), 9–28; Fiebig vermutet, daß die Maßwerkfenster nicht gleichzeitig mit der Wand hochgeführt, sondern erst um 1270 nachträglich in die Wand eingesetzt wurden. Fiebig 1991, 27; die Herleitung vom Kölner Domchor bei Hans-Joachim Kunst, ‚Der Domchor zu Köln und die hochgotische Kirchenarchitektur in Norddeutschland', in: Niederdeutsche Beiträge zur Kunstgeschichte 8 (1969), 9–40; zum Maßwerk: Kiesow 1956, 20–37; Binding 1989, 221–226.
490 Fiebig 1991, 27.
491 Zur ‚Hallenideologie' vgl. weiter oben die entsprechenden Abschnitte zur Elisabethkirche in Marburg.
492 Charlotte Knobloch, *Studien zur Konstruktion und Komposition des Maßwerks* (Diss. Berlin), Berlin 1991.
493 Nußbaum 1985, 176.
494 Lucia Hagendorf-Nußbaum und Norbert Nußbaum, ‚Der Hansasaal', in: Walter Geis und Ulrich Krings (Hgg.), Köln: Das gotische Rathaus und seine historische Umgebung, Köln 2000, 337-386, hier 342.

Literaturverzeichnis

James S. Ackerman. „Villard de Honnecourt's drawings of Reims Cathedral: a study in architectural representation". In: *Artibus et historiae* 18 (1997), 41–49, 195.
Jan Aertsen und Andreas Speer (Hg.). *Raum und Raumvorstellungen im Mittelalter*. Berlin/New York 1998.
Peter Anstett. *Das Martinsmünster zu Colmar*. Berlin 1966.
Carl F. Barnes. „Le ‚Probleme' Villard de Honnecourt". In: *Les Batisseurs des Cathedrales Gothiques*. Straßburg 1989.
Carl F. Barnes. *Villard de Honnecourt: The Artist and his Drawings – A Critical Bibliography*. [Reference Publication in Art History] Boston 1982; Rez. François Bucher. *JSAH* 42 (1983), 299–300.
Carl F. Barnes. „The Drawing Technique of Villard de Honnecourt". In: *Gesta* 20 (1981), 199–206.
Roland Bechmann. *Villard de Honnecourt: la pensée technique au XIIIe siècle et sa communication*. Paris 1993.
Rüdiger Becksmann. *Die architektonische Rahmung des hochgotischen Bildfensters. Untersuchungen zur oberrheinischen Glasmalerei von 1250–1350*. Berlin 1967.
Rüdiger Becksmann (Hg.). *Deutsche Glasmalerei des Mittelalters. Voraussetzungen, Entwicklungen, Zusammenhänge*. Berlin 1995.
Maria Beek-Goerlich. *Die mittelalterlichen Kirchengestühle in Westpreußen und Danzig*. Stuttgart 1961.
Lottlisa Behling. *Das ungegenständliche Bauornament der Gotik. Versuch einer Geschichte des Maßwerks*. Berlin 1937.
Lottlisa Behling. „Dreipaß". In: *Reallexikon zur deutschen Kunstgeschichte*, Bd. 4, 1958, Sp. 526–537.
Lottlisa Behling. *Gestalt und Geschichte des Maßwerks*. Halle 1944.
Lottlisa Behling. „Maßwerk des weichen Stils. Ein Beitrag zur Datierung des Pelpliner Chorgestühls". In: *Pantheon* 32 (1944), 63–68.
Ulrike Bergmann. *Das Chorgestühl des Kölner Domes*. Neuss 1987.
Günther Binding. *Architektonische Formenlehre*. 2. Aufl., Darmstadt 1987.
Günther Binding. *Maßwerk*. Darmstadt 1989.
Günther Binding und Andreas Speer (Hgg.) *Mittelalterliches Kunsterleben nach Quellen des 11. bis 13. Jahrhunderts*. Stuttgart 1993.
Günther Binding. *Baubetrieb im Mittelalter*. Darmstadt 1993.
Günther Binding. „Die neue Kathedrale. Rationalität und Illusion". In: Georg Wieland (Hg.). *Aufbruch – Wandel – Erneuerung. Beiträge zur ‚Renaissance' des 12. Jahrhunderts*. 9. Blaubeurer Symposion vom 9. bis 11. Oktober 1992. Stuttgart 1995, 211–235.
Günther Binding. *Beiträge zum Gotik-Verständnis*. Köln 1995.
Günther Binding. *Was ist Gotik. Eine Analyse der gotischen Kirchen in Frankreich, England und Deutschland 1140–1350*. Darmstadt 2000.
Henning Bock. *Der Decorated Style. Untersuchungen zur englischen Kathedralarchitektur der 1. Hälfte des 14. Jahrhunderts*. Heidelberg 1962.

Hans-Josef Böker. *Der Beginn einer Spätgotik innerhalb der englischen Architektur zwischen 1370 und 1450*. Köln 1981.
Francis Bond. *Gothic Architecture in England*. New York 1905 (Reprint 1972).
Francis Bond. *An Introduction to English Church Architecture from the eleventh to the Sixteenth Century*. London 1913.
Norbert Bongartz. *Die frühen Bauteile der Kathedrale in Troyes. Architekturgeschichtliche Monographie*. Stuttgart 1979.
Jean Bony. *The English Decorated Style. Gothic Architecture transformed 1250–1350*. Oxford 1979.
Jean Bony. *French Gothic Architecture of the 12th and 13th Centuries*. Berkeley/London 1983.
Jean Bony. „French Influences on the Origins of Gothic Architecture". In: *Journal of the Warburg and Courtauld Institutes* 12 (1949), 1–15.
Paul Booz. *Der Baumeister der Gotik*. München/Berlin 1956, 14f.
Hugo Borger (Hg.). *Der Kölner Dom im Jahrhundert seiner Vollendung*. Katalog zur gleichnamigen Ausstellung der Historischen Museen in der Josef-Haubrich-Kunsthalle Köln. Köln 1980.
Nicola Borger-Keweloh. *Die Liebfrauenkirche in Trier. Studien zur Baugeschichte*. Trier 1986.
Michel Bouttier. „La reconstruction de l'abbatiale de Saint-Denis au XIIIe siècle". In: *Bulletin Monumental* 145 (1987), 358–386.
Christoph Brachmann. *Gotische Architektur in Metz unter Bischof Jacques de Lorraine (1239–1260)). Der Neubau der Kathedrale und seine Folgen*. Berlin 1998.
Robert Branner. „Drawings from a Thirteenth-Century Architect's Shop: The Reims Palimpsest". In: *JSAH* 17.4 (1958), 9–21.
Robert Branner, 'Villard de Honnecourt, Reims and the Origin og Gothic Archtectural Drawing". In: *Gazette des Beaux-Arts* 61 (1963), 129–146.
Robert Branner. *St Louis and the Court Style in Gothic Architecture*. London 1965.
Robert Branner."Die Architektur der Kathedrale von Reims im 13. Jahrhundert". In: Architectura 1 (1971), 15–37.
Ulrike Brinkmann. „Der typologische Bilderkreis des Älteren Bibelfensters im Kölner Dom". In: Ludger Honnefelder, Norbert Trippen und Arnold Wolff (Hgg.). Dombau und Theologie im mittelalterlichen Köln. Köln 1998, 151–183.
Ulrike Brinkmann und Rolf Lauer. „Die mittelalterlichen Glasfenster des Kölner Domchores". In: Hiltrud Westermann-Angerhausen (Hg.). *Himmelslicht. Europäische Glasmalerei im Jahrhundert des Kölner Dombaus (1248–1349)*. Köln 1998, 23–34.
John Britton. *The Architectural Antiquities of Great Britain*. Bd. 5, Chronological History. London 1826.
Günther Brucher. *Gotische Baukunst in Österreich*. Salzburg/Wien 1990.
Caroline Astrid Bruzelius. *The 13th-Century Church at St.-Denis*. London 1985.
François Bucher. „Medieval Architectural Design Methods". In: *Gesta* 11.2 (1972), 37–51.
Martin Büchsel. Die Geburt der Gotik. Abt Sugers Konzept für die Abteikirche Saint-Denis. Freiburg 1997.
Hermann Bunjes, Nikolaus Irsch u.a. *Die kirchlichen Denkmäler der Stadt Trier. Mit Ausnahme des Domes* (Die Kunstdenkmäler der Rheinprovinz 13, 3. Abt.: Die Kunstdenkmäler der Stadt Trier 3). Düsseldorf 1938.
François Cali. *L'Ordre Flamboyant*. Paris 1967.
Arnt Cobbers. „Zur Entwicklung des Hallenumgangschors". In: Ernst Badstübner und Dirk Schumann (Hg.), *Hallenumgangschöre in Brandenburg*, Berlin 2000, 18–66.
Katharina Corsepius. *Notre-Dame-en-Vaux. Studien zur Baugeschichte des 12. Jahrhunderts in Châlons-sur-Marne*. Stuttgart 1997.
Painton Cowen. *Die Rosenfenster der gotischen Kathedralen*. Freiburg 1979.
Götz Czymmek. „Maßwerk". In: *Die Parler und der schöne Stil 1350–1400. Europäische Kunst unter den Luxemburgern*. A. Legner (Hg.). Handbuch zur gleichnamigen Ausstellung des Schnütgen-Museums in der Kunsthalle Köln. Köln 1978, Bd.3, 51–54.
Terje Niels Dahle (Red.). Maßwerk (IRB-Literaturauslese). Stuttgart 1990.

Kurt Degen. *Ein Medéjar-Beinkästchen und zwei Nachfolgewerke*. Karlsruhe 1984.

Georg Dehio u. Gustav Betzold. *Die kirchliche Baukunst des Abendlandes*. Bd. II. Stuttgart 1901.

Anja Sibylle Dollinger. „Farbiger sehen – Maßwerk in der Marienstätter Urkunde und am Kölner Dom". In: *Architektur-Geschichten*. Festschrift für Günther Binding zum 60. Geburtstag. Köln 1996, 63–72.

Matthias Donath. *Die Baugeschichte des Doms zu Meissen*. 1250–1400. Beucha 2000.

Alain Erlande-Brandenburg u.a. *Carnet de Villard de Honnecourt*. Paris 1986; Rez. Francis Salet. *Bulletin monumental* 146 (1988). 267–269.

Alain Erlande-Brandenburg. *Notre-Dame in Paris: Geschichte, Architektur, Skulptur*. Freiburg 1992.

Elisabeth Fink. *Gotische Hallenkirchen in Westfalen*. Diss. 1934.

Thomas Frangenberg. Nachwort zu: Erwin Panofsky. *Gotische Architektur und Scholastik. Zur Analogie von Kunst, Philosophie und Theologie im Mittelalter*. Köln 1989, 115–130.

Paul Frankl. *Gothic Architecture*. Harmondsworth 1962.

Edward A. Freeman. *An Essay on the Origin and Development of Window Tracery in England*. Oxford/London 1850.

Eva Frodl-Kraft. *Die Glasmalerei. Entwicklung – Technik – Eigenart*. Wien/München 1970.

Ernst Gall. *Die gotische Baukunst in Frankreich und Deutschland*. Leipzig 1925.

Maria Geimer. *Der Kölner Domchor und die rheinische Hochgotik*. Bonn 1937.

Kurt Gerstenberg. *Deutsche Sondergotik*. München 1913. (2. Aufl., Darmstadt 1969).

Kurt Gerstenberg. Die deutschen Baumeisterbildnisse des Mittelalters. Berlin 1966.

Wolfgang Götz. *Zentralbau und Zentralbautendenz in der gotischen Architektur*. Berlin 1968.

Nikolaus Grass. „Zur Rechtsgeschichte der abendländischen Königskirche. Einwirkungen französisch-böhmischer Sakralkultur auf die Capella Regia Austriaca". In: *Festschrift Karl Siegfried Bader, Rechtsgeschichte, Rechtssprache, Rechtsarchäologie, Rechtliche Volkskunde*, F. Elsener u. W.H. Rouff (Hg.), Zürich, Köln u. Graz 1965. 159–184.

Walter Haas. „Fenster". In: *Reallexikon zur deutschen Kunstgeschichte* 7, 1981, zum Maßwerk Sp. 1286–1304, 1314 f., 1444 f.

Inge Hacker-Sück. „La Sainte-Chapelle de Paris et les chapelles palatines du Moyen Age en France". In: *Cahiers archéologiques* 13 (1962), 217–257.

Hans R. Hahnloser (Hg.). *Villard de Honnecourt: Kritische Gesamtausgabe des Bauhüttenbuches, ms.fr.19093 der Pariser Nationalbibliothek*. 2. rev. u. erw. Ausg. Graz 1972.

Richard Hamann-Mac Lean. *System einer topographischen Orientierung in Bauwerken*. Sonderdruck aus dem Jahrbuch des Marburger Universitätsbundes. Marburg 1965.

Richard Hamann-Mac Lean u. Ise Schüssler. *Die Kathedrale von Reims*. Teil 1: Die Architektur. 3 Bde. Stuttgart 1993

Kenneth P. Harrison. *The Windows of King's College Cambridge*. London 1952.

John Harvey. *The Perpendicular Style*. London 1978.

Max Hasak. *Einzelheiten des Kirchenbaus*. 2. Aufl., Leipzig 1927, 156–170.

E.J. Haslinghuis. *Bouwkundige Termen. Verklarend woordenboek der westerse architectuurgeschiedenis*. Utrecht/Antwerpen 1986.

E.J. Haslinghuis u. H. Janse. *Bouwkundige Termen. Verklaarend woordenboek der westerse architectuurgeschiedenis*. Leiden 1997.

Leonhard Helten (Hg.). *Streit um Liebfrauen. Eine mittelalterliche Grundrißzeichnung und ihre Bedeutung für die Liebfrauenkirche zu Trier*. Trier 1992.

Jacques Henriet. „La cathédrale Saint-Étienne de Sens: le parti du premier maître et les campagnes du XIIe siècle". In: *Bullentin monumental* 140 (1982), 81–174.

Georg Hoeltje. *Zeitliche und begriffliche Abgrenzung der Spätgotik innerhalb der Architektur von Deutschland, Frankreich und England*. Weimar 1930.

Ludger Honnefelder, Norbert Trippen und Arnold Wolff (Hgg.). Dombau und Theologie im mittelalterlichen Köln. Festschrift zur 750-Jahrfeier der Grundsteinlegung des Kölner Domes und zum 65. Geburtstag von Joachim Kardinal Meisner. Köln 1998.

Manfred Huiskes. „Die Dombaumeister", in: *Ad Summum. 1248. Der gotische Dom im Mittelalter*. Ausstellung des Historischen Archivs der Stadt Köln aus Anlaß der Grundsteinlegung des Kölner Doms vor 750 Jahren. Köln 1998, 69–76.

Hans Jantzen. *Kunst der Gotik*. Hamburg 1957.

Hans Jantzen. *Über den gotischen Kirchenraum*. Freiburg 1928.

Bodo W. Jaxtheimer. *Gotik: Baukunst*. München/Zürich 1982.

Jürgen Jesse. *Die Stiftskirche in Lippstadt (Westfalen)*. Diss. Münster 1969.

Wolfgang Kemp. *Sermo Corporeus. Die Erzählung der mittelalterlichen Glasfenster*. München 1987.

Wolfgang Kemp. „Parallelismus als Formprinzip". In: *Kölner Domblatt* 56 (1991), 259–294.

Gottfried Kiesow. *Das Maßwerk in der deutschen Baukunst bis 1350*. MS-Diss. Göttingen 1956.

Gottfried Kiesow. „Wie sich die Gotik schmücken lernte". In: *Monumente. Magazin für Denkmalkultur in Deutschland*. 5.Jg., 5/6 (1995).

Dieter Kimpel. „Die Entfaltung der gotischen Baubetriebe, ihre sozio-ökonomischen Grundlagen und ihre ästhetisch-künstlerischen Auswirkungen". In: *Architektur des Mittelalters, Funktion und Gestalt*. Hg. v. Friedrich Möbius und Ernst Schubert. Weimar 1983, 246–272.

Dieter Kimpel. „Die Versatztechniken des Kölner Domchores". In: *Kölner Domblatt* 44/45 (1979/80), 277–292.

Dieter Kimpel u. Robert Suckale. *Gotische Architektur in Frankreich 1130–1270*. München 1985. 2. überarb. Studien-Ausg., München 1995.

Heinrich Klotz. *Der Ostbau der Stiftskirche zu Wimpfen im Tal*. München/Berlin 1967.

Friedrich Kobler. „Fensterrose". In: *Reallexikon zur deutschen Kunstgeschichte* 8, 1982, Sp.65–203.

Franz Kohlschen und Peter Wünsche (Hg.). *Heiliger Raum. Architektur, Kunst und Liturgie in mittelalterlichen Kathedralen und Stiftskirchen* (Veröffentlichung des Abt-Herwegen-Instituts der Abtei Maria Laach, Bd. 82). Münster 1998.

Günther Kowa. *Architektur der englischen Gotik*. Köln 1990.

Hans-Joachim Kunst und Wolfgang Schenkluhn. *Die Kathedrale in Reims. Architektur als Schauplatz politischer Bedeutungen*. Frankfurt 1988.

Peter Kurmann. „L'eglise Saint-Jaques de Reims. L'histoire de sa construction aux XIIe et XIIIe siècles et sa place dans l'architecture gothique". In: *Congrès archeologique de la France* 135 (1977), 134–161.

Peter Kurmann. „Gigantomanie und Miniatur. Möglichkeiten gotischer Architektur zwischen Großbau und Kleinkunst". In: Kölner Domblatt 61 (1996), 123–146.

Peter Kurmann. „„Architektur in Architektur": der gläserne Bauriß der Gotik". In: Hiltrud Westermann-Angerhausen (Hg.). *Himmelslicht. Europäische Glasmalerei im Jahrhundert des Kölner Dombaus (1248–1349)*. Köln 1998, 35–43.

Claude Lalblat, Gilbert Marqueritte u. Jean Martin. „De la stéréotomie médiévale: la coupe des pierres chez Villard de Honnecourt". In: *Bulletin monumental* 145 (1987), 387–406.

Robert de Lasteyrie. L'architecture religieuse en France l'époque gothique. 2 Bde. Paris 1926–1927, bes. 309–334.

Rolf Lauer. „Bildprogramme des Kölner Domchores vom 13. bis zum 15. Jahrhundert". In: Ludger Honnefelder, Norbert Trippen und Arnold Wolff (Hgg.). Dombau und Theologie im mittelalterlichen Köln. Köln 1998, 185–232.

Edgar Lehmann und Ernst Schubert. *Der Meißner Dom. Beiträge zur Baugeschichte und Baugestalt bis zum Ende des 13. Jahrhunderts*. Berlin 1968.

Maren Lüpnitz. „Der mittelalterliche Ringanker in den Chorobergadenfenstern des Kölner Domes". In: Kölner Domblatt 62 (1997), 65–84.

Christoph Markschies. Gibt es eine ‚Theologie der gotischen Kathedrale'? Nochmals: Suger von St.-Denis und Sankt Dionys vom Areopag (Abhandlungen der Heidelberger Akademie der Wissenschaften. Philosophisch-Historische Klasse. 1995. 1).Heidelberg 1995.

Cord Meckseper. „Über die Fünfeckkonstruktion bei Villard de Honnecourt und im späten Mittelalter". In: *Architectura* 13 (1983), 31–40.

Wiltrud Mersmann. *Die Bedeutung der Rundfenster im Mittelalter.* Wien 1944.

Heinz Meyer. *Die Zahlenallegorese im Mittelalter. Methode und Gebrauch.* München 1975.

Jürgen Michler. „Die ursprüngliche Chorform der Zisterzienserkirche Salem". In: *Zeitschrift für Kunstgeschichte* 47 (1984), 3–46.

Jürgen Michler. *Die Elisabethkirche in Marburg in ihrer ursprünglichen Farbigkeit.* Marburg 1984.

Jürgen Michler. „Studien zur Marburger Schloßkapelle". In: *Marburger Jahrbuch für Kunstwissenschaft* 19 (1974), 33–84.

Matthias Müller. *Der zweitürmige Westbau der Marburger Elisabethkirche: die Vollendung der Grabeskirche einer ‚königlichen Frau'; Baugeschichte, Vorbilder, Bedeutung.* Marburg 1997.

Werner Müller und Norbert Quien. *Von deutscher Sondergotik. Architekturfotografie – Computergrafik – Deutung.* Baden-Baden 1997.

Eckart Mundt. *Die westfälischen Hallenkirchen der Spätgotik (1440–1550).* Lübeck/Hamburg 1959, 153–177.

Stephen Murray. *Notre-Dame: Cathedral of Amiens.* Cambridge 1996.

Stephen Murray. „Notre-Dame of Paris and the Anticipation of Gothic", in: Art Bulletin 80 (1998), 229–253.

Alan Douglas Mc Nairn. *The English Decorated Style: The Early Years.* Diss. Univ. of Missouri-Columbia 1981.

Paul von Naredi-Rainer. Archtektur und Harmonie. Zahl, Maß und Proportion in der abendländischen Baukunst. Köln ²1984.

Norbert Nußbaum. *Deutsche Kirchenbaukunst der Gotik.* Köln 1985.

Norbert Nußbaum. *Spätgotische Dreistützenbauten in Bayern und Österreich.* Diss. Köln 1982.

Norbert Nußbaum. „Der kreuzgewölbte Raum – Streifzug durch die Geschichte einer Bauidee". In: *Architektur-Geschichten.* Festschrift für Günther Binding zum 60. Geburtstag. Köln 1996, 49–62.

Rudolf Offermann. *Die Entwicklung des gotischen Fensters am Mittelrhein im 13. und 14. Jahrhundert.* Diss. Frankfurt a.M. 1931.

Norbert Nußbaum u. Sabine Lepsky. *Das gotische Gewölbe: Eine Geschichte seiner Form und Konstruktion.* Darmstadt 1999.

Murk D. Ozinga. *De Gothische Kerkelijke Bouwkunst.* Amsterdam 1953 (De Schoonheid van ons Land, 12).

Rainer Palm. „Das Maßwerk am Chorgestühl des Kölner Domes". In: *Kölner Domblatt* 41 (1976), 57–82.

Rainer Palm. „Die Konsolfigur von 1388 am Rheinturm in Zons". In: *Kölner Domblatt* 42 (1977), 310–313.

Erwin Panofsky. *Abbot Suger on the Abbey Church of St.-Denis and its Art Treasures.* Princeton 1946.

Erwin Panofsky. *Gothic Architecture and Scholasticism.* Pennsylvania 1951. Deutsche Ausgabe mit einem Nachwort von Thomas Frangenberg: *Gotische Architektur und Scholastik. Zur Analogie von Kunst, Philosophie und Theologie im Mittelalter.* Köln 1989.

Anne Prache. *Saint-Remi de Reims. L'oeuvre de Pierre de Celles et sa place dans l'architecture gothique.* Paris 1978.

Wolfram Prinz. *Das französische Schloß der Renaissance: Form und Bedeutung der Architektur, ihre geschichtlichen und gesellschaftlichen Grundlagen.* Berlin 1985.

Ivo Rauch. „Anmerkungen zur Werkstattpraxis in der Glasmalerei der Hochgotik". In: Hiltrud Westermann-Angerhausen (Hg.). Himmelslicht. Europäische Glasmalerei im Jahrhundert des Kölner Dombaus (1228–1349). Köln 1998, 103–106.

Hans Reinhardt. La Cathédrale de Reims. *Son histoire, son architecture, sa sculpture, ses vitreaux.* Paris 1963.

Bruno Reudenbach. „Panofsky und Suger von St.-Denis". In: Bruno Reudenbach (Hg.). *Erwin Panofsky. Beiträge des Symposions Hamburg 1992*. Berlin 1994, 109–122.

Théodore Rieger. „Roses romanes et roses gothiques dans l'architecture réligieuse alsacienne". In: *Cah. als.* 22 (1979), 67–105.

Herbert Rode. „Ernst Friedrich Zwirners Planentwicklung für den Ausbau des Kölner Domes 1833–1844". In: *Kölner Domblatt* 20 (1961/62), 45–98.

Herbert Rode. *Die mittelalterlichen Glasmalereien des Kölner Domes*. (CVMA Deutschland IV,1). Berlin 1974.

Helen Rosenau. Der Kölner Dom. Seine Baugeschichte und historische Stellung. Köln 1931.

Joseph Sauer. *Symbolik des Kirchengebäudes und seiner Ausstattung in der Auffassung des Mittelalters*. Münster 1964.

Willibald Sauerländer. „Die Ste.-Chapelle Ludwigs du Palais Ludwigs des Heiligen". In: *Jahrbuch d. bayr. Akad. Wiss.* (1977), 92–115.

Willibald Sauerländer. *Das Jahrhundert der großen Kathedralen: 1140–1260*. München 1990.

Willibald Sauerländer. „Die Raumanalyse in der wissenschaftlichen Arbeit Hans Jantzens. Ein Vortrag von 1967 und ein Nachwort von 1994". In: Bärbel Hamacher und Christl Karnehm (Hgg.). *pinxit / sculpsit /fecit. Kunsthistorische Studien*. Festschrift für Bruno Bushart. München 1994, 361–369.

Willibald Sauerländer. „Hans Jantzen als Deuter des gotischen Kirchenraumes. Versuch eines Nachworts". In: Hans Jantzen. *Die Gotik des Abendlandes*. Köln 1997 (1. Aufl. Köln 1962).

Wolfgang Schenkluhn und Peter van Stipelen, „Architektur als Zitat. Die Trierer Liebfrauenkirche in Marburg". In: Hans-Joachim Kunst (Hg.). Die Elisabethkirche – Architektur in der Geschichte. Marburg 1983, 19–53.

Wolfgang Schenkluhn. *Ordines Studentes. Aspekte zur Kirchenarchitektur der Dominikaner und Franziskaner im 13. Jahrhundert*. Berlin 1985.

Wolfgang Schenkluhn. *San Francesco in Assisi: Ecclesia specialis*. Darmstadt 1991.

Rainer Schiffler. *Die Ostteile der Kathedrale von Toul und die davon abhängigen Bauten des 13. Jahrhunderts in Lothringen*. Köln 1977.

Rupert Schreiber. *Reparatio Ecclesiae Nostrae. Der Chor der Kathedrale in Tours*. Meßkirch 1997.

Ernst Schubert. „Der Westchor des Naumburger Doms, der Chor der Klosterkirche in Schulpforta und der Meißner Domchor". In: Friedrich Möbius und Ernst Schubert (Hg.). *Architektur des Mittelalters. Funktion und Gestalt*. Weimar 1984, 160–183.

Ernst Schubert. *Der Naumburger Dom*. Halle 1996.

Lisa Schürenberg. *Die kirchliche Baukunst in Frankreich zwischen 1270 und 1380*. Berlin 1934.

Bernhard Schütz. *Die Katharinenkirche in Oppenheim*. Berlin/New York 1982.

Hans Sedlmayr. *Die Entstehung der Kathedrale*. Zürich 1950.

Ulrike Seeger. *Zisterzienser und Gotikrezeption: Die Bautätigkeit des Babenbergers Leopold VI. in Lilienfeld und Klosterneuburg*. Berlin 1997.

Ferdinand Seibt. *Karl IV. Ein Kaiser in Europa 1346–1378*. München 1978.

Edmund Sharpe. *A Treatise on the Rise and Progress of Decorated Window Tracery in England*. London 1849.

Otto von Simson. *Die gotische Kathedrale. Beiträge zu ihrer Entstehung und Bedeutung*. Darmstadt 1968 (engl.: *The Gothic Cathedral. Origins of Gothic Architecture and the Medieval Concept of Order*. New York 1956).

Andreas Speer und Günther Binding (Hgg.). *Abt Suger von Saint-Denis. Ausgewählte Schriften. Ordinatio – De consecratione – De administratione*. Darmstadt 2000.

Marc Steinmann. *Die Westfassade des Kölner Domes*. Der mittelalterliche Fassenplan F. Diss Bonn 1999.

Alojz Struhár. „Prinzipien des geometrischen Systems und der Konstruktion gotischer Maßwerke". In: *Ars* 9–10 (1975/76), 259–327.

Robert Suckale. „Thesen zum Bedeutungswandel der gotischen Fensterrose." In: Karl Clausberg u.a. (Hg.), *Bauwerk und Bildwerk im Hochmittelalter*, Gießen 1981, 259–294.

Robert Suckale. „Die Rosenfenster der Ebracher Klosterkirche." In: *Festschrift 700 Jahre Abtei Ebrach 1285–1985*. W. Wiemer u. G. Zimmermann (Hg.), Ebrach 1985, 59–86.

Robert Suckale."Neue Literatur über die Abteikirche von St.-Denis". In: *Kunstchronik* 43 (1990), 62–80.

Max T. Tamir. „The English Origin of the Flamboyant Style". In: *Gazette des Beaux-Arts*. 29 (1946), 257–268.

H.J. Tolboom. *Venstertraceringen in Nederland*. Zeist 1998 (RV bijdrage 18).

Georg G. Ungewitter. *Lehrbuch der gotischen Konstruktionen*. Leipzig 1890–1892, 3. Aufl. bearb. v. K. Mohrmann.

Alain Villes. „Les campagnes de construction de la cathédrale de Toul (Première partie): Les campagnes du XIIIe siècle". In: *Bulletin Monumental* 130 (1972), 179–189.

Alain Villes. „L'ancienne abbatiale St.- Pierre d'Orbais". In: *Congrés Archéologique* 135 (1977), 549–589.

Eugéne-Emmanuel Viollet-le-Duc. *Dictionnaire Raisonné de l'Architecture Française du XIe au XVIe siécle*. Paris 1859–1868 (Reprint Paris 1967), bes. 5. Bd., 365–419, 6. Bd., 317–345, 8. Bd., 38–68.

Renate Wagner Rieger. *Die italienische Baukunst zu Beginn der Gotik*. 2 Bde. Köln/Graz 1956–1957.

Hiltrud Westermann-Angerhausen. „Glasmalerei und Himmelslicht – Metapher, Farbe, Stoff". In: Hiltrud Westermann-Angerhausen (Hg.). *Himmelslicht. Europäische Glasmalerei im Jahrhundert des Kölner Dombaus (1248–1349)*. Köln 1998, 95–102.

Hiltrud Westermann-Angerhausen (Hg.) *Himmelslicht. Europäische Glasmalerei im Jahrhundert des Kölner Dombaus (1248–1349)*. Katalog zur gleichnamigen Ausstellung des Schnütgen-Museums in der Josef-Haubrich-Kunsthalle Köln vom 20.11.1998–7.3.1999. Köln 1998.

Ute Winciersz. *Zur Entwicklung des Fenstermaßwerks in Westfalen von 1200–1350*. Staatsexamensarbeit Bonn 1978.

Karl August Wirth. „Von mittelalterlichen Bildern und Lehrfiguren im Dienste der Schule und des Unterrichts". In: Bernd Moeller, Hans Patze und Karl Stackmann (Hgg.). *Studien zum städtischen Bildungswesen des späten Mittelalters und der frühen Neuzeit*. Göttingen 1983, 256–370.

Arnold Wolff. „Chronologie der ersten Bauzeit des Kölner Doms 1248–1322". In: *Kölner Domblatt* 28/29 (1968), 7–230.

Arnold Wolff. „Mittelalterliche Planzeichnungen für das Langhaus des Kölner Domes". In: *Kölner Domblatt* 30 (1969), 137–178.

Arnold Wolff. „Der Kölner Dom in der Spätgotik". In: *Beiträge zur Rheinischen Kunstgeschichte und Denkmalpflege* II (Festschrift Verbeek). Düsseldorf 1974, 137–150.

Arnold Wolff (neu hg.). *Sulpiz Boisserée. Ansichten, Risse und einzelne Teile des Doms von Köln*. Köln 1979.

Arnold Wolff. „Wie baut man eine Kathedrale". In: Arnold Wolff (Hg.). *Der gotische Dom in Köln*. Köln 1986, 7–32.

Arnold Wolff. „Die Kathedrale". In: Hiltrud Westermann-Angerhausen (Hg.). *Himmelslicht. Europäische Glasmalerei im Jahrhundert des Kölner Dombaus (1248–1349)*. Köln 1998, 17–21.

Arnold Wolff. „Die vollkommene Kathedrale. Der Kölner Dom und die Kathedralen der Ile-de-France". In: Ludger Honnefelder, Norbert Trippen und Arnold Wolff (Hgg.). Dombau und Theologie im mittelalterlichen Köln. Köln 1998, 15–47.

Reinhard Wortmann."Noch einmal Straßburg West". In: Architectura 1997, 129–172.

Rolf Zethmeyer: *Das Maßwerk in der baulichen Gesamterscheinung der ehem. Landkreise Scheinfeld-Kitzingen (altes Gebiet) – Ochsenfurt*. Nürnberg 1985.

Abbildungsnachweis

Bildarchiv Foto Marburg: 3, 6, 7, 10, 11, 13, 17, 19, 20, 21, 29, 30, 31, 32, 34, 35, 37, 38, 40, 41, 42, 43, 44, 45, 47, 48, 51, 54, 55, 61, 62, 63, 64, 65, 66, 67, 68, 69, 72, 73, 76, 77, 78, 79, 81, 82, 83, 84, 89, 110, 112, 125, 126, 127, 128, 129
Binding 2000: 4, 5, 8, 22, 27, 28, 36, 39, 46, 52, 53, 56, 57, 58, 59, 71, 75, 95, 96, 109, 115, 121, 122
Binding 1989: 133
Bruzelius 1985: 50
Donath 2000: 130
European Monetary Institute 1997: 74
Fiebig 1991: 131, 132
Hagendorf-Nußbaum 2000: 134
Hahnloser 1972: 23, 24, 25, 26
Hamann-Mc Lean 1993: 9, 12, 14, 15, 16, 18
Leonhard Helten: 33
Hirschmann 1996: 49
Lüpnitz 1997: 107
Murray 1996: 60, 116, 117, 118, 119, 120
Swoboda 1969: 135
Marc Steinmann: 85, 86, 87, 88, 99, 100, 101, 105, 108
Wirth 1983: 80
Wolff 1968: 90, 91, 92, 93, 94, 97, 98, 111, 113, 114
Wolff 1979: 102, 103, 104, 106
Wortmann 1997: 123, 124
Edgar Zieser: 1, 2, 70

REIMER

Thomas Lentes (Hg.)
KultBild
**Visualität und Religion
in der Vormoderne**

Band 1
David Ganz / Thomas Lentes (Hg.)
Ästhetik des Unsichtbaren
Bildtheorie und Bildgebrauch
in der Vormoderne
376 Seiten mit 125 s/w-Abbildungen
Broschiert / ISBN 3-496-01311-7

Band 2
David Ganz / Georg Henkel (Hg.)
Rahmen-Diskurse
Kultbilder im konfessionellen Zeitalter
376 Seiten mit 120 s/w-Abbildungen
Broschiert / ISBN 3-496-01312-5

Band 3
Thomas Lentes / Andreas Gormans (Hg.)
Das Bild der Erscheinung
Die Gregorsmesse im Mittelalter
ca. 312 Seiten mit ca. 130 s/w-Abbildungen
Broschiert / ISBN 3-496-01313-3

Band 4
**Religion und Sehen
in der Vormoderne**
ca. 320 Seiten mit ca. 100 s/w-Abbildungen
Broschiert / ISBN 3-496-01314-1

REIMER

REIMER

Albrecht, Anna Elisabeth
Steinskulptur in Lübeck um 1400
Stiftung und Herkunft
348 Seiten mit 191 Abbildungen
Leinen mit Schutzumschlag
ISBN 3-496-01172-6

Bildwerke vom 9. bis zum 16. Jahrhundert aus Stein, Holz und Ton im Hessischen Landesmuseum Darmstadt
Bestandskatalog. Bearbeitung: Moritz Woelk
Technologische Untersuchungen:
Petra Achternkamp und Anja Damaschke
Fotos: Sina Althöfer
559 Seiten mit 41 farbigen und 318 s/w-Abbildungen
Leinen mit Schutzumschlag
ISBN 3-496-01204-8

Johann Konrad Eberlein /
Christine Jakobi-Mirwald
Grundlagen der mittelalterlichen Kunst
Eine Quellenkunde
Zweite, überarbeitete Auflage
260 Seiten mit 19 s/w-Abbildungen
Broschiert / ISBN 3-496-01297-8

Kerstin Petermann
Bernt Notke
Arbeitsweise und Werkstattorganisation
im späten Mittelalter
275 Seiten, 14 Tafeln mit 18 farbigen Abbildungen
und 120 Tafeln mit 196 s/w-Abbildungen
Leinen mit Schutzumschlag
ISBN 3-496-01217-X

REIMER

REIMER

Hans Jantzen
Ottonische Kunst
Zweite Auflage
221 Seiten mit 26 Fig. und 52 Abbildungen
Broschiert / ISBN 3-496-01069-X

Hans Jantzen
Kunst der Gotik
Klassische Kathedralen Frankreichs
Chartres, Reims, Amiens
Zweite Auflage
241 Seiten mit 68 Abbildungen und
49 Strichzeichnungen
Broschiert / ISBN 3-496-00898-9

Bruno Klein / Bruno Boerner (Hg.)
Stilfragen zur Kunst des Mittelalters
Eine Einführung
286 Seiten mit 78 s/w-Abbildungen
Broschiert / ISBN 3-496-01319-2

Björn R. Tammen
Musik und Bild
im Chorraum mittelalterlicher Kirchen 1100–1500
552 Seiten und 104 Tafeln mit 277 s/w-Abbildungen
Leinen mit Schutzumschlag
ISBN 3-496-01218-8

Birgit Franke / Barbara Welzel (Hg.)
Die Kunst der burgundischen Niederlande
Eine Einführung
303 Seiten mit 100 Abbildungen
Broschiert / ISBN 3-496-01170-X

REIMER